走进传统文化

中国民俗文化

章沧授 ◎ 著

北京师范大学出版集团
BEIJING NORMAL UNIVERSITY PUBLISHING GROUP
安徽大学出版社

图书在版编目(CIP)数据

中国民俗文化/章沧授著. —合肥:安徽大学出版社,2014.11
(2025.1重印)
(走进传统文化)
ISBN 978-7-5664-0824-2

Ⅰ.①中… Ⅱ.①章… Ⅲ.①风俗习惯-中国 Ⅳ.①K892

中国版本图书馆 CIP 数据核字(2014)第 250116 号

中国民俗文化

章沧授 著

出版发行	北京师范大学出版集团 安 徽 大 学 出 版 社 (安徽省合肥市肥西路3号 邮编230039) www.bnupg.com www.ahupress.com.cn
印　　刷	江苏凤凰数码印务有限公司
经　　销	全国新华书店
开　　本	960 mm×650 mm　1/16
印　　张	22.5
字　　数	294 千字
版　　次	2014 年 11 月第 1 版
印　　次	2025 年 1 月第 8 次印刷
定　　价	49.00 元

ISBN 978-7-5664-0824-2

策划编辑:朱丽琴		装帧设计:李 军	
责任编辑:卢 坡 赵树祎		美术编辑:李 军	
责任印制:陈 如			

版权所有　侵权必究

反盗版、侵权举报电话:0551—65106311
外埠邮购电话:0551—65107716
本书如有印装质量问题,请与印制管理部联系调换。
印制管理部电话:0551—65106311

Mulu
目录

第一章　理性解读中国民俗文化 ································ 1
 一、中国民俗文化的内涵 ···································· 1
 二、中国民俗文化的范畴 ···································· 3
 三、中国民俗文化的研究 ···································· 5

第二章　完整认知中国民俗文化 ································ 7
 一、鲜明的民族特性 ·· 7
 二、显明的时代特性 ·· 9
 三、独特的地域特性 ······································· 10
 四、传承的稳定特性 ······································· 12
 五、出新的变异特性 ······································· 13
 六、趋同的融合特性 ······································· 14
 七、显著的功用特性 ······································· 14

第三章　饮食文化韵味无穷 ··································· 16
 一、源远流长的饮食历史 ··································· 16
 二、别具一格的饮食特征 ··································· 17
 三、各具特色的地方菜系 ··································· 19
 四、各显风味的地方小吃 ··································· 22
 五、修身养性的茶俗文化 ··································· 25

六、令人陶醉的酒俗文化 ·· 38
七、赏心悦目的饮食名称 ·· 51
八、意蕴丰富的饮食语言 ·· 53

第四章　民族服饰争奇斗艳 ·· 55
一、时代各异的服饰史话 ·· 55
二、功用各异的服饰样式 ·· 57
三、服饰形成的民俗特性 ·· 61
四、独放异彩的民族服饰 ·· 63
五、内涵丰富的服饰语言 ·· 75

第五章　民居建筑千姿百态 ·· 81
一、居住民俗的独有特性 ·· 81
二、建房民俗的风水文化 ·· 84
三、民族特征的民居类型 ·· 89
四、古老奇特的民居村落 ·· 99
五、徽州民居的习俗文化 ·· 105

第六章　人生民俗神圣多彩 ·· 120
一、隆重的诞生礼俗 ·· 120
二、奇异的婚姻习俗 ·· 130
三、传统的家庭习俗 ·· 146
四、奇特的丧葬习俗 ·· 152

第七章　民族节日令人神往 ·· 162
一、多样的节日类型 ·· 162
二、多变的节日特征 ·· 167
三、多彩的传统节日 ·· 172
四、多情的少数民族节日 ·· 205
五、多神的宗教节日 ·· 214

第八章　生产民俗古朴悠久 222
一、以食为本的农业民俗 222
二、以生为本的渔业民俗 235
三、以业为本的手工业民俗 238

第九章　游艺民俗五彩纷呈 246
一、多彩的民间文学 246
二、多姿的民间乐舞 262
三、激情的民间游戏 270
四、精湛的民间工艺 277

第十章　信仰民俗令人敬畏 284
一、原始的自然神信仰 284
二、图腾的动植物神信仰 295
三、至上的人间神信仰 299
四、虔诚的禁忌信仰 308

第十一章　商贸和交通民俗神通奇异 320
一、互通有无的商贸民俗 320
二、沟通往来的交通民俗 333

主要参考书目 350

后记 353

第一章 理性解读中国民俗文化

我们学习中国民俗文化，目的是为了认识我们的民族、认识我们自己、认识我们所生活的社会文化背景，从而更好地生活、更好地与人交往、更好地认识和理解发生在我们身边的某些社会文化现象。诸如尊老爱幼的伦理人情、叶落归根的故里乡情、亲朋好友的义气友情、白头到老的夫妻爱情等，这些都是传统民俗文化所造就的。由此，我们可以深切地认识中华民族文化的固有特征，从而积极地保护、弘扬和继承优良的民族文化，正确地对待外来的文化，合理地吸收有利于我们民族文化健康发展的有益的东西。

一、中国民俗文化的内涵

民俗，是民间社会生活中传承文化事象的总称。民俗文化，是一个国家或地区、一个民族世世代代传承沿袭的基层文化，通过民众口头、行为和心理表现出来的事象。

由此可见，民俗文化的内涵表现在三个方面。

(一)应是民间的事象

据此，帝王贵族的生活事象不属于民俗，如北京的故宫就不属于民俗建筑文化；佛教、道教主要是在民间传播，属于民俗文化的范畴；安徽的西递、宏村虽有富贵之家，但其主体是民众，应属于民居民俗文化。

(二)应是传承的事象,既是在民间长期生活中形成的,又能不断地流传下来

如春节、端午节、中秋节,千百年来,人们把它们当作最重要的民族节日来庆祝。

(三)应是文化事象,是指人类活动的一切事象(物质的和精神的、有形的和无形的)的总称

"民俗"一词出现很早,《礼记·缁衣》:"故君民者,章好以示民俗。"

中国古代有关民俗含意的名称有很多,为加深对民俗观念形成历史的了解,有必要作一番简介。

土风　是指本地的乡土歌谣乐曲。《左传·成公九年》:"乐操土风,不忘旧也。"

土俗　是指本地的风俗习惯,它具有明显的地方性和当地独特的风土特征。《后汉书·窦融传》:"累世在河西,知其土俗。"

习俗　通常指相沿积久的风俗惯制,包括与风俗有关的生活、生产、消费活动的习惯方式。《荀子·儒效》:"习俗移志,安久移质。"

习惯　是指长期相沿积久而逐渐形成的惯例、社会生活方式、风尚习俗等的总称。《大戴礼·保傅》:"孔子曰:少成若天性,习贯(惯)之为常。"

风土　是指地方特有的风俗习惯和土地、山川、气候、特产等的总和,常与人情合称风土人情。《国语·周语》:"是日也,瞽师、音官以省风土。"

风气　是风尚习气的简称,原指一定风土气候造成的习俗特征,现泛指一定环境条件下形成的风尚习气。《汉书·地理志》:"凡民函五常之性,而其刚柔缓急,音声不同,系水土之风气。"

风物 是指与民俗文化有密切联系的自然景物、名胜古迹、土特物产的统称。风物具有鲜明的地方特色,如峨眉山的佛光、九华山的百岁碗等。晋陶渊明《游斜川诗序》:"天气澄和,风物闲美。"

风俗 风俗常与习惯合称风俗习惯。风俗是人类在长期的社会生活中形成的关于生老病死、衣食住行以及宗教信仰等行为的规范,它是人类社会相沿积久而形成的社会风尚、礼仪、习俗等的合称。《荀子·强国》:"入境,观其风俗。"

方俗 是指一个地区居民生活的饮食起居、民间交往、岁时节日以及生产消费等活动的习俗惯制的总和。《后汉书·蔡邕传》:"(乐松)熹陈方俗闾里小事,帝甚悦之,待以不次之位。"

礼俗 即礼仪风俗。《周礼·天官·太宰》:"以八则治都鄙……六曰礼俗,以驭其民。"

二、中国民俗文化的范畴

研究任何一门学科,对其范围的界定都十分重要,因为只有进行科学的界定,才能形成完整的研究体系,所以有必要对民俗文化的内容作系统的梳理。目前学术界基本上将中国的民俗文化划分为生活民俗、社会民俗、信仰民俗和游艺民俗四大类别,可具体细分如下:

```
                    ┌ 村落 ┬ 名称类别:山村、农村、牧村、渔村、猎村、茶村、菜村
                    │      ├ 形成原因:土著、迁移、族居、杂姓居
                    │      ├ 村名来历:姓氏、地名、生产性质
                    │      └ 其他:与村落有关的传说故事
                    │
                    │      ┌ 方式:采集、狩猎、饲养、种植、伐木、农耕
            生活    │      ├ 工具:质料、形状、功用、地方特点
            民俗 ── ┼ 生产 ┼ 职业团体:生产性质、组织形式、活动方式
                    │      └ 团体规矩:制度、仪式、行话、隐语、禁忌、幌子
                    │
                    │      ┌ 交换:集市、物种、集市组织、方式
                    │      │    (货币、实物、中间人)
                    └ 消费 ┼ 居住:方式(房、窑洞、毡包)、布局
                           ├ 饮食:名称、食法、来历、制作、土特产、饮食礼俗、
                           │      习惯
                           └ 服饰:特点、仪礼服饰


                    ┌ 家庭 ┬ 来历:土著、移民
                    │      ├ 血缘:直系、旁系、姻亲
                    │      ├ 家规:宗祠、祭祖、家谱、家产、家教
                    │      └ 称谓:太公、祖母、父母、姨、舅、姑、叔
            社会    │
            民俗 ── ┼ 人生 ┬ 成长:诞生、满月、成人、命名、祝寿
                    │      ├ 婚嫁:仪式、方式
                    │      └ 丧葬:仪式、类型
                    │
                    └ 往来 ┬ 交往方式:走访、互助、答谢
                           └ 乡规民约:内容、发展演变、执行方法
```

```
            ┌ 节日 ┌ 节日名称：春节、七夕、重阳
            │      └ 行事方式：衣食住行、庆祭、玩乐
信仰  ────┤ 前兆：自然现象征兆、生物征兆
民俗        │ 梦兆：梦兆、梦占
            │ 流行方式：占卜法、除灾法、禳除法、巫术、魇胜法、避邪法
            └ 称谓：算命、测字、占卜、打卦、巫医

            ┌ 文艺 ┌ 形式：神话、故事、诗歌、谚语、谜语、曲艺、小戏
            │      │ 表演方式：时间、环境、仪式、流传地域
            │      │ 内容：历史、信仰、心理、风俗
            │      └ 艺人：生平、经历、身份
游艺        │ 游艺 ┌ 种类：杂技、武术、耍狮子、龙灯、焰火
民俗  ────┤      │ 乐器：名称、特征
            │      └ 组织：名称、规模、方式、场合
            │ 工艺 ┌ 种类：漆艺、陶瓷、纺织、编织、印花、刺绣、泥塑
            │      │ 制作方式：样式、风格、制作工艺
            │      │ 美术种类：年画、版画、剪纸、窗花
            └      └ 艺人：生平、经历、功业
```

三、中国民俗文化的研究

我国古代对民俗的重视，可以追溯到周代。当时的统治者曾派人到民间收集歌谣，目的是"观风俗，知得失"。古代记载风俗的典籍很多，先秦时代有《尚书》、《易经》、《礼记》、《山海经》、《诗经》、《楚辞》等，汉代有应劭的《风俗通义》，南朝梁代有宗懔的《荆楚岁时记》，宋代有《太平寰宇记》，元代有《元一统志》，明清时代有大量的地方志，近代张采亮著有《中国风俗史》。

把我国民俗文化作为一门学科加以研究，是从五四运动

前后开始的。

1913年,周作人在绍兴教育会月刊发表《歌之研究》一文中提到了"民俗学"。

1918年,北京大学刘半农等一批教授组织歌谣征集处,向全国征集歌谣,这是我国民俗文化研究的起点。

1920年12月19日,北京大学成立"歌谣研究会"。

1921年12月17日,北京大学创办《歌谣》周刊,其"发刊词"中明确地提出"歌谣是民俗学上的一种重要的资料",并指出"民俗学的研究在现今的中国确是很重要的一件事业"。1923年,北京大学又成立"风俗调查会"。

1927年11月,顾颉刚等先生在广州中山大学成立"民俗学会",并出版《民俗周刊》,一直办到1933年。

1930年,江绍原、钟敬文等先生在杭州成立"中国民俗学会",出版《民俗周刊》《民间月刊》及多种研究风俗的专辑和丛书。浙、闽、粤、川等地均建立了民俗学会,分别出版了民俗研究刊物,进一步扩展了中国民俗学研究的学术活动。

1950年,北京成立了"中国民间文艺研究会",组织专业队伍进行各民族民间文艺的采集、研究和出版工作。

20世纪70年代末,顾颉刚、钟敬文等7位著名的教授、学者联名向中国科学院上书,建议恢复我国民俗学的研究工作,并于1979年公开发表《建立民俗学及有关研究机构的倡议书》,于是辽宁、吉林、浙江等地方民俗学会先后成立。1983年,"中国民俗学会"在北京成立,之后出版了一系列民俗研究的专著和工具书,出现了民俗文化研究的热潮。

第二章 完整认知中国民俗文化

民俗文化,是特定的民族、时代、地域的产物,因而它具有鲜明的特征。我们了解民俗文化的特征,就是认识民俗文化形成的原因、认识它丰富多彩的差异性,从而深刻地领会它的价值。具体来说,中国民俗文化的特征主要有以下七个方面。

一、鲜明的民族特性

民族性是民俗文化最基本的特征,因民族的不同,其服饰样式、饮食习惯、住宅结构、语言表达等都是各不相同的。我国是个由56个民族组成的多民族的国家,所以中国民俗文化最具民族特性。

我国各民族族名的来历大致有八种情况。

(一)根据本民族自称而来的族名

我国各民族族名根据本民族自称而来的占大多数。汉族,是汉代以后形成的,此前称为华夏,因刘邦封为汉王、建立汉朝而称汉族。少数民族自称族名的有:傣族、哈尼族、纳西族等。

(二)根据地名而来的族名

独龙族,因其居住在独龙河谷而得名;怒族,因其世代居住在怒江流域而得名;东乡族,因其居住在河州(今甘肃临夏地区)东乡而命名;门巴族,含有"居住在门隅(西藏门隅地区)的人"的意思;毛南族,文献记载中有"茆滩"、"茅滩"、"茅难"、"冒南"等地名,由上述地名的音转而称"毛南族"。

(三)同本民族的经济、生活、文化有关的族名

畲族,"畲"意为刀耕火种,这个族名同他们从事刀耕火种的农耕生产密切相关。鄂伦春族,又称为"使鹿部"、"打牲部",含义有二:一是指使用驯鹿的人们,二是指住在山岭上的人们。2003年,他们开始移居山下。此外,拉祜族、达斡尔族等也属于这种类型。

(四)根据民间传说而来的族名

柯尔克孜族,突厥语的"柯尔"是"40"的意思,"克孜"意为姑娘,民间传说这个民族的始祖是40个姑娘。哈萨克族,"哈萨克"是"白鹅"的意思,民间传说有一只白鹅化为女子,和一位牧民成亲,成为哈萨克人的祖先。

(五)沿袭外来民族的族名

朝鲜族,是17世纪末开始从朝鲜半岛迁入我国的外来民族;俄罗斯族,是19世纪开始从俄国迁入我国境内的民族;撒拉族,是13世纪从中亚撒马尔罕迁入青海循化一带的外来民族。

(六)吉祥含义的族名

维吾尔族,"维吾尔"含有"联合"、"协助"的吉祥之义;裕固族,自称"尧呼尔",音近"裕固",1953年经本民族代表协商,兼取汉语"富裕巩固"之意而得名。

(七)取消歧视污蔑性称谓的族名

新中国成立后,取消了许多对少数民族歧视污蔑性的族名。佤族,解放初期曾定名为"卡佤","卡"为傣语"奴隶"之义,后正名佤族。壮族,曾称"僮族","僮"有小人、小孩之义,1965年由周恩来总理建议改为壮族,意为茁壮成长。

(八)音译而称的族名

水族,自称"虽"。"虽"在水族语中有"疏通顺理"的含义,音译为"水"。

二、显明的时代特性

所谓民俗的时代性,即指风俗是时代的产物,每种民俗文化事象都是在特定的时代形成的。由此可见,民俗文化既古老又年轻,因为既有远古时代形成的,也有近时期出现的。民俗文化既不可思议,又容易解读。虽然今人看古代的民俗似乎是幼稚而可笑的,但将其置于当时的时代来看却是合情合理的。

民俗文化的时代性特征,可以从以下三个方面来认识。

(一)特定的时代产生特殊的风俗

从婚姻习俗来看,现在的少数民族如壮族、纳西族等还流行着阿注婚俗(朋友婚),这是原始社会母系氏族群婚制的遗存。随着人类的文明进步,这种原始的婚俗将会逐渐消失。

从饮食习俗来看,湖南、四川人有尚辣的风俗。在安徽的宣城、郎溪、广德地区则流传着这样的歌谣:"到了宣郎广,辣得口水淌。"这是因为太平天国时,宣郎广这一带的人因战乱死亡过多,而后从湖南、湖北迁来很多的人,所以形成了尚辣的风俗。

(二)民俗文化既是时代的产物又受到时代的制约

随着时代的发展,社会生活必然发生变化。传统的民俗一定要适应时代的需求,适应的就会流传下来,不适应的将会被淘汰。以前提倡地方的饮食特征是山珍海味,喜食野味;而现今为了保护自然生态环境,不准食用那些受到保护的野生动物,否则就要违法。如北京郊区有一道小吃叫"柴锅贴饼熬小鱼",这些小鱼多为受保护的东方薄鳅、黄线薄鳅等,过去可以作为地方的特产小吃,而现在却被禁止食用了。

就人际交往而言，形成于封建时代的九种跪拜礼节——稽首、顿首、空首、振动、吉拜、凶拜、奇拜、褒拜、肃拜，表现了旧时代社会等级的森严、对人权的限制。辛亥革命后提倡"三民主义"，因而取消了这些烦琐的礼节。

(三)民俗文化是生活的反映,自然应时而生

在社会发展的进程中，随着人们生活方式的变化，必然会出现新的民俗。过去因通讯工具不发达，人们春节问候的方式主要是串门拜年，现在的时尚是电话拜年，甚至是发短信息问候；原先春节期间主要的活动内容是走亲访友，而现在外出旅游成了追求的时尚；过去大年三十往往一家人在家里关起门来吃年夜饭，而现在选择在大饭店里融合于众多家庭的氛围中吃年夜饭，已成为时尚；过去大年三十守夜，小孩玩耍，大人打麻将，如今人们守在电视机旁，观看中央电视台的春节联欢晚会。

三、独特的地域特性

因地域的差别而形成不同的民俗，这是显而易见的。早在春秋时代的《晏子春秋·问上》中就总结了"古者，百里而异习，千里而殊俗"。俗语亦说："十里不同风，百里不同俗。"民众居住的环境，由于受到山水的阻隔、地域的分隔，有着明显的殊风异俗。民俗的地域性特征主要表现在两个方面。

(一)地域不同而风俗各异

安徽特别是长江沿岸，各地都有自己独特的地方风俗。桐城是文化之乡，形成了一种文明的风俗"筷俗"。桐城人吃饭用筷子很讲究，有"八忌"。一忌迷筷：举筷不定，东戳西夹；二忌翻筷：从碗底翻菜拣食；三忌剌筷：以筷剌菜；四忌插筷：将筷子直插碗中是供祭亡故之人；五忌涮筷：以筷在汤中

左右掏物；六忌舔筷：将筷子放在嘴里吮舔；七忌剔筷：以筷当牙签剔牙；八忌响筷：以筷敲碗击桌发出杂音。

巢湖地区农村有新婚栽树的习俗。新婚夫妇入洞房前，在院子里或屋旁，新郎要栽一棵椿树，取义"望春"；新娘要栽一棵槐树，取义"望怀"。寓意望春兴旺发达，望怀孕有儿女。

贵池的姑娘地位最高，有"民女大如天"的说法。传说乾隆皇帝下江南时，微服来到贵池一家茶社，见茶社女子聪明漂亮，就说："要是天子看上你呢？"这女子听了不卑不亢地说："俗话说'皇有皇后，民有民妻，民不渎圣，君不欺（妻）民'。"乾隆听了连忙说："民女大如天，不可侮，不可侮。"

(二)同一种民俗事象因地区不同而表现各异

苗族的传统节日"芦笙节"，在贵州东南地区的苗族中盛行，而在贵州雷山县的苗族表现为"爬山节"，在贵州合江县的苗族表现为"吃信节"。

同为新婚的"撒帐歌"，在安徽各地表现的内容却不一样。

寿县的歌词是：一撒一元复始，二撒二姓成双，三撒三星在户，四撒四世同堂，五撒五元奉诰，六撒六律调阳，七撒七品显贵，八撒八世流芳，九撒九华丹桂，十撒十全十美。

涡阳、蒙城的歌词是：一把栗子一把枣，撒得来年生小子；一把瓜子一把糖，撒得娃娃会叫娘；一把花生一把钱，撒得孩子福寿绵；一把石榴百子甜，撒得公子中状元。

皖南休宁的歌词是：一把果子撒新郎，撒得新人上牙床，牙床上面铺金被，被面一对好鸳鸯；二把果子撒笼箱，珍珠宝贝满旺旺，自我今日撒长寿，膝下儿女站成行；三把果子撒四方，四块金砖垫牙床，牙床挂起红罗帐，一对金钩响呛呛；四把果子撒新娘，迎接新人至高堂，先拜天地同到老，再拜公婆福寿长。

四、传承的稳定特性

传承的稳定性,是民俗文化的基本特性。民俗事象一旦形成,就会世世代代相沿袭,经久不衰。这种稳定性具体表现在三个方面。

(一)时间长久而不衰

我国的传统节日,如春节、清明节、端午节、中秋节等,流传了千百年,还要继续流传下去。尽管传统节日在流传的历史进程中会发生某些变化,但其文化的主题是永远不会改变的。

(二)民族迁移而不变

畲族祖居福建,后移居浙江。19世纪末20世纪初,一部分人由浙江迁居安徽宁国市云梯、三元等乡,虽与汉人杂居,但仍保留本民族的某些传统风俗。如婚嫁,一般不允许与外族通婚,女子不尚出嫁,保持着母系氏族社会的痕迹。老人死了办丧事,孝子要到河边烧香焚纸,取水为死者洗澡,叫"灵水"。同时用灶灰裹成五色或七色的粽子,绑在桃花枝上,放在死人身边,待入殓后丢到河里。畲族传说人死后要通过恶狗村,这些粽子是用来哄骗恶狗的。如今的台湾岛上生活着很多汉族人,他们仍然保持着大陆汉族人的风俗习惯,如清明节期间,台湾同胞都纷纷来大陆扫墓祭祖。

(三)社会变迁而不改

中国传统的风俗,可以说突破了时空的限制,不管社会制度如何变化,它都保持着自己固有的本质特征,诸如人们的饮食习俗、居住习俗、衣着习俗等。南方人一直以大米为主食,而北方人向来以面食为主,蒙古人世世代代居住在蒙古包里。物质生活是人的基本生存需求,它主要受到物质条件的制约,而不因社会制度的变化而改变。

五、出新的变异特性

民俗有它的稳定性,也有它的变异性。变异性是指它的发展演变。民俗文化正是以它的演变适应时代发展变化的需要而得以传承。也就是说,民俗文化的生命在于演变,如果没有变异性,它也就不能流传下来。

枣子和栗子,作为民间的吉祥物,流传了几千年,几经演变,其文化的内涵,由春秋时代的"早起恭敬",到南北朝时的"赤诚战栗",再到后来的"早立贵子"。《仪礼·士昏礼》:新媳妇拜见舅姑(公婆)时,"妇执笲枣栗,自门入,升自西阶进拜,奠于席"。为什么新媳妇见公婆要献枣栗呢?《礼记·曲礼》解释说:"枣,早也;栗,肃也。以枣栗为贽,取其早起战栗,自正也。"南北朝时,在日常生活中有把枣子比作赤心、栗子比作战栗之意。《南史》载:梁武帝与萧琛交往很深,他每天早餐都要把萧琛召来同筵。有一次,萧琛吃醉了酒,伏在桌上,梁武帝便拿起枣子打萧琛。萧琛反过来取栗子掷去,正好打中了梁武帝的脸。武帝动怒了,责备萧琛不该当别人的面这样做。萧琛巧妙地回答说:"陛下投臣以赤心,臣不敢不报以战栗。"于是打消了梁武帝的怒气。到了后来,枣、栗的含义又演变为"早立贵子"的婚俗。在北方撒帐歌的旧式婚礼中,新婚夫妇入洞房前,由亲属中的长辈妇女选一名吉祥人,手执托盘,盘中盛有枣栗,边抓枣栗撒向寝帐,边唱道:"一把栗子一把枣,小的跟着大的跑。"以此祝愿早生贵子,子孙满堂。

民俗文化的变异性,除了演变发展的一面以外,还有变革消亡的一面。旧时代的有些风俗已经不再适应新时代的需求、不利于人们的身心健康,自然会被淘汰。旧时代的"裹足"风俗是对女性的一种残害,"守节"习俗是对女子人生权利的剥夺,干旱求神降雨信神而不信人,这些习俗随着社会的文明进步而逐渐消亡了。

六、趋同的融合特性

随着交通和通讯的发展,人们的社会交往日益扩大和深入,民俗文化的融合现象成了自然的趋势,而且日趋明显。

服饰融合的历史悠久。中国历史上的夷服入汉,曾出现过几次大的变革。战国时代,赵武灵王的"胡服骑射",首先改掉了华夏传统的长袍大襟,出于作战的需要,换上了紧窄的胡服齐膝上衣和下袴。清代满族的旗袍,盛行全国,汉族小姐普遍着装,可以视为中国服饰的一种骄傲。辛亥革命推翻了封建的清王朝,旗袍却沿袭下来,其款式得到更新,显示出含蓄、庄重、华贵的特色,表现出东方女性的端庄优雅之美。

饮食的融合最为明显。四川的火锅原是四川地方特色的饮食,现在全国各地都有四川的火锅店。过去人们的口味东西南北差别较大,而现在人们出于保健养生的需要,逐渐趋向以东南地区的清淡口味为尚了。

节庆民俗的融合,已呈国际化的趋势。如今开放的中国,迎来了外国的许多节庆活动,中国人也时髦地过上了圣诞节、情人节、母亲节、父亲节等。

七、显著的功用特性

民俗文化之所以传承不衰,其中一个重要的因素,就在于它的功用特性。人们各自奉行某种风俗,是为了某种心理的需求和精神的满足,完全出于个人的主观愿望,因而对民俗文化的追求又往往带有极大的功用性和神秘性。这在禁忌民俗中表现得最为明显。

数字禁忌,客观而言是毫无科学根据的,却在人们的日常生活中却非常流行。如粤语中"八"谐音"发",这个数字最能满足人们"发展"、"发财"、"发达"、"发家"等美好的愿望,思想上容易认同,心理上容易接受。"四"与"死"相谐音,所以被人们认为是不吉利的数字。这种数字的禁忌,虽然人们在口头上说不清其中的奥秘,往往心里却是坚定不移地奉行着,这大概是因为人们在日常生活中总是希望事事平安,避免不吉利事情的发生。

民俗文化更能给人们带来精神的愉悦、内容生活的丰富多彩。游艺民俗如民间的戏曲歌舞、传说故事、民谣谚语、刺绣剪纸、泥塑雕刻等,都是生活美的享受。

第三章 饮食文化韵味无穷

中国人会吃,既追求吃的内容,又讲究吃的艺术。有人说:吃在中国,玩在美国,娶妻在日本。此说确有些道理。中国是传统的农业国,农副产品的多样性形成了饮食的丰富特色;中国地域广袤、民族众多,形成了饮食的花色多样。中国饮食民俗具有独特的文化内涵。在当今中西文化的交流和冲突中,应当继承、发扬我们本民族优良的饮食文化,以显示中国饮食文化的固有特色。

一、源远流长的饮食历史

中国饮食的烹调起源很早。烹,是对原料进行加热,完成从生到熟的过程。这是饮食发展史上第一次重大的突破,它标志着人类告别了"生吞活嚼"的原始生活。烹,以火的使用为标志,已有180万年的历史。人类利用火经历了三个阶段:利用自然火——保留传播火——人工取火。调,是调和滋味,以盐的使用为标志。这是饮食发展史上第二次重大的突破。饮食的调味,大约是在6000年前出现的。

中国饮食的发展演变,大体经历了4个阶段。

萌芽期——火烹期。50万年前的旧石器时代没有炊具,熟食的方法有:火烹法,将食物直接放在火上加热;包烹法,用草涂泥包裹食物,用火烧烤;石烹法,用石板、石子传热,将食物制熟。

形成期——陶烹期。1万年前的新石器时代用陶器烹调饮食,开创了有烹有调的格局。加热的陶器有陶釜、陶鼎、陶鬲等,盛物的陶器有陶钵、陶碗、陶盘、陶盆等,切割的陶器有陶刀、陶斧等。

发展期——铜烹期。4千年前的夏商时期,烹调的铜器有鼎、釜、鬲、盘;出现了油烹法、辛甘酸苦咸的五味调和法,又出现了八珍、冻饮、粉饵等食品种类。

繁荣期——铁烹期。自秦汉以来采用铁器烹调,一直沿袭至今。由于铁器的普遍使用、烹调器具的齐备,饮食烹调的方法也齐全完备了。

二、别具一格的饮食特征

中国的饮食民俗在发展演变的过程中,形成了自己的固有特征,主要表现在三个方面。

(一)饮食的异味特性

中国的大江南北、地域四方的饮食口味千差万别,其形成的原因是多方面的。有因地域环境的不同而形成异味。地域环境、气候条件的不同,产生了农副产品种类的不同,从而形成了人们饮食口味的不同。西北地区干旱少雨,以放牧为主,饮食以羊肉、牛肉为主;北方平原地区农作物以小麦为主,饮食便以面食为主;南方雨水充足,农作物以水稻为主,饮食自然以大米为主。有因宗教信仰的差异而形成饮食的异味特性。蒙古民族崇尚白色,因而以马奶为贵;佛教徒修行从善不杀生,因而不食荤腥而吃素食。

此外,饮食的异味特性还与文化交流有关,广东沿海一带华侨较多,受到外来饮食文化的影响,注重饮食的营养价值,口味清淡。

(二)饮食的惯制特性

一个民族、一个地区,人们在长期的生活中形成了一定的饮食习俗惯制,大凡有四类。

1. 日常生活的饮食惯制

每天的饮食餐数,我国早期(有说先秦时期)是采用早、晚两餐制,早餐在上午八九点钟,晚餐在下午四点钟左右。后来采用了一日三餐制,古称"三食"。三餐制对生活和生产都是有利的,富有科学性,所以一直延续到现在。当今有少数的农村地区兼有两种用餐制,即农忙时一日三餐,农闲时一日两餐。三餐制中,有些地方以中餐为正餐。南方一般早餐吃粥,中晚餐吃米饭。

2. 节庆生活的饮食惯制

中国传统的节日很多,这些节日不仅有不同的活动内容,更有不同的饮食惯制。大年三十的年夜饭,是一年中饮食最丰盛的,而且不可缺少象征年年有余的鱼;正月十五,不仅要闹元宵,还要吃元宵,象征圆满地过完春节;端午节,家家要包粽子,人人要吃粽子,一提到吃粽子就想到过端午,一到端午就必然要吃粽子;中秋节,生产厂家做月饼,家家吃月饼,亲朋好友送月饼,成了月饼盛会。

3. 仪礼交往的饮食惯制

礼仪交往方面的饮食习俗很多:亲朋好友远行归来以宴席为之洗尘,分手时以饯别表示热情的欢送和惜别之情。人们凡遇结婚、生孩子、子女上大学等喜庆之事,亲戚朋友之间要送祝贺礼,主人要办宴席以示答谢。

4. 祭祀信仰的饮食惯制

原始时代有"血祭",杀人、杀牛、杀羊、杀猪用作祭物。祭祀神灵和祖先,要用"牺牲"(纯色整体的牲畜)来供奉。祭祀已故亲人,总是摆放其生前最爱吃的食物。云南兰坪白族信奉天鬼，祭祀时设立祭天台，杀牛祭祀；祭毕把牛肉、牛皮分给各家各户享用。青海河湟地区在办丧事期间，每晚要烧一锅粥洒在屋子四周及空地上。

(三)饮食的结构特性

中国饮食的结构，一般由主食、菜肴和饮料组成。主食，我国民间主要有米饭、面食和牛羊肉三种。菜肴，古称"肴馔""肴馐""肴核"。菜肴原料有鱼肉、蛋乳、油脂、蔬菜、瓜果和调味六种类型。饮料主要有酒、茶、奶。

当今，随着生活水平的提高和保健意识的增强，人们对饮食结构的要求正在发生着变化。新世纪餐桌上出现了饮食的九大亮点。杂，富有营养的多种食物原料的食品受到青睐，而单一过精的食品逐渐被冷落。土，从土地中直接生产出来的原汁原味的食品。绿，没有污染的绿色食品。特，具有特色的食品，如浙江的"臭菜"、安庆的"蚕豆酱"。质，注重食品的嫩、酥、软、韧等口感质量。净，以干净为先。快，快餐厅、快餐馆流行，现代人们的工作和生活节奏越来越快，快捷方便的食品自然受到欢迎。配，调配营养合理的饮食。变，饮食的方式要有变化。近年来出现了餐馆聚会家庭化、家庭宴会餐馆化的趋势，不少餐馆推出家常菜、大众菜，让饮食者有在家里进餐的感觉；在家里请客吃饭，也效仿餐馆讲究上档次、上质量。

三、各具特色的地方菜系

我国地域辽阔，饮食文化历史悠久，形成了具有一定地域特色的地方菜系。目前主要有八大菜系和十大菜系两种分法。八大菜系是指川、鲁、粤、扬、湘、京(或浙)、闽、徽。十大菜系是指川、鲁、粤、扬、湘、京、闽、徽、沪、鄂(或浙)。

鲁菜 鲁菜以咸脆为特色。它是北方菜的代表，由济南和胶东地方菜系构成。传统的名菜有糖醋鲤鱼、九转大肠、德州扒鸡、三美豆腐、锅踏豆腐、脆皮烤鸭、红烧干贝肚等。

川菜 川菜以麻辣见长，擅长调味，有"一菜一格，百菜百味"之称。传统的名菜有香酥鸭、麻婆豆腐、宫保鸡丁、回锅肉、贵妃鸡、夫妻肺片、棒棒鸡、毛肚火锅等。

粤菜 粤菜具有五大特点：一是食料广博，包括其他地区不常食用的蛇、鼠、猫、虫、猴、蚂蟥等；二是烹调方法独特，常用焗、炆、烤、炸；三是重装潢，菜名瑰丽，如蛇与狸猫叫"龙虎斗"；四是吃法重滋补营养；五是口味多样。传统名菜有东江盐焗鸡、白云猪手、鼎湖上素、烤乳猪、菊花龙虎凤（蛇猫鸡）、五蛇羹片、烧凤肝蛇片等。

扬菜 扬菜又叫"维扬菜"，重火工造型，味清淡，甜咸适中。传统名菜有长鱼席、水晶肴蹄、三套鸭、荷包鱼。扬菜现称"苏菜"。江苏菜分为四大风味流派：扬州、南京、苏锡、徐海。苏菜有五大特点：一是用料以水鲜为主；二是刀工精细，刀法多样；三是重火候，长于炖、焖、煨、焐；四是菜式组合有特色（如著名的三宴席：船宴、斋宴、全宴）；五是用料重新鲜。传统名菜有：南京盐水鸭、霸王别姬、松鼠鳜鱼、水煮干丝、清炖蟹粉狮子头等。

湘菜 湘菜包括湘江流域、洞庭湖区和湘西山区三个地方流派。特点是油重色浓，多以辣椒、熏肉为原料，口味注重香鲜、酸辣。传统名菜有东安仔鸡、红煨鱼翅、君山银针鸡片、冰糖湘莲、麻辣仔鸡、五元全鸡、吉首酸肉等。

浙菜 浙菜有时未被列入八大菜系、十大菜系。浙菜由杭州、宁波、绍兴的流派构成。多选用地方特产做食料，如萧山鸡、龙井嫩茶。传统名菜有西湖醋鱼、东坡肉、叫花童鸡、龙井虾仁、金华火腿等。

京菜　京菜有四大特点：一是烘云托月，突出主料；二是重色、质、味，讲实惠、形色；三是口味求原味、汁浓、肉烂、汤肥；四是名菜众多，质量优异。传统名菜有北京烤鸭、北京涮羊肉、糟熘三白、清蒸潘鱼、烧羊肉等。

闽菜　闽菜有四大特点：一是多用山珍海鲜，长于烹制蚌、贝、虾；二是刀工精细，素有"片薄如纸，切丝如发，剖花如荔"的美称；三是烹制细腻；四是汤菜讲究变化，有"一汤十变"之说。传统名菜有佛跳墙、鸡汤氽西施舌、沙茶焖鸭块、鸡茸金丝笋、冰糖燕窝、醉糟鸡、蝴蝶肚片等。

徽菜　徽菜由皖南菜、沿江菜、沿淮菜构成。徽菜有四大特点：一是选料广博，包括罕见的徽州三山（山鸡、山牛、山龟）、徽州三石（石鸡、石鱼、石耳）及久负盛名的长江鲥鱼、淮河肥王鱼、巢湖银鱼。二是技法独到，常用的有20大类50余种。三是注重食补。四是菜式众多，主要款式有五规十碟、十大碗菜等。传统名菜有清炖马蹄鳖、问政山笋、无为熏鸭、奶汁肥王鱼、炸金雀舌、瓤豆腐、符离集烧鸡等。

沪菜　沪菜融合四方的风味，以清淡为主。传统名菜有生煸草头、炒蟹黄油、青鱼秃肺、虾子大乌参、松仁玉米、扣三丝、八宝鸡、桂花肉等。

鄂菜　鄂菜由武汉、荆州、黄州三地风味菜肴构成。传统名菜有清蒸武昌鱼、沔阳三蒸、蟠龙菜、鸡泥桃花鱼、冬瓜鳖裙羹、红菜苔炒腊肉等。

我国的其他地方也都有特色菜，如河南有三大烤、四大抓、八大扒，陕西有商芝肉、带把肘子、葫芦鸡、奶汤锅子鱼等。

四、各显风味的地方小吃

(一)旅游城市的美食小吃

城市旅游越来越引起人们的重视,现代城市是旅游者的活动中心、旅游的供应基地、旅游的交通枢纽和旅游业的主体,各个城市都很重视开发各具特色的饮食小吃。

西安:羊肉泡馍、肉夹馍、凉皮、葫芦头泡馍、酸汤水饺、蜂蜜凉粽子、灌汤包子等。

杭州:杭州煨鸡、幸福环、猫耳朵、油渣面、叫花童鸡、龙井虾仁、西湖醋鱼、东坡肉等。

南京:蟹黄包、素干丝、桂花元宵、南京板鸭、咸鸭肫、醉蟹、雨花茶等。

北京:北京烤鸭、果脯、涮羊肉、仿膳宫廷菜、炒肝、小窝头、萨其马等。

上海:城隍庙五香豆、三黄鸡、鸡鸭血汤、盐水火腿、浦东鸡、蜜饯、鸡肉灌包等。

天津:狗不理包子、桂发祥麻花、耳朵眼炸糕、天津银鱼、天津紫蟹、锅巴菜等。

重庆:赖汤圆、担担面、荷叶软饼、龙抄手、鸡味锅贴、凤尾酥、玉兔饼、三色凉糕等。

广州:龙虎斗、烤乳猪、沙茶盐焗鸡、炒田螺、开煲狗肉、叉烧包、豹狸烩三蛇等。

武汉:武昌鱼、老通城豆皮、四季美汤包、棉花糖、老大兴鮰鱼、热干面、荆州八宝饭等。

苏州:春卷、酱鸡酱汁肉、樱桃肉、松鼠桂鱼、糕团等。

大连:烤鱿鱼、三文鱼刺身、盐水大海虾、红烧大鲍翅。

沈阳:麟面、熏面大饼、老边饺等。

济南:奶油浦菜、糖醋黄河鲤鱼、清汤燕菜等。

桂林:马肉粉丝、尼姑面、鸳鸯马蹄、珍酱脆皮猪、南乳肥羊等。

兰州:热冬果、千层油饼、臊子面、空科果、八宝蜜食、杂肝汤等。

成都:夫妻肺片、担担面、麻辣汤、肥肠粉、麻辣豆腐、麻辣兔丁等。

(二)怪吃饮食风俗

由于地理环境和历史渊源的不同,我国各地出现了稀奇古怪的饮食风俗。

关中面条像裤带　这是陕西人的怪吃。陕西关中农村的主食,除了馒头,就是面条。农家的面条都是自己手工制作,由于生产忙、人口多,所以大多一次制成三餐食量的面条,面条切得特别宽,一根长的面条可盛一大海碗,他们自称为"裤带面"。

三条沙虫一碗菜　这是海南人的怪吃。沙虫是一种栖息在海南沙滩边的蚕科动物,含高蛋白低脂肪,富有营养价值。海南人用香菜或生菜加上三条沙虫进行红烧,味道鲜美。

面锅里面煮锅盖　这是江苏镇江的饮食怪俗。相传从前山东有一对夫妻,丈夫疾病缠身,胃口不好,吃着妻子下的面不是嫌太硬,就是嫌太烂。有一次,锅里下着面,妻子出门挑水,回来时见面汤溢满灶台,慌忙中将锅盖碰到面锅里了。很奇怪,丈夫吃了这碗面爽口又开胃。后来,这对夫妻来到镇江开了个面食店,专卖"锅盖面",逐渐形成了镇江的风味小吃。

令人叫绝昆虫菜　昆虫菜不仅有营养,而且味道鲜香,如蟋蟀有生菜味,黄蜂卵有杏仁味,蚂蚁有核桃味,蝇蛆有蛋糕的奶油味,蚕蛹有肥肉香味,蝈蝈儿有瘦肉鲜味。全国不少地方的人都喜欢吃昆虫,云南傣乡有昆虫宴,广东有昆虫菜,深圳有昆虫菜谱。

(三)火锅饮食风俗

吃火锅已成为当今人们的时尚习俗,各地都有独具特色的火锅风味,诸如:

四川毛肚火锅 以毛肚为主料,配料有鸡汤、鸡爪、海参、猪肚、肉皮、黄豆芽等。特点是麻辣、醇香、可口。

北京羊肉火锅 北京人爱吃羊肉火锅,调料很讲究,有辣椒油、酱油、味精、醋、芝麻酱、花椒油、香菜、韭菜花、酱豆腐等十多种原料。

广东海鲜火锅 配有鱿鱼、海螺肉、鸡肉、牛肉、墨鱼、牛百叶等生料,再加上蔬菜和佐料。先将海鲜倒入清汤锅里,煮熟后捞到碗中;再倒入鸡肉、牛肉等;吃完肉类,再倒入香菇、青菜等蔬菜。

东北白肉火锅 火锅汤为海鲜汤,涮肉为半熟的猪肉片,加上细粉丝、酸菜,佐料以酱油、蒜泥为主。吃时还可配上蟹肉、血汤。

浙江八生火锅 主料是鸡胸脯、鸡肫、猪腰等,将"八生"和"四色蔬菜"入水氽熟,蘸上麻辣酱、虾油卤等佐料,即可食用。

云南毛肚火锅 具有典型的云南风味,以新鲜蔬菜为主料,放入火腿片,配以薄片牛肉、猪肉、鸡肉、香菇、木耳、黄花菜等,调料有辣椒粉、麻油等。

湖南腊味火锅 以腊鱼、腊鸡、腊兔为主料,姜片、粉丝为佐料。

台湾沙茶火锅 用沸汤将鲜菜和薄生肉片氽熟,调上沙茶酱、酱油等佐料,口感极佳。

此外,上海有什锦火锅,杭州有三鲜火锅,湖北有野味火锅,贵州有酸汤火锅,南京有鱼头豆腐火锅,香港有云吞火锅,等等。

五、修身养性的茶俗文化

茶与咖啡、可可,构成世界著名的三大饮料。饮茶是中国人生活中不可缺少的内容,所谓"开门七件事,油盐柴米酱醋茶"。

(一)饮茶习俗的起源和发展

我国饮茶的历史很悠久,传说早在5千年前,炎帝神农尝百草时发现了茶,"神农尝百草,日遇七十二毒,得茶而解之"。神农出世时有个水晶肚子,光亮透明。有一次,他尝了一片嫩尖尖的小绿叶子,看见这叶子在肚子里上下来回洗擦,把肚子里各部位都擦得清清爽爽,就像来回巡查一样。神农称这种绿叶叫"查"。后人念白了字,叫成了"茶"。

茶在先秦时叫"茗",出现在四川、云贵一带。汉代始称"茶"。这时出现了茶市。以茶为地名的,湖南有茶陵县,江西有茶山。茶开始由西南向华东、华南发展。晋代南方饮茶之风遍及民间。南北朝时僧人以茶驱除睡魔。

唐代是我国饮茶历史发展的重要时期。其时民俗为"不得一日无茶",出游必带茶,而且有人对茶进行专门研究。唐代湖南人陆羽隐居江西上饶时,写了一部《茶经》,这是我国古代第一部研究茶的专著。《茶经》有十章,全面地论述了茶的性状、品质、产地、采制烹饮的方法及饮茶的用具等。品茶从此开始。有闲阶层还写有饮茶诗,抒写饮茶的感受。最有代表性的是卢仝,他在《走笔谢孟谏议寄新茶》诗中写道:"……一碗喉吻润,两碗破孤闷。三碗搜枯肠,唯有文字五千卷。四碗发轻汗,平生不平事,尽向毛孔散。五碗肌骨清,六碗通仙灵。七碗吃不得也,唯觉两腋习习清风生。"

宋代不仅出现了茶农、茶市、茶场,而且发展到以饮茶为手段进行各种人事的交往,如在茶馆里商谈生意、切磋技艺、谈情说爱等。明清时代,茶的品种增多,普遍开设茶馆、茶楼。现代从茶饮发展到茶食,如茶月饼、茶瓜子、茶糖、茶果冻、茶巧果等。

(二)茶叶的种类

我国茶叶的种类很多,按照加工方法一般分为六大类别。

1. 绿茶

绿茶是不发酵的茶。绿茶采用高温杀青的方法,保持了茶叶原有的鲜绿色,故称"绿茶"。由于叶绿素未受破坏,茶叶冲泡后,芽叶舒展,汤清叶绿,清鲜芳香。绿茶的名贵品种很多,最著名有的西湖龙井、太湖碧螺春、黄山毛峰、庐山云雾、信阳毛尖、太平猴魁等。

西湖龙井 产于杭州西湖龙井村,历史上曾分狮峰、龙井、王云山、虎跑泉四个产地,以龙井为最。龙井茶叶的制作很讲究,一个芽叶称"莲心",一芽一叶称"旗枪",一芽二叶称"雀舌"。龙井干茶扁平挺直,长短匀齐,绿中透黄。冲泡后,清汤碧液,茶叶直立,世人誉为"色翠、香郁、味甘、形美"四绝。

太湖碧螺春 产于江苏太湖东西山上,又称"洞庭碧螺春",原名叫"吓煞人香",后经清康熙皇帝改名为"碧螺春"。其干茶外形卷曲成螺,叶芽有白茸,冲泡后汤色由清淡至翠绿,再至碧清。为我国传统的出口茶叶。

黄山毛峰 产于安徽黄山,为我国十大名茶之一。原名"黄山云雾",清末改名为"黄山毛峰"。其茶形如雀舌,多白毫,色泽油润光亮,冲泡后雾气结顶,汤色清澈,醇香鲜爽,甘甜沁心。特级毛峰是绿中带黄的"全黄片"和"象牙色"。

庐山云雾　产于江西庐山,早在宋代就作为贡品。相传东晋名僧慧远曾在庐山种植过茶叶。茶形青翠多毫,叶嫩匀齐,冲泡后汤绿明亮,芳香持久,味美醇厚。

信阳毛尖　产于河南信阳车云山、天云山等地,为我国十大名茶之一。其茶形紧细有尖,圆直均匀,鲜绿有白毫。冲泡后香气馥郁,清澈明净,滋味醇甜。

太平猴魁　产于安徽太平县(今黄山市黄山区)猴坑一带,为我国十大名茶之一。其茶一芽二叶,俗称"两刀一枪"。芽叶扁挺,细嫩苍绿,冲泡后汤清叶翠,香浓味醇。

2.红茶

红茶是全发酵的茶。茶叶在发酵的过程中,成分发生了生物化学变化,氧化后产生了不能溶解于水的红色茶素,冲泡后叶片汤汁都呈现红色,有浓郁的水果香气,滋味醇厚。红茶按加工工艺可分为功夫红茶、红碎茶和小种红茶三大类。著名的红茶有祁门红茶、宁州红茶、云南红茶、四川红茶等。

祁门红茶　产于安徽祁门县及附近地区,也称"祁红"。1875年黟县人余干臣从福建罢官回乡后,仿效福建红茶的制作方法制成祁门红茶。1915年获巴拿马国际博览会金质奖章,外国人称为"祁门香",远销欧美十几个国家,特别受英国人的喜爱,常被作为馈赠亲友的珍品。祁门红茶色泽乌润,乌黑泛灰色,冲泡后汤色红艳,含有浓郁果香和兰花香。有"王子茶"、"茶中英豪"、"群芳最"的美称。

宁州红茶　产于江西修水、武宁等地。1915年与祁门红茶同获巴拿马国际博览会金质奖章。其茶叶外形紧结圆直,色泽乌润,冲泡后汤色红亮,香味持久。

云南红茶　产于云南澜沧江流域的凤庆、昌宁等地。其茶芽叶肥壮,条形重紧,色泽乌润,金毫显露,冲泡后汤色红亮,滋味浓郁。

3. 白茶

白茶是不发酵的茶。加工时不揉捻,仅经过萎凋将茶叶直接干燥而成。白茶茸毛多,色白如银,初泡无色,清淡素雅。著名的品种有白毫银针、君山银针等。

白毫银针　又名"银针白毫",为我国十大名茶之一。产于福建政和县山区。其茶芽头肥大,外形挺直如针状,叶芽遍布白毫。冲泡后汤色碧清,香味清淡。

君山银针　产于湖南洞庭湖君山。茶芽挺直,恰似银针,故名"银针茶"。其茶芽头茁壮,白毫显露,冲泡后清爽甘洌,齿舌留香。

4. 乌龙茶

乌龙茶是半发酵的茶,介于绿茶与红茶之间。经轻度萎凋和局部发酵,然后采用高温杀青,使茶叶形成"七分绿、三分红",既有绿茶的清香,又有红茶的醇厚。著名的品种有铁观音、武夷岩茶、凤凰茶等。

铁观音　产于福建安溪。茶叶呈长方形,绿叶上镶着红边,有"重如铁,美如观音"之誉,故称"铁观音"。茶叶色泽砂绿翠润,饮时微苦,耐冲泡。冲泡时滋味醇厚甘鲜,有天然兰花香,俗称"观音韵"。

武夷岩茶　产于福建武夷山一带,分为武夷水仙和武夷奇种两大类。茶叶外形条索紧壮,色泽红润,冲泡时香清味醇,茶味浓郁。

凤凰茶　产于广东潮州市凤凰山区。茶叶边缘呈银米色,绿色带黄,冲泡时汤色橙黄,兼有绿茶的清香和红茶的甘醇。

5. 花茶

花茶是以茉莉花、珠兰花、桂花、菊花等鲜花经干燥处理后,与不同种类的茶胚拌和窨制而成的再制茶。花茶按茶叶的种类不同,可分为花绿茶、花红茶、花乌龙茶三大类。著名的花茶有茉莉花茶、珠兰花茶、桂花茶等。

茉莉花茶 产于福建福州、江苏苏州等地。按茶胚分为茉莉烘青、茉莉炒青、茉莉红茶三类。茉莉烘青销量最大,名品有茉莉毛峰、茉莉银毫、茉莉闽毫。茉莉炒青名品有茉莉龙井、茉莉碧螺春等。茉莉花茶芬芳馥郁,香气浓长,多泡仍有余香。

珠兰花茶 产于安徽歙县。清代光绪年间已用珠兰花窨制茶了,如今这里"户户植珠兰,十里闻花香"。其特点是香味清幽醇正。

桂花茶 以广西桂林、湖北咸宁、四川成都等地产制最盛。桂花有金桂、银桂、丹桂、四季桂等品种,香味浓厚持久。桂花茶主要有桂花烘青、桂花乌龙、桂花红碎茶等。

6. 紧压茶

紧压茶是以绿茶、红茶等为原料,经过软蒸后压制成各种不同形状的加工茶。按制作工艺可分为沱茶、砖茶、方茶、饼茶、圆茶等。

沱茶 产于云南大理、四川宜宾。其外形似倒置的碗,也称"谷茶"、"叙府茶"。沱茶名称的来历,有的说是因其销地在四川沱江一带,有的说是由团茶转化而来。沱茶紧结端正,色泽暗绿,白毫显露,冲泡时汤色橙黄,香气清正,耐冲耐泡。

砖茶 产地较广。因原料和加工方法的不同,品种较多,诸如:茯砖茶、黑砖茶、花砖茶、青砖茶、康砖茶、米砖茶、普洱方茶等。

(三)茶文化

我国的茶文化内容丰富,意蕴深厚,主要表现在以下六个方面。

1. 茶具

早期的茶具,包括煮茶的锅、放茶的罐和盛茶的碗。唐代人饮茶一般用茶碗,宋代以后改用茶盏,明清以后以冲泡为主,使用茶壶、茶碗、茶盘。古代的茶具很多,唐代陆羽在《茶经》中就列有 29 种。茶具主要包括茶碗、茶杯、茶壶、茶碟、茶盏、茶盘等。尤其是茶壶的形态各具特色。

大花生壶

船形壶

竹根壶

寿星壶

上纹壶

提梁壶

心经壶

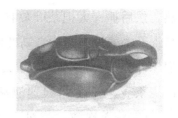
玉兰花形壶

陶土茶具中，江苏宜兴生产的紫砂茶具为上品。用这种紫砂茶具泡茶，不走味，热天泡茶也不易酸馊。

2.茶艺

我国民俗茶艺是十分讲究的，不仅要选用泡茶的名泉水，就连泡茶的开水也要注意开沸程度，至于沏茶更有一番讲究。

（1）三沸水泡茶。陆羽在《茶经·五之煮》中说，一沸水，气泡如鱼眼，微微有声；二沸水，涌泉连珠；三沸水，腾波鼓浪。水三沸时泡茶。再沸，"水老，不可食也"。

（2）沏茶方法。全国各地的沏茶方法各有特色。江浙一带用大茶杯，客人进门，把茶叶放入杯中，冲上开水。北京人用茶壶沏茶，倒入茶碗，招待客人。最讲究沏茶技艺的是福建"功夫茶"。福建人喜欢饮茶，正所谓"宁可三日无粮，不可一日无茶"。苏轼在《和子瞻煎茶》诗中说："闽中茶品天下高，倾身事茶不知劳。"功夫茶所用的茶具是精巧的袖珍型。茶壶用紫砂烧制，如苹果（拳头）大小，称为"茶畏"。茶杯用细瓷烧制，小如胡桃，只能放一口水，薄如蝉翼，洁白通明。有的还钩花描金，多为兰竹之类，以示清高淡雅。茶盘分上下两层。上层中间有个圆槽，正好放茶壶，圆槽四周雕镂空精美的花纹，一龙一凤相对，龙凤间为网状，放四只茶杯。下层深，以接水。泡茶法为三冲沸水：先用开水把茶壶、茶碗里外冲刷一遍，作用是清洁茶具、冲去壶中的旧茶末、将茶壶烫热。然后抓一大把茶叶放在壶中,占壶内体积七八成,然后高提开水壶冲入壶内,"高冲低斟",满而不止,为的是把茶叶泡沫冲去,以使茶味醇正。之后,盖上壶盖,再用开水从外面冲浇茶壶,以使茶叶迅速泡发。

(3) 泡茶次数。茶泡三次为好,因为第一次将茶汁泡出一半,第二次泡出茶汁小半,第三次泡出余下茶汁,再泡则没有茶味了。

3. 饮茶礼俗

来客泡茶,自古而然,表示对客人的敬意。全国各地待客敬茶的风俗不一样。

江南人沏茶,杯中茶水斟至七分上下,主人须不断地为客人倒茶,忌杯中茶水见底。每当新春佳节,苏州、杭州一带还在碗中放两颗橄榄,以示新春祝贺。

北京人沏茶,主人端上茶来,客人应立即站起来,双手接过茶杯,说声"谢谢"。

广东人沏茶,主人端上茶来,客人把右手指弯曲后,轻轻敲桌面三下,以示感谢。

广西人沏茶,主人端上茶来,客人用几个手指敲桌面以表示不同的意思:单指表示个人的感谢,双指表示夫妻双方的谢意,五指表示全家的感谢。

河南人沏茶,客人如要继续喝茶,茶杯中要保留一些茶水,主人看了会加水;如果把茶杯中的水全部喝完,表示不再喝了,主人也不会再加水。

东乡族沏茶,待客人坐定后,立即端上盖碗茶,茶水中加糖,主人提沸水为客人殷勤添水,开水冲入,沸腾如花,因称"牡丹花"。

哈尼族沏茶,客人来后,主人先敬一碗闷锅酒,酒尽,再从火塘中取出茶罐,向客人敬浓茶。

4. 茶德

饮茶,蕴含了丰富的人文精神。唐代刘贞德总结了茶有十德:以茶散郁气,以茶驱睡气,以茶养生气,以茶除病气,以茶利礼仁,以茶表敬意,以茶尝滋味,以茶养身体,茶可行道,茶可雅志。后来人们在饮茶的生活实践中,又总结出饮茶可以陶冶情操的作用:茶汤的清澈,象征着清廉、清静、清心;茶味温和淡雅,引申为和谐、谦和、中庸、优雅;茶性的天然纯真,类比人性的纯真朴实、返璞归真;以茶待客,以茶会友,表示敬意、亲切、和气、淡雅的人情关系。

5. 茶与文学

在中国文学的艺苑里,以茶为题材的作品俯拾皆是,所涉及的内容有种茶、采茶、制茶、煎茶、饮茶、品茶、名茶、茶园、茶具、茶功等,所出现的文学样式有诗词、小说、对联、歌舞、传说故事等。

(1)茶诗词。我国古代描写茶的诗词很多,据统计唐代有500首左右,宋代多达2000首。这些诗词涉及茶的内容很广泛。

有写茶的品质、产地、功效的。李白在《答族侄僧中孚赠玉泉仙人掌茶》中写道:"常闻玉泉山,山洞多乳窟。仙鼠如白鸦,倒悬清溪月。茗生此中石,玉泉流不歇。根柯洒芳津,采服润肌骨。丛老卷绿叶,桂枝相接连。曝成仙人掌,似拍洪崖肩。举世未见之,其名定谁传。"

有写煎茶的。苏轼在《汲江煎茶》诗中绘声绘色地写道:"活水还须活水烹,自临钓石取深清。大瓢贮月归春瓮,小杓分江入夜瓶。雪乳已翻煎处脚,松风忽作泻时声。枯肠未易禁三碗,坐听荒城长短更。"

有的还写到茶农的辛苦。明代高启有《采茶词》云:"雷过溪山碧云暖,幽丛半吐枪旗短。银钗女儿相应歌,筐中采得谁最多？归来清香犹在手,高品先将呈太守。竹炉新焙未得尝,笼盛贩与湖南商。山家不解种禾黍,衣食年年在春雨。"

现当代写茶的名人也不少,如毛泽东、陈毅、郭沫若、赵朴初、王泽农等。诗人佟文西激情澎湃地赞美安徽的太平湖茶:"黄山雨飘洒,九华雾飘洒,飘飘洒洒几多情？情系太平湖畔茶。茶是湖光描出的景,茶是山色绘出的画。啊！太平茶太平茶,香了生活香了梦,香了世上友谊的花。太平人潇洒,游客心潇洒,潇潇洒洒几多笑？笑绕太平湖畔茶。茶是湖乡种出的爱,茶是农家绣出的霞。啊！太平茶太平茶,甜了岁月甜了歌,甜了人间祝福的话。"

(2)茶与小说。我国古代小说如《金瓶梅》、《红楼梦》、《儒林外史》等都有关于饮茶的描写。最为生动的是《红楼梦》第41回中贾母与刘姥姥的一番饮茶描写:贾母道:"我们这里坐坐,把你的好茶拿来,我们吃一杯就去了。"妙玉听了,忙去烹了茶来。只见妙玉亲手捧了一个海棠花式雕漆填金云龙献寿的小茶盘,里面放一个成窑五彩小盖钟,捧与贾母。贾母道:"我不吃六安茶。"妙玉笑说:"知道。这是老君眉。"贾母接了,又问是什么水。妙玉笑回:"是旧年蠲的雨水。"贾母吃了半盏,便笑着递与刘姥姥说:"你尝尝这个茶。"刘姥姥便一口吃尽,笑道:"好是好,就是淡些,再熬浓些更好了。"贾母等人都笑了起来。

(3)茶楹联。我国遍及各地的茶馆、茶亭、茶社等饮茶场所,写茶的楹联多彩而绝妙。

有的茶楹联描写饮茶休闲。浙江湖州八里店的茶亭楹联云:"四大皆空,坐片刻无分尔我；两头是路,吃一盏各自东西。"广东东川茶亭楹联云:"坐一下,来呀,哪管前途山水远；饮几杯,走呗,只求世道情义长。"

有的茶楹联说明以饮茶访友的。云南通海县清凉台茶楹联云:"殿阁生微凉,共为羲皇上人,到此春台啜春茗;造化钟灵秀,遍访岩穴闲士,始知通海出通才。"

有的茶楹联富有启人深思的哲理。广州三眼桥茶楹联写道:"处处通途,何去何从?求两餐分清邪正;头头是道,谁宾谁主?吃一碗各自东西。"这一类雅俗共赏的茶楹联特多,诸如:"为名忙,为利忙,忙里偷闲,且喝一杯茶去;劳心苦,劳力苦,苦中作乐,再倒一杯酒来。""美酒千杯难成知己,清茶一碗也能醉人。""为爱清香频入座,欣同知己细谈心。""趣言能适意,茶品可清心。"

(4)茶散文。古代写茶的散文,著名的是明代张岱的《茶史序》、《兰雪茶》等。现当代也有不少作家如朱自清、周作人、林语堂、汪曾祺的散文,都写过饮茶、品茶。周作人在《喝茶》一文中提出了喝茶意在品赏和消遣:"我的所谓喝茶,却是在喝清茶,在赏鉴其色与香与味,意未必在止渴,自然更不在果腹了。""喝茶当于瓦屋纸窗之下,清泉绿茶,用素雅的陶瓷茶具,同二三人共饮,得半日之闲,可抵十年的尘梦。喝茶之后,再去继续修各人的胜业,无论为名为利,都无不可,但偶然的片刻优游乃正亦断不可少。"

(5)茶歌。茶歌是茶农生活和心声的直接写照。有反映茶农劳动情景的,湖南《茶歌》云:"二月花朝初开天,双双对对整茶园。哥施肥来妹淤土,谷雨多摘白毛尖。三月清明茶发芽,姐妹双双采细茶。双手采茶鸡啄米,来来往往蝶穿花。"有表达采茶青年男女爱情的,有首民歌唱道:"姊妹过江去采茶,江流尽处是郎家。莫到江心起波浪,浪花虽好只空花。"

特别值得一提的是现代《请茶歌》,唱出了真挚的革命友情,歌词云:"同志哥!请喝一杯茶呀,请喝一杯茶,井冈山的茶叶甜又香啊,甜又香啊。当年领袖毛委员啊,带领红军上井冈啊。茶树本是红军种,风里生来雨里长;茶树林中战歌响啊,军民同心打豺狼,打豺狼啰。喝了红色故乡的茶,同志哥!革命传统你永不忘啊,意志坚如钢啊……"

(6)茶的传说故事。大凡名茶都有一个动人的故事,说明茶名神秘的来历。

有的传说故事是说明茶名因人名而来的。"太湖碧螺春"茶,传说是太湖姑娘碧螺种的。传说很久以前,太湖西山住着一位美丽的碧螺姑娘。有一天,她正在湖边唱歌,被湖里的恶龙听见了,扬言要娶她为妻,否则就兴风作浪,让百姓不得安宁。碧螺姑娘早已与太湖东山的青年渔民阿祥相爱。阿祥决心为民除害,与恶龙大战了七天七夜,太湖下了七天七夜的雨,到了第八天,湖里的风浪才平静下来,湖里漂着恶龙的尸体,阿祥因伤重也死在岸边。乡亲们把阿祥安葬在太湖东山脚下。碧螺姑娘痛不欲生,在阿祥坟前种下一棵茶树,一边流泪,一边唱歌,唱了七天七夜,悲伤地死去。第二年的春天,碧螺姑娘栽下的茶树长出了碧绿的茶叶,用这种茶叶泡出的茶清澈碧绿,清香无比。据说这种茶是阿祥和碧螺姑娘的血泪浇灌出来的。

有的传说故事是说明茶名因动物名称而来的。例如"太平猴魁"茶,传说古时候,黄山有一对白猴,年老得子,对小猴子特别疼爱。小猴子娇惯不听话,有一天独自跑出去不回来。老猴一连找了几个月都没有找到,便双双病倒在山坑。山坑里住着王老二和7岁女儿秀姑,他们把这对病倒的老猴抬到家里,养了半个月。老猴的病好了,就挥动手臂示意要离开这里,王老二挽留了它们。过了8年,两猴老死了,王老二把它们埋在山坑里,叫"猴坑"。秀姑长大成人了,为了敬养父亲而不愿嫁人,又因山坑贫穷招不来上门女婿。王老二整天念叨着：老白猴要是活着，一定能帮我的忙。说也怪，王老二念叨了半年，到第二年春天，猴坑长满了绿油油的茶树。用这种茶叶制出来的茶特别清香，人们称它为"猴茶"。后来这种茶越制越好，成为茶叶之首，就叫"猴魁茶"。

6. 茶与绘画

以茶为绘画题材的作品历代都有。现存最早的茶画是唐代无名氏的《调琴啜茗图卷》，画面中立于两旁的侍女端着茶盘茶杯，中间三位贵妇人，或调琴弹奏，或品茶，或听琴。此后历代都有茶的绘画名作，诸如：宋代刘松年的《斗茶图卷》，元代赵孟頫的《斗茶图》，明代唐寅的《事茗图》、文徵明的《惠山茶会图》、丁云鹏的《玉川煮茶图》，清代薛怀的《山窗清供图》等。宋代还出现了妇女烹茶的画像砖。

元　赵孟頫《斗茶图》

宋　妇女烹茶画像砖

六、令人陶醉的酒俗文化

中国是茶的王国,也是酒的国度,不仅造酒饮酒的历史悠久,而且酒的民俗文化也辉煌灿烂。酒俗文化成为中国民俗文化重要的组成部分。

(一)酒的发展史

中国酿酒的历史久远,早在6000多年前的新石器时代,就用谷物造酒了,出土文物中有滤缸。夏商时代酒的生产规模较大,据史书记载,商纣王设有"酒池肉林"。商周古墓中发掘了大量的贮酒器、盛酒器、取酒器和饮酒器等。汉至唐代是酿酒业的兴盛时期。从考古发掘来看,唐代以前的酒为米甜酒,烈性白酒大概出现在北宋时代。

20世纪90年代,我国白酒的产量已达5000万吨,啤酒产量已达2000万吨。近十几年来,啤酒成为我国第一大酒,白酒列为第二,黄酒第三。

(二)酒的种类

中国酒的种类到底有多少?查古代文学作品、地方志等提到过的酒名有300多种。

我国酒的分类方法有多种。按酿造方法可分为蒸馏酒、发酵酒、配制酒。按酒精的含量可分为高度酒(40°以上)、中度酒(20°～40°之间)、低度酒(20°以下)。按酒质可分为国家名酒、国家级优质酒、省部级名优酒、一般白酒。一般按商业习惯将酒分为六大类:白酒、黄酒、啤酒、果酒、药酒、奶酒。在国家级评酒中,往往按这种方法对酒进行归类。

1. 白酒

白酒是由各种含有淀粉或糖分的原料、辅料、酒母、水等,经过糖化发酵后,用蒸馏法制成的。一般以40°～

60°为高浓度酒,40°以下为中低度酒。

白酒按香型可分为五类。

(1)酱香型。采用超高温制曲、凉堂、堆积、清蒸、回沙等酿造工艺,在石窖或泥窖内发酵制成。其特点是:酱香突出,酒体醇厚,清澈透明,回味悠长,空杯留香经久不散。这类酒以贵州的茅台酒为代表,又称"茅香型",属大曲类。

(2)浓香型。采用混蒸续渣工艺,在陈年老窖或人工酒窖内发酵制成。又称"窖香型",属大曲类。其特点是:窖香浓郁,清冽甘爽,香味醇厚,尾净余长。五粮液、泸州老窖、古井贡酒等属于这一类型。

(3)清香型。采用清蒸清渣工艺,在地缸内发酵制成。其特点是:清香纯正,口味协调,微甜绵长,余味爽净。这类酒以山西汾酒为代表,又称"汾香型",属大曲类。

(4)米香型。采用酱香型与浓香型的某些特殊工艺酿造而成。又称"蜜香型",属小曲类。其特点是:蜜香清雅,入口柔绵,落口甘冽,回味怡畅。这类酒以广西桂林三花酒为代表。

(5)混香型。工艺特别,大小曲都用,发酵时间长。凡不属上述4种香型的酒,均可归于此类,又称"兼香型"、"复香型"。其特点是:清澈透明,入口绵柔,醇香浓郁,余味悠长。这类酒以陕西西凤酒为代表。

2.黄酒

黄酒是以糯米或粳米、籼米、黍米、玉米等为原料,蒸熟后加入专门的酒曲,经糖化发酵后压制而成的一种饮料。产区主要在长江下游一带。

黄酒按糖度的含量可分为三类。

(1)甜型黄酒,含糖量在10%～20%之间。福建沉缸酒、山东即墨老酒、丹阳封缸酒等属于此类黄酒。

(2)半甜型黄酒,含糖量在1%～8%之间。福建老酒属于此类黄酒。

(3)不甜型黄酒,含糖量在1%左右。浙江绍兴酒、大连黄酒属于此类黄酒。

3. 啤酒

啤酒是用大麦芽和啤酒花为主要原料,加上水、淀粉、酵母等辅料,经发酵制成的一种富含二氧化碳的饮料。啤酒有丰富的氨基酸、维生素,有"液体面包"之称。

啤酒按生产工艺可分为五种。

(1)熟啤。啤酒酿造后,为使其具有较长的保质期限,用巴氏法热处理,大量杀灭新鲜酵母菌。这类啤酒多为瓶装或易拉罐装。

(2)鲜啤。酒质、营养介于生啤与熟啤之间,经过板式热交换器72℃瞬时杀菌,使啤酒在常温下可保鲜2～3个月。

(3)散装混生啤。啤酒酿成后,不经过巴氏法处理,也不过滤,直接装在木桶或其他盛酒器中销售,常温下保质期仅为1天。

(4)桶装纯生啤。制作过程是:在散装混生啤基础上,采用现代灭菌设备,经过四次除菌过滤,然后密封装入不锈钢酒桶内,销售时边降温边补充二氧化碳。这类啤酒口味鲜美,气体充足,营养丰富,在0℃～8℃条件下保质20～30天。这是酒质、保鲜、营养三方面最理想的啤酒。

(5)作坊啤酒。此类啤酒国外早有,我国近几年在北京、上海、广州等大城市先后出现几家。用一套迷你型酿酒设备,在店堂中现酿现喝,自产自销。

4. 果酒

果酒是以葡萄、苹果等各种水果,或浆果作为原料,经糖化发酵后压榨过滤的低度饮料。果酒按含糖量可分为四种。

甜型果酒,含糖量在7%以上。半甜型果酒,含糖量为2.5%～7%。半干型果酒,含糖量0.5%～2.5%。干型果酒,含糖量为0.5%以下。

5.药酒

药酒是用白酒、葡萄酒、黄酒作为酒基,加入中药材、香精、糖等原料制作而成的,也称"露酒"。这是具有浓郁民族文化特色的酒。药酒多为内服,也有外用的。从功效上可分为两大类:治病为主的药酒和滋补养生的保健药酒。

6.乳酒

这类酒主要流行于以放牧为主的少数民族地区,是用牛、马、羊的奶酿制而成的。

(三)名酒品种

1.白酒类

(1)茅台酒。因产于贵州茅台镇而得名,至今有800多年的历史,称为"国酒"。茅台酒的酿造有其独特的自然条件。茅台镇地处高原最低点的盆地,终日云雾密布,空气潮湿,夏日35℃～39℃的高温持续5个多月。这种特殊的气候、土壤和水质,对茅台酒香气成分中微生物的产生起了决定性作用。经化验分析,茅台酒的香气成分达110多种,而在酿造的过程中从不加半点香料,香气成分完全是在反复的发酵过程中自然形成的。茅台酒属于酱香型酒,纯净透明,入口醇香馥郁,饮后余香绵绵,回味悠长。

(2)五粮液。产于四川宜宾,酿造的历史可追溯到唐代。因以高粱、糯米、大米、小麦、玉米为原料酿造,当时称为"杂粮酒"。1928年,宜宾人杨慧泉认为"杂粮酒"名不雅,提议改名为"五粮液",沿用至今。现已成为市场上最畅销、价格不菲的名酒。五粮液属于浓香型酒,香气醇正,入口甘美,下喉净爽,余味悠长,被评为国家名酒。

(3)泸州老窖。产于四川泸州,生产用的酒窖最早的已有 300 多年的历史。长期使用的窖内泥地呈红绿彩色,有奇异的香气,发酵醅(没有过滤的酒)与窖泥接触后,蒸馏出来的酒就带有一股浓郁香气。泸州老窖属于浓香型酒,无色透明,醇香浓郁,清冽甘爽,饮后回味悠长。

(4)古井贡酒。产于安徽亳州。酿酒的水是城店集的井水,呈乳白色,清澈微甜。井是南北朝时期的遗址,是名副其实的古井。明代列为贡酒,此后一直作为皇室的贡品,故名"古井贡酒"。此酒属于浓香型酒,清澈透明,香气纯净,浓郁甘润,余香悠长。

此外还有:四川绵竹的剑南春(浓香型),山西汾阳的汾酒(清香型),陕西凤翔的西凤酒(混香型),四川古蔺县的郎酒(酱香型),贵州遵义的董酒(混香型),江苏泗阳的洋河大曲(浓香型)等。

2. 黄酒类

(1)绍兴酒。产于浙江绍兴,有 2400 多年的历史。以糯米为主料,用鉴湖水酿造而成,属不甜型酒,酒液黄亮有光,口味鲜美,助消化,除疲劳。

(2)沉缸酒。产于福建龙岩。酿造时酒醅必须沉浮三次,最后沉于缸底,故名"沉缸酒"。此酒属于甜型酒,酒色红褐透明,香气芬芳。

(3)福建老酒。产于福建福州。以糯米为主原料,还选用以 60 多种中药材制成的白露曲、古田曲,分缸发酵,冬酿春熟,发酵期长达 100 天,再经过抽清榨取、澄清、杀菌等工序制成。此酒属于半甜型,酒色褐黄,香气醇正,甜度适口。

此外还有:辽宁大连黄酒(不甜型),江苏丹阳封缸酒(甜型),山东即墨老酒(甜型),上海特制加饭黄酒等。

3. 啤酒类

(1) 青岛啤酒。产于山东青岛,出口量占我国啤酒年出口总量的 90%。色泽黄亮,清澈透明,泡沫洁白,口感细腻,二氧化碳的气体充足,有显著的酒花和麦芽清香味。

(2) 北京特制啤酒。选用高级麦芽和优质酒花为原料,酒色淡黄,清亮透明,泡沫丰富,口感细腻。

(3) 上海特制啤酒。选用优良麦芽、一级酒花、精白大米为原料。酒液呈金黄色,清亮有光泽,泡沫洁白持久,含有醇厚舒适的苦味。

此外还有:沈阳雪花啤酒,上海海鸥啤酒,杭州西湖啤酒等。

4. 果酒类

烟台的红葡萄酒(甜型),北京的中国红葡萄酒(半甜型),天津的王朝白葡萄酒(半干型),山东烟台的味美思酒,青岛的白葡萄酒,河北的白葡萄酒等。

5. 药酒类

(1) 竹叶青。产于山西汾阳杏花村,北宋时已扬名天下。竹叶青以 70°的汾酒作为酒基,配以竹叶、陈皮、砂仁、当归、栀子、公丁香、广木香等 12 种药材及适量冰糖,按传统工艺配制而成。具有舒气润肝、调和腑脏、解毒利尿、健脾强体的功效。

(2) 园竹青。产于湖北潜江。以高粱酿成原酒后,再加入丁香、檀香、砂仁、当归等多味中药材,经浸泡、调配、贮存、过滤及加入冰糖制成。酒色清亮透明,微带药香。

(3) 金奖白兰地。原名"张裕白兰地",产于山东烟台张裕酿酒公司。以优质葡萄酒为原料,经发酵蒸馏调配、贮藏陈酿而成。酒液金黄透明,微苦而柔和。

此外还有:北京桂花陈酒,广州五加皮酒,天津嘉宾酒和玫瑰露酒、长春参茸灵酒、江西太和乌鸡补酒等。

(四)饮酒礼俗

对大多数中国人而言,生活是离不开酒的,可以说无酒不成礼、无酒不成宴、无酒不成欢、无酒不成交。欢度节日,喜庆大事,朋友相会,亲戚往来,酒成了重要的媒介。诸如年节酒、元宵酒、中秋酒、重阳酒、相亲酒、迎亲酒、满月酒、寿酒、生日酒、丰收酒、开耕酒、开业酒、分红酒、乔迁酒、拜师酒、接风酒、饯行酒、洗尘酒、赔礼酒、解愁酒等等。

饮酒礼俗主要有以下几个方面。

1. 斟酒

给客人斟酒时要把酒杯倒满,表示敬意,所谓"酒满敬,茶满欺"。宴请朋友时,斟酒从朋友开始;同饮时有长辈,斟酒从长辈开始。当客人喝干酒后,要立即将客人的酒杯斟满。

2. 罚酒

对违反酒规的人、迟来的人、行酒令失败的人,要进行饮酒罚戒,亦叫"罚饮"。这是酒席中取乐的一种方式。罚饮的杯数一般的是三杯,汉代韩安国作《几赋》不成罚酒三升,东晋文人兰亭宴会时王子敬咏诗不成罚酒三觥。

3. 碰杯

碰杯时,主人要站起来,用右手举起酒杯,轻轻地与对方的酒杯相碰,表示敬酒敬意,用力过猛视作不雅。碰杯的"轻"与友情的"亲"相谐,现代诗人艾青有首诗写道:

杯子和杯子,

轻轻地相碰,

发出轻轻的声音:

"亲亲"、"亲亲"、"亲亲"。

你的心,我的心,

也轻轻地相碰,

也发出轻轻的声音:

"亲亲"、"亲亲"、"亲亲"。

为了友谊,为了和平,

让我们每个人的心,

都发出轻轻的声音:

"亲亲"、"亲亲"、"亲亲"。

晚辈向长辈敬酒碰杯时,一定要低于长辈的酒杯,以示对长辈的尊敬。

4. 干杯

喝酒干杯是表示深情相待的方式。碰杯之后,一口将杯中的酒喝完,喝完后需把酒杯倒过来,让对方看看是否喝干。一次喝干,表示豪爽、够意思、够朋友,所谓"感情深一杯吞"。唐代诗人王维《送元二使安西》"劝君更尽一杯酒,西出阳关无故人"诗句中的"更尽一杯酒",就是再干一杯。干杯时,如果不能喝酒,不可勉强,可事先说明,请对方原谅。

5. 劝酒

中国人喝酒是最豪爽大方的,宁愿自己不喝或少喝,也要让客人喝好尽兴;有好酒自己舍不得喝,总是留着招待客人。这是中国人热情好客的本色。为了让客人喝好喝够,千百年来形成了许多劝酒的方法。

(1)歌舞音乐助兴。一般的正式酒宴,用文艺表演的方式劝酒,营造一种欢乐的气氛,让饮酒的人一边看表演、听音乐,一边喝酒,看得高兴自然喝得也尽兴。这种方式一直延续到现在。

(2)投壶。这是古代的一种劝酒方式,也是一种比技巧的娱乐游戏。壶是特制的,口宽、颈细、腹大,腹内装满小而滑的豆子,用矢投壶。宾主站在规定的距离,依次向壶中投矢,投中多者为胜,少者为负,负者受罚喝酒。由于喝酒的场合不同,矢的长短、壶与人的距离有区别。投壶时,客人须在主人盛情邀请3次、自己谦让3次之后,才从主人手中接过矢。依照规定每人4矢。地位高的人可以把矢放在地上,投一个取一个;地位低的人须把4矢抱在怀中。投壶有乐曲伴奏,演奏5遍。第一遍为序曲,让投矢者做好准备;第二遍乐曲结束时,鼓响起,投掷开始,每人一次投一矢,几个人交替进行;第五遍乐曲结束,鼓声停,4矢投完为一局。三局定胜负,负者喝酒。

(3)酒令。这是一种喝酒助兴的游戏。推一人为令官,负责发令,余者听其号令,轮流依照规定方式做游戏,违者罚酒。一席人皆听从酒司令的。酒令的方法多种多样,有诗令、谜语令、绕口令、典故令、改字令、人名令、花枝令、对字令、四书令、骰子令等等,这里介绍几种。

击鼓传花　让一个参加饮酒的人在隔壁房间敲鼓,主人手持一枝花,传递给邻座的人,依次传递,鼓声停止之时,花在谁手中,谁就饮酒。有的击鼓人很有技巧,忽而缓起来,欲停而响;忽而响起来,突然停止。持花的人就在一片笑声中饮酒。

掷骰子　3颗骰子,每颗都用白纸糊住6面,上面写字。第一只骰子上写人物:公子、老僧、少妇、屠夫、妓女、乞儿;第二只骰子上写地方:章台、方丈、闺阁、市井、花街、古墓;第三只骰子上写动作:走马、参禅、刺绣、挥拳、卖俏、酣眠。文句是:公子章台走马,老僧方丈参禅,少妇闺阁刺绣,屠夫市井挥拳,妓女花街卖俏,乞儿古墓酣眠。将骰子放在一只碗里,让大家掷。凭掷出来的文句而行酒令。手气好掷出来的是原句,如"公子章台走马",那就满座喝彩,大家为他满饮一杯。有的虽非原句,如"老僧古墓挥拳"、"公子闺阁酣眠",情理尚可,酌量罚酒或免饮。但骰子有时乱来,如"屠夫章台卖俏"、"老僧闺阁酣眠",那样就满座大笑,按例罚酒。

打杠 打杠酒令方法简单,两人同时喊4种相克的物"鸡、虫、杠、虎"中的一种,谁喊出的物能制服对方则赢,输者罚酒。这四种物的相克关系是:鸡吃虫,虫钻杠,杠打虎,虎吃鸡。

猜拳(划拳) 古称"拇战"、"招手"。饮酒时双方同时伸出手指,同时喊出数字,每人所出的手指只能低于或等于自己所喊的数字。所喊的数字与两人所出手指数之和相等者为胜,对方为输,罚酒一杯。若口中喊的数字少,而出的手指多,则违规罚酒。喊数字时往往用与数字相配的吉利语,如"哥俩好"是2,"三星照"是3,"四季发财"是4,"五魁首"是5,"六六顺"是6,"七个巧"是7,"八匹马"是8,"九连灯"、"快升官"是9。由于酒令简单,在农村特别盛行,几乎一喝酒就猜拳,似乎喝酒不猜拳就不能尽兴。

6.饮酒异俗

我国各民族、各地区的饮酒习俗各不相同,他们以不同的饮酒方式招待客人,表现出款待客人的满腔热情。

安徽人酒宴待客,专设执酒壶敬酒的人,称"酒司令"。酒司令按座位次序,给客人斟酒,斟完酒,主人举杯请客人饮第一杯酒。酒过三巡,菜上两道,酒司令开始普遍敬酒,叫"满堂红",每人都要喝一两杯。有时要重点敬酒,就是找酒量大的人,让他多喝几杯。

广东有些地方开宴时,主人先在地上洒一杯酒,表示驱邪。年纪大的客人用右手指蘸酒在桌子上划个圆圈,祝贺事事圆满。然后主人举杯请客人饮酒。不能饮酒的可以不饮,但不能把酒杯倒扣过来;倒扣酒杯,表示主人无酒,要罚酒三杯。深交的朋友要喝"交手酒",即你喝我的酒,我喝你的酒。

鄂西北地区，无论男女老少都会劝酒，而且有一套规矩，分为推酒司令、门杯、敬杯、转杯、催杯、跳杯、赶麻雀、举手不落台等，往往把客人喝得酩酊大醉。

宁夏人待客有"客人不躺倒，酒桌子不撤"的风俗。饮酒时，主人反复劝酒，自己酒量不大的常请几位"海量"者陪客，往往猜拳通宵达旦，直到客人喝醉方休。

山东胶东人办喜酒时，第一杯必喝红酒，然后喝白酒；结束时再喝一杯红酒，叫"满堂红"，以示喜庆、吉利。给人敬酒时自己应先喝，叫"先饮为敬"。鲁西人多用大碗饮酒，依次饮完一碗酒，叫"推磨"。酒酣时，在酒中掺入鱼汤，示意一醉方休，否则被认为是"瞧不起哥们"。

彝族人有酒便是宴，且有饮酒不用菜的习惯。饮酒时席地而坐，围成一个圆圈，端起酒杯依次轮流喝酒，叫"转转酒"。

(五) 酒与文学

我国的酒与文学的关系太密切了，有咏酒的诗词文赋，有咏酒的典故，有酒的传说故事，还有因酒形成的成语。

1. 咏酒的诗文

我国古代咏酒的诗词文赋，不仅数量众多，而且内容广泛。有写酒的功用价值的，唐代白居易《酒功赞》肯定了饮酒御寒消愁的多种作用："麦曲之英，米泉之精，作合为酒，孕和产灵。孕和者何？浊醪一樽。霜天雪夜，变寒为温。产灵者何？清醑一酌。离人迁客，转忧为乐……吾常终日不食，终夜不寝，以思无益，不如且饮。"有写饮酒欢乐的，唐代杜甫《饮中八仙歌》云："李白一斗诗百篇，长安市上酒家眠。天子呼来不上船，自称臣是酒中仙。"有写酿造酒的，唐代王绩《看酿酒》诗云："六月调神曲，正朝汲美泉。从来作春酒，未省不经年。"

2.酒的传说故事

有趣的是流传着许多有关酒和饮酒的传说故事。这些故事可分为两类：一类是人物饮酒的传说故事，一类是有关酒的来历的传说故事。

人物嗜酒的传说故事不胜枚举。有以酒壶为友的传说。徐珂《清稗类钞》云："方渔村子身独处，平生未尝近女色。所居茅屋三椽，不蔽风雨，吟咏其中，怡然自得。性嗜饮，得钱辄沽酒。遇路人，即拉与共醉，不问谁何人。又喜拇战，或以不能辞，必强为所难。固辞，则怒。人畏其怒，相率远避。见无人与共，即以酒壶为友，而与之猜拳行令，人遂谓之方痴子。"

更为稀奇的是酒能使人死而复生的传说故事。近人胡山源《古今酒事》引《异林》载："史百户者，性嗜酒，昼夜沉醉，不少醒。尝旦谒上官，上官与之语，懵然无所答。上官怒叱之曰：'汝醉邪！'其父闻之，遂绝其饮。久之，病且作，吴中名医莫疗。有张致和者，善深于脉理，诊之曰：'夜半当绝，勿复纷纷。'及期果欲绝。其妻泣曰：'汝素嗜酒，今死矣，然又不得饮，聊荐一杯，与尔永诀，死当无恨。'遂启其齿，以温酒灌之。须臾，鼻窍绵绵，若有息焉。又灌之而唇动，又灌之而渐苏。"

有关酒的来历故事，多是为了渲染酒的神秘性。在神秘的背后，反映了一个实质性的问题，即各地酒的不同特征与当地特殊的自然条件和环境因素是密切相关的。

安徽的古井贡酒，是因特殊的古井水而造就特色的，于是出现了一个神奇的传说故事：

很久以前，亳州乡下有个张婆婆以卖酒为生。一天，有个面黄肌瘦的瘸腿和尚从她家门口经过，望着酒坛发呆，久久没有离去。张婆婆便舀了一碗酒递给和尚喝，和尚因身无分文而没有接受。张婆婆说明分文不要后，和尚接过酒来一饮而尽。此后三十天内，和尚一天来两次。张婆婆每次都舀酒给他喝，从未厌烦过。和尚喝了她的酒，身体壮实起来了。到第三十一天的早上，和尚就在张婆婆家的后院掘了一口井，说："婆婆，感谢你，我无物可赠，这口井给你吧，往后你卖酒就从井里取吧。"和尚走后，张婆婆就从井里舀碗水试试，果真香气扑鼻，从此她的生意兴隆。两年后，那和尚又来了，问张婆婆这井里的酒好不好？她说："好是好，就是没有酒糟，俺喂的猪没有食。"和尚听了叹气吟诗道："天高不算高，人心比天高。井水当酒卖，还嫌没有糟。"和尚走后，井水的酒味消失了，张婆婆的酒店也倒闭了。

　　过了两百年，这里住了李婆婆和独生女个锦。个锦是个瞎子，李婆婆节衣缩食，到处求医，总是治不好。一天，有个病歪歪的和尚跌倒在她家门口，李婆婆把和尚扶进家里，热情而精心地照料他。三十天后和尚的病养好了，和尚临走时找到了一口古井，告诉李婆婆以后用井水酿酒，个锦姑娘可以靠卖酒过日子了。李婆婆按和尚的吩咐，用井水酿酒，果然酒味香浓。有酒卖积蓄了钱，个锦的眼睛也治好了。两年后，和尚又来了，问李婆婆这井水酿酒咋样？母女俩高兴地说："好得很！我母女俩已把井交给全村人，开了公兴糟坊，让大家都得到师父的恩惠。"和尚听了高兴地吟诗道："天宽不算宽，人心比天宽。古井酿佳酿，公兴福无边。"

　　这个传说故事，不仅说明了古井酒的来历，也弘扬了行善乐施的传统美德。

　　3. 酒的成语

　　由于酒丰富了人们的生活，千百年来人们在酿酒、饮酒、咏酒的生活中，形成了大量的成语。这些成语不仅积淀了丰富的酒文化，更能召唤起人们对美好生活的向往，陶冶着人们的道德精神。由酒构成的成语有：酒龙诗虎、酒圣诗豪、酒有别肠、酒足饭饱、酒社诗坛、酒肉朋友、酒后耳热、酒阑客散、酒瓮饭囊、酒朋诗侣、酒食地狱、酒逢知己千杯少、酒酽春浓、载酒问字、借酒浇愁、文期酒会、甘酒嗜音、旧瓶装新酒、花天酒地、好酒贪杯、饮酒高会、金谷酒数、茶余酒后、美酒佳肴、醉翁之意不在酒、醉酒饱德等。

七、赏心悦目的饮食名称

中国的饮食，尤其是菜肴，不仅讲究造型的美，而且注重名称的美，以各种悦耳动听的名称，丰富了文化的内涵，给人以美的享受，从而引起人们的食欲。饮食命名的艺术方式很多，大致有以下几种。

第一，用珍贵的物名来替代，显得高贵雅致。鸡，这平常的家禽，用凤凰的名称来替代，就显得很美。这样就可以组成一系列的美名：鸡翅为"华袖"，鸡脚为"凤爪"，鸡蛋为"凤蛋"。蛇称为"龙"，蚯蚓称为"地龙"，甚至将豆芽称作"龙须"。诸如：金皮乳猪、掌上明珠、八宝龙珠、象牙雪笋、游龙绣金线、珍珠玛瑙翡翠汤等。

第二，象征吉祥，以示祝愿。诸如：全家福、福寿全、升官图、金钱满地、一帆风顺、年年有余、步步登高、四海上寿、发财到手、龙凤呈祥、寒门造福等。

第三，组合命名，给人以图画美的联想。诸如：鹤鹿同寿、雪夜桃花、百鸟朝凤、美园新春、踏雪寻梅、孔雀开屏、金猴卧雪、双龙戏珠、月映仙兔、燕入竹林、群虾望月、翠柳啼红等。

第四，用历史典故和成语来命名。诸如：霸王别姬、出水芙蓉、游龙戏凤、龙飞凤舞、金声玉振、玉凤还朝。近年来，西安皇城宾馆推出了独具特色的"三国宴",用《三国演义》中的故事命名了 13 道菜:花色拼盘叫"桃园三结义",苦瓜叫"苦肉计",七彩龙凤丝叫"吕布戏貂蝉",用绿色蔬菜汁和白色鸡茸绘出太极图的蔬菜羹叫"空城计",特制船形鲈鱼置盘中覆盖红椒丝和葱丝叫"草船借箭",水煮豆腐叫"水淹七军",八宝饭叫"火烧连营",鲜蘑菇摆成三份叫"三分天下",金银炒饭叫"封金挂印",陕西风味岐山臊子面叫"六出岐山",美点映双辉叫"管辂知机",水果盘叫"群英会"。

第五,用传说中的神仙和历史人物来命名的。诸如:八仙过海、嫦娥知情、罗汉菜心、佛跳墙、贵妃鸡翅、西施虾仁、东坡肉、李鸿章大杂烩等。

有的一道菜就是一个故事。"东坡肉",是杭州的一道名菜,源于苏轼当官为民办实事的故事。苏轼在杭州做官时,见西湖的水常泛滥成灾,就组织民众修筑了湖堤,旱涝保收。老百姓非常感激,于是纷纷抬着肥猪送到苏轼的府上,执意要苏轼收下。苏轼收下后,叫人做成大块的红烧肉,分送给老百姓享用。人们就把苏东坡送来的肉叫"东坡肉"。

"一声春雷",是江南的一道名菜。传说清朝乾隆皇帝下江南时,在苏州一家小饭店里就餐。店主苦于没有好菜,就把饭锅巴用油炸酥,再用虾仁、鸡肉丝和鸡汤熬成浓汁浇在锅巴上,顿时响声如雷,香气扑鼻。乾隆皇帝一尝,喜形于色,赞道:"此菜像一声春雷,可称天下第一。"从此,"一声春雷"成为名菜。

饮食的命名,一定要讲究文化的品位,否则就会适得其反,不是高雅而是低俗了。近年来,有的菜名离奇庸俗而令人生厌,诸如:男欢女爱、美人腿、伟哥销魂、赤身裸体等。

八、意蕴丰富的饮食语言

我国饮食文化的价值，又表现为丰富了语言词汇。在我们日常生活所用的语言词汇中，大量的与饮食活动密切相关，即由饮食的文化内涵，引申出社会生活的评判意蕴、对人生复杂多味的感受。具体表现在以下诸多方面。

(一)由饮食七味构成的词语

香，好的味道和气味，用以比喻形容受欢迎的人和事。"睡得香"，形容睡得很熟；"香花"，比喻对人民有益的言论或作品；"香甜"，又香又甜，也形容睡得踏实舒服；"吃香"，形容商品畅销受到普遍的欢迎，或形容人才受到各方面的关注。

甜，好味道，多形容好的事物。"甜头"，比喻人所给予的好处；"睡得甜"，形容睡得踏实；"甜蜜"、"甜美"，形容生活幸福美满；"甜言蜜语"，比喻讨好或哄骗人时说的好听的话。

苦，不好的味道，形容不好的事物。"苦命"，形容人的命运不好；"苦海"，比喻困苦的境地；"苦头"，形容苦痛、磨难；"苦笑"，指心情不好而勉强地笑；"苦果"，比喻坏的结果；"苦差事"，指辛苦艰难的事；"苦口婆心"，形容善意的再三劝告。

辣，刺激性的味道。"毒辣"，形容手段残酷、心肠恶毒；"心狠手辣"，形容人的狠毒；"辛辣"，比喻语言、文章具有尖锐的讽刺性。

臭，难闻的气味，比喻令人讨厌的人和物。"臭骂"，意为痛骂；"臭货"，指不是好的东西或不是正经的人；"臭美"，讥讽显示自己漂亮或能力；"臭棋"，形容棋术拙劣；"臭名"，形容坏名声；"臭钱"，对钱的蔑视。

酸，形容不太好的事物。"心酸"、"悲酸"，形容心情的悲伤；"穷酸"、"寒酸"、"酸味十足"，讥讽文人迂腐。

咸,构词能力最低,仅有"咸(闲)吃萝卜淡操心"、"操咸(闲)心";而其反义的"淡"构词很多。"淡薄",形容感情、兴趣不浓厚;"淡而无味",比喻事物无意味;"冷淡"、"淡漠",形容对人、对事不关心。

(二)用饭菜酒组合成的词语

有用状态组成的词语,如:看菜吃饭、炒沙成饭、夹生饭、茶余饭后、饥不择食、丰衣足食、锦衣玉食、借酒浇愁、酒囊饭袋、生米煮成熟饭等。

有用食物名称组成的词语,如:僧多粥少、泡汤、老油条、一锅粥、闭门羹、窝头脑袋、画饼充饥、废物点心等。

有用食物原料组成的词语,如:装蒜、泡蘑菇、割韭菜、小萝卜头、雨后春笋、歪瓜裂枣、摘桃子、自相鱼肉、半瓶子醋等。

有用饮食活动的动词组成的词语,如:喝墨水、喝西北风、咬文嚼字、吞云吐雾、囫囵吞枣、狼吞虎咽、侵吞、啃书本、饮水思源、饮恨、饮弹、饮鸩止渴、艰苦备尝、品尝、品味。尤其是"吃"字,组词最多,诸如:吃罪、吃累、吃租、吃苦头、吃老本、吃枪药、吃苦耐劳、吃白饭、吃大锅饭、吃后悔药、吃偏食、吃闲饭、吃脏、吃力、吃紧等。

有用饮食烹饪方法组成的词语,如:牛鼎烹鸡、烹龙炮凤、炒鱿鱼、爆豆、煮豆燃萁、煮鹤焚琴、煎熬、煎心、炒冷饭等。

有用饮食用具组成的词语,如:背黑锅、连锅端、砸锅、砸饭碗、铁饭碗、釜底游鱼、破釜沉舟、另起炉灶、杯盘狼藉、九鼎大吕、三足鼎立、杯弓蛇影、杯水车薪、盆地、盆景、倾盆大雨、瓢泼大雨等。

第四章　民族服饰争奇斗艳

服饰、饮食、居住，是人类生存的三大基本要素，因而在漫长的生活中，服饰同饮食、居住一样，成为一个民族、一个地区的重要标志。当我们看到一个陌生的人时，一般来说，只要看他（她）穿着传统的服饰样式，就能辨别出他（她）所属的民族，这说明服饰具有鲜明的民族特性。如头戴四楞小花帽的是新疆维吾尔族人，头戴白帽的是回族人，身着大花袍的是蒙古族人，满身银饰的是苗族人。而且一个民族的服饰，在千百年来的传承中，积淀了丰富的文化内涵，它不仅是人们护身御寒的工具，也是反映人们思想意志和精神追求的表现符号。同时，在旅游兴盛的今天，民族服饰又以它那奇异的光彩，给人以审美的享受。

一、时代各异的服饰史话

据历史文献的记载，我国的衣、食、住民俗中，发展演变最大的是服饰，因为它受到的制约因素最多。从历史时代来看，服饰有着明显的时代特征。

原始时代，我们的祖先是什么时候用衣服来蔽体的？旧石器时代的先民是用树叶和草来遮蔽身体，到了新石器时代，人们开始穿粗麻布衣了。

殷商西周时代，衣料有麻、兽毛、兽皮。服制有衣裳。上为衣，长至膝，袖小，紧窄；下为裳，用两片遮前蔽后，没有裤裆。女子有围裙(襜)。首服,男的扎巾戴帽,女的插笄。足衣为舄履,以木为底,葛、麻布为面。

春秋战国时代,衣料有麻布、葛衣。服制是围裹全身的深衣,此衣上衣和下裳相连,有祛袂、中要、齐三部分组成。因前后深长,故称"深衣"。战国时赵武灵王为了作战的需要,开始改用胡服,穿短衣裤。

秦汉时代,男服是大襟短衣,长裤,夏日裸上身,下穿犊鼻裤(无裆)。首服,男为巾帻。足衣有皮履、帛履。汉代妇女的服饰以深衣、袿衣、襦裙为主。襦是长至腰间的短上衣,上身穿襦,下必配裙。汉代的裙子,以布、绢四至八幅连接,每幅上窄下宽,不绣边,围裹腰间,成为围裙。

魏晋南北朝时期,衣料有纱、绢、葛布、麻布。服制,男子上穿袍衫短襦,下穿有裆的裤子。这时男子还流行穿"裤褶"的便服。女子上穿襦、衫,下穿裤、裙。首服有巾、冠、帽。这时期戴帽子很流行,不仅寒冷的冬天戴帽子,而且春夏季节也戴帽子。帽子的样式也很多,如风帽、圆帽、方帽、破后帽(突骑帽)、白高帽、大障日帽等。

唐代,男穿袍、衫、短袄、长裤,女穿短襦、长裙、半臂(短袖衫)、披锦。首服有纱帽、幞头(头巾)。唐代的服饰民俗有三个特点。其一,流行幞头、纱帽。幞头是头巾的发展,内有衬物巾子。裹幞头时,有的先扣巾子,再覆头巾系裹成型,称为"软裹";有的把头巾裹在头箍上,用时套在头上,称为"硬裹"。其二,出现了半臂和披锦的女子新装。半臂为衣长齐腰,袖子宽大而不过肘,即今之短袖衫。其三,胡服流行。当时长安是全国经济、文化的中心,西域各族的服饰进入长安,《新唐书·五行志》载:"天宝初,贵族及士民好为胡服胡帽。"

宋元时代,汉人服制,男穿短袄、布袍、襕衫(无袖长衫)、裤子;女衣除唐服以外,有背心(对襟直领)、抹胸,上层妇女已裹足，俗称"三寸金莲"。元代江南地区妇女"扎脚"盛行。

明代，男以袍衫为主，女有衫、襦、袄、裙；讲究衣服款式的搭配。首服，男的头巾款式较多，如方巾、网巾、六角巾、瓜皮帽等；女子流行梳髻、包头。

清代，男服有袍、袄、衫、裤；出现新装马褂，这是满族男子的上衣，穿在长袍、长衫之外，流行于全国各地。女服，满、汉各自保留自己民族的服饰，开始穿旗袍。汉女裹足，穿尖头鞋。

民国时期，由于革除了封建制度，受到外来文化的影响，男士服饰发生了很大的变化。有传统的长袍、马褂、瓜皮帽、裤子、布鞋、棉靴，有新式的国服中山装，有中西结合的长袍、西裤、礼帽、皮鞋，还有外来的学生装。女子服饰常见的有高领、窄身短袄，城市女子穿旗袍。

二、功用各异的服饰样式

中国服饰的样式，可分为四种类型，即头衣、上衣、下衣、足衣。最基本的样式是上衣和下衣，因为它是遮蔽身体主要部位的服饰。人类从无衣到有衣的漫长阶段，就是用树叶来遮蔽下身的。足衣的鞋、袜，头衣的帽、巾，是次要的，而且是地区性的。我国的北方气候寒冷，重视头衣和足衣，而在水乡江南、西南少数民族地区，过去农村的男女都打赤脚。

从文字的形成来看，衣在甲骨文、金文中作"𠆢"、"𠆢"、"𠆢"，篆体为"𠆢"，即上衣，交颈右衽式衣服，是保护人的上体部分的。汉代许慎《说文解字》说："上为衣，下为裳。"

（一）头衣（头饰）

头衣，因民族、地区、性别、年龄的不同，而形成了不同的类型和样式。

从类型来看，主要有：

(1)冠，是头衣的总称，《说文解字》："冠，弁冕之总名也。"冠的产生首先在于实用，主要用于束发，并作为成人的标志。后来用于装饰，成为官吏的一种礼服。

(2)巾，是用来包头的布帕，有护体和保暖的作用。历代因式样、大小、颜色和用途的不同，又分为角巾、幅巾、头巾、幞巾、帻巾、丹巾、黑巾、绡巾等。先秦时代已有了，战国时韩国人用青布包头，故称"苍头"；秦国人用黑布包头，故称"黔首"。

(3)帽，用得最为广泛，名目很多。根据用料、形状和用途的不同，可分为帷帽、纱帽、草帽、席帽、毡帽、瓜皮帽、风帽、睡帽、暖帽等。

汉民族帽子的名称最丰富。中原地区农商所戴的帽子为"大障日帽"，贵州男式的"马尾帽"，江南民间童式的"公子帽"(亦称"荷花公子帽")、"月亮帽"、"狗头皮帽"、"狮子帽"，流行全国各地男式的"风帽"、"凉帽"，浙江绍兴男式的"乌毡帽"，流行于明代的"六合帽"，流行全国的"西瓜皮帽"(瓜皮帽、小帽、秋帽)，四川川东一带流行的"纬帽"，流行于北方地区的"拉虎帽"(可掩盖耳朵)，外出中年男子戴的"套帽"等。

(二)衣裳

衣裳，在古代是指衣服的两部分，上身穿的衣服为"衣"，下身穿的衣服为"裳"。现在统称为"衣"、"衣裳"、"衣服"、"衣衫"。因民族、性别、用途、季节的不同，衣裳的名称也不同，主要有以下几种。

深衣　始于周代，男女、尊卑皆可穿着。《礼记·深衣》疏："庶人吉服，亦深衣。"可见平民是将深衣作为一种礼服。深衣以麻布、白布为主，斋时用黑色。其长度大致在足踝间，制作方便，花钱少，所以在当时用途最广。

褐　古代一种粗劣的短衣，用粗毛、粗麻织物制成。为贫苦农牧人所穿，起源很早。《诗经·豳风·七月》："无衣无褐，何以卒岁？"

袍　一种长衣，有的作为内长衣，始于周代，清代以此作为礼服。袍服以大袖为多，袍口收小；领以袒领为主，多为鸡心领，穿时露出里衣；也有大襟斜领，领袖都用花边装饰。按用料和用途的不同，可分为茧袍、缊袍、褐袍、泽袍及长袍、战袍等。

襦　上衣，短至腰，亦称"腰襦"。汉以后男女通用。对襟窄袖，隋唐时衣襟放开，宋代限于农村妇女，元代再度流行。

马褂　清代满族男子的上衣。穿在长袍、长衫之外，长不过腰，袖仅掩肘，短衣短袖，便于骑马，故名"马褂"。流行于全国各地。

裳　下衣，原是前后两片用以蔽体的，后来发展为裙。

裤　古称"袴"、"绔"，俗称"裤子"，衣服的下装。早期为两腿的套袴，无裆；今统指有裆之裤。种类有长裤、短裤、单裤、棉裤、内裤、外裤等。

裙　下衣。古代男女同用，后专指妇女的下裳。因质地、颜色、形式和用途的不同，可分为长裙、短裙、筒裙（亦称"统裙"、"桶裙"）、练裙、襕裙、画裙、石榴裙、郁金裙以及舞裙、旋裙等。民间凡逢喜庆，妇女必穿红裙，视为吉利的象征。

蓑衣　亦作"簔衣"。用草或用棕编制的雨衣。

衲衣　僧人穿的衣服。衲，意为缝补、补缀，因和尚的衣服常用许多碎布补缀而成，即以"衲衣"代称"僧衣"。

(三) 足衣

足衣，有内、外之分。足内衣，主要是袜子。袜子按用料和作用,可分为布袜、丝袜、熟皮袜、尼龙袜、短袜、长袜、筒袜、连裤袜等。

外足衣,主要是鞋,古代称"屦"、"履"、"鞡"。最初用兽皮缝制,后用丝麻制成。足衣为什么叫鞋呢?因为穿上时用带收紧,脱下则舒解,古时"解"与"鞋"同音,故以鞋名之。鞋按制作的原料可分为以下几种。

布鞋 这种鞋子最普遍,样式也最多。诸如:汉族五岁以下儿童穿的"兔儿鞋",妇女穿的"绣花鞋",旧时汉族妇女缠足所穿的"弓鞋",流行于陕西南部汉族的布鞋"牛鼻梁鞋",流行于青海地区土族的男鞋"福盖地鞋"、女鞋"腰鞋",流行于今青海汉族、回族和土族的"拉缨鞋",鄂伦春族的冬鞋"奥路奇",达斡尔族的男鞋"斡洛奇",羌族传统的女鞋"双楞子鞋"、"过加鞋"、"云云鞋"。

草鞋 是用草编制的鞋子。亦称"草履"、"芒鞡"、"芒履"、"芒鞋"、"芒屩",俗称"不借"、"千里马"。这种鞋子起源很早,传说黄帝时代就有了。各民族的草鞋名称也不一样,广西仫佬族叫"竹麻草鞋",布依族叫"细耳草鞋"。

钉鞋 亦称"钉靴",用的是布料,涂上桐油,鞋底有钉,为雨鞋。

皮鞋 我国传统的皮制鞋,主要流行于少数民族,如流行于新疆的一种套鞋"凯鞋",藏族的藏靴,蒙古族的蒙古靴,流行于今内蒙古等地的传统靴子"马海靴"和"不里阿耳靴"。

木鞋 称"屐"(木屐),以木为底,有的有齿,有的无齿。多用于出门行路穿用。魏晋南北朝时木屐底部配有两只活络木齿,穿时可根据需要选用。《宋书·谢灵运传》记载:谢灵运曾制木屐,"上山则去前齿,下山则去后齿"。

塑料鞋 这是当今社会民间最流行的休闲鞋。

古代还有一种厚底的鞋叫"舄",以木板置于鞋下,作为复底。这种鞋子可以防泥湿,男女通用。崔豹《古今注·舆服》:"舄,以木置履下,干腊不畏泥湿也。"

三、服饰形成的民俗特性

在我国民俗文化事象中,服饰民俗的差异性最大,因而最富有特性。乌丙安先生在《中国民俗学》第七章中分析了中国服饰习俗形成的十一个方面的因素。我们也可以理解为服饰民俗的诸多特性。

(一)服饰的男女性别特性

中国服饰习俗,具有明显的男女性别特性。从衣服的样式来看,头衣,男士有戴帽子的习惯,而女士则喜欢扎花夹;衣裳,男士穿裤子,而女士则多穿裙子;夏天的足衣,男士穿短袜子,而女士是长筒袜配裙子。从民族来看,旧时代满族的男子自头顶后半部留发,束辫垂于脑后,穿马蹄袖袍褂,两侧开叉,腰中束带,便于骑马;而妇女在头上盘髻,佩戴耳环,穿宽大的旗袍,着高底花鞋。

(二)服饰的年龄特性

中国人的年龄不同,服饰的样式也有明显的不同。过去幼儿用肚兜,小儿穿开裆裤;现在孩子穿童衣,注重花色,讲究活泼。年轻人衣服讲究款式,表现一种个性的追求,显示青春的活力。老年人的衣服讲究宽松舒适,表现一种对休闲生活的追求;现在有不少年纪大的人还喜欢穿鲜艳的红色衣服,衬托自己年纪虽老而心态不老。有的民族服饰有着明显的年龄特性,如朝鲜族喜欢穿素白的衣服,而不同的年龄有着不同的款式,年轻的妇女和少女,上衣袖口和衣襟上镶有色彩鲜艳的绸缎边;老年妇女喜穿素白衣裙,习惯用白绒布包头。

(三)服饰的季节特性

一年四季的气候不同,为适应气温的变化,衣着自然有所不同。春秋季节天气冷凉,穿的是夹衣(双层衣);夏季天气炎热,穿的是短衣短裤;冬季天气寒冷,穿的是棉衣皮袄。即使是北方也有季节性的衣服,分布在内蒙古和黑龙江地区的达斡尔族人,男子夏天穿布衣,外加长袍,用白布包头,戴草帽;冬季戴狍头皮或狐狸皮的帽子,帽子双耳翘起,足穿皮靴。如果有谁穿了反季节的衣服,就会闹出笑话而遭到讥笑。《隋书·袁充传》记载,袁充小的时候,有一年冬天,他父亲的朋友来了,看见他穿着夏天的葛布衫就笑他,说:"袁郎子缔兮绤兮,凄其以风。"缔是细葛衣,绤是粗葛衣。这里是笑他冬天冷了还穿夏天的衣服,不合时宜。

(四)服饰的历史特性

在中国漫长的历史中,每一个时代都有各自的服饰习俗特性,这在本章第一节中已提及。清代的妇女缠足,男子穿长袍,这种服饰习俗早已进入历史博物馆了。改革开放以来,中国男女的衣着习俗发生了较大的变化。原先是以朴素为美,全国清一色着中山装,所谓"新三年旧三年,补补缝缝又三年";如今人们追求的是新奇异样的美,所谓"新三天旧三天,款式不合丢一边"。尤其是夏天,原先是男露女裹,男士露到只穿短裤,女子则裹得严严实实;现在反过来了,是女露男裹,年轻的女子露背显胸、露肚脐眼、穿超短裙,而男士反而穿长裤,裹得严严实实。这反映了一个时期有一个时期的服饰审美追求。正是这种审美追求,才促进了服饰民俗的发展变化,诸如从牛仔服、背带裙到踏脚裤,从绒线衫到羊毛衫、羊毛内衣裤、羊绒衫,从金戒指、金项链到金手链、金足链、白金戒指等。

(五)服饰的功用特性

服饰的本质特性就是它的功用性。从护体保暖来看,有冬棉夏单的不同季节所穿的衣服。从生活的需要来看,有日常生活便服、工作劳动的服饰、婚丧礼仪的不同服饰。从装饰性来看,追求个性的多样化,以服饰的新奇为美。从社会的职业来看,商人有商人的穿戴,牧民有牧民的装束,渔民有渔民的打扮,学生有校服,工人有厂服,其他如工匠、医生、厨师、僧人、道士等,都有各自标志性的服饰。

(六)服饰的地区和民族特性

服饰成为一个地区、一个民族的鲜明标志。同一个民族的人,生活在不同的地区,由于气候环境的因素,衣着也各不相同。如汉族,生活在北方的人,因风沙多而戴头巾;沿江一带的人,一般不戴帽扎巾;南方人因雨水多而戴斗笠。就民族性而言,鄂伦春族人戴的帽子叫"密特哈",是用狍皮按原形缝制的,男女都穿毛皮长靴;景颇族男子多穿黑色圆领对襟上衣、宽大短裤,用黑布、白布包头;蒙古族喜欢穿马靴,宽大的袍子沿边、襟口都饰以彩缎,腰间系彩绸带。

四、独放异彩的民族服饰

我国有55个少数民族,其服饰的多样性,真可谓姹紫嫣红、百花争艳了。更有服饰文化内涵的是,有些民族的服饰在说明其来历时,都有一个生动的故事。这里就最富有特色的民族服饰作简要的介绍。

维吾尔族 这个民族的男子常穿竖长条长衫,对襟无扣,腰间扎方巾,阿凡提的服饰是个代表。女子穿丝绸长衫或连衣裙,圆领大开襟,外套背心,有的梳数根发辫。最有特色的是

维吾尔族舞蹈

男女老少都戴四楞小花帽。花帽在维吾尔语中读为"朵帕",它既是维吾尔族民众的日用品,又是精美的工艺品。

花帽的种类很多,主要有"奇依曼朵帕"和"巴旦姆朵帕"。"奇依曼",意为繁花似锦,它是一种色彩斑斓、鲜艳夺目的花帽。"巴旦姆朵帕",与巴旦杏有关。巴旦杏是从西亚引进的味道不同于一般的杏子,能生长在干旱的沙漠地区,其形状似新月的果核,成为维吾尔族人花帽的特有装饰图案。帽子四周用白色的丝线绣成的波浪和晶莹的水珠,簇拥着中央的巴旦杏核,引人遐想,似涓涓清泉哺育着果实累累的果木。

藏族 主要分布在西藏及青海、甘肃、四川、云南等省。藏族人喜欢穿长袍,称"藏袍"。右边开襟,袖子阔长,穿时头顶衣领,腰间束长带。夏季或劳动时,将右臂或双臂退出袖管,将袖搭于肩或束于腰间。夜间可以当被子。男子腰间常佩带短刀、火石等在原野生活的必需用品。女子爱穿斜领衫,外罩无领长袍,腰间围彩色长裙。男子戴头巾,侧卷檐皮帽;妇女裹头巾,或是将辫子夹彩带盘在头上,成为彩辫头箍。藏族头饰最有特色的是镶以金银珠宝、玉器、珊瑚,因而有的服饰价值上百万元。

藏族传统服饰

彝族 主要分布在四川和云南,四川凉山彝族自治州是最大的彝族聚居地。彝族男子穿大襟彩色的长袖衣,下穿肥大的裤子。最有民族特色的是头饰"天菩萨",亦称"英雄髻"。彝族男子以不留胡须为美,头顶留发一绺,用头帕包上,在右(有的在左)前额用红绸扎一个长锥形的"天菩萨",有的长30厘米,有的长10厘米。任何人不得乱摸"天菩萨",若被人摸弄,则认为是最大的侮辱。

传说这"天菩萨"是彝族祖先形象的象征:从前有个彝族青年叫阿里比日,勇敢而有智慧,力气很大。有一天,他进山打猎时遇到了两条龙张牙舞爪地向他扑来。他一气之下把龙杀死了,并把龙肉切碎放在 99 口大锅里,煮了 9 天 9 夜,最后熬成 9 大碗。阿里比日把 9 大碗龙肉

彝族传统服饰

吃下后,顿时觉得天旋地转,就昏昏沉沉地睡了一觉。当他醒来的时候,发现自己的头上长了一只肉角伸向右前方,再摸摸胸口、膝盖也长了龙鳞。此后,他的力气变得更大了,有万夫不当之勇,因此群众推选他做了彝族的首领。他带领彝族人打败了许多敌人,建立了一个繁荣富强的部落。阿里比日死后,人们为了表示对他的怀念,就在自己的头顶上蓄发,编为一绺,象征阿里比日的肉角,叫作"天菩萨",并且扎上英雄髻。

彝族的女子多穿彩条窄袖长衫,外套宽缘镶边、深绿色的紧身小衣,下裳为百褶裙。地方不同而颜色也不一样,凉山地区多用黑、白、红、蓝四色合缝而成,上层白色,二层黑色,三层红色,底层蓝色。头帕也是彝族妇女的一种头饰,通常用白色或深蓝色、黑色的布做成,绣有各种花纹,美丽而又大方。

苗族 主要分布在贵州、云南、湖南三省。苗族男子穿对襟短衣或大襟、长裤,有时穿外套背心,长布包头,扎绑腿。女子上穿短衣,露出绣花内衣,下穿短裙或长裙,百褶裙的裙褶有四五百道。全身银饰,注重节日盛装,其式样多达四五十种。苗族女子头饰最有特色的是"大发髻"。苗族女子身

材都不高,而头饰硕大,与人体成"T"字形。妇女们在扎大发髻之前,先用自身的头发在头顶上绑上一个大木角,再将祖辈留下的长发在木角上绕成"∞"字形,绕完后用白毛线固定,将线头绕上红缨子在脑后结成花状。站立时双手撑腰,走路时上身挺直,双手随着臀部有节奏地摆动,煞是好看。

云南苗族传统服饰

壮族 广西壮族的服装大部分已接近汉族。男子多穿青布对襟上衣,有的以布帕包头。妇女的服饰在式样和装饰上带有浓厚的民族特色,尤其是首饰。头饰的枷锁、发簪、项圈、项链、耳环等,大多是银质的,有的重达 500 克以上。这些首饰平时生产劳动时不戴,只是在逢年过节、婚嫁喜事等日子,妇女们才精心地打扮起来。银色的首饰和围裙的绣花,在阳光的照射下,光彩夺目;而走动起来发出的碰撞声,更为悦耳,别有情趣。

壮族传统服饰

瑶族传统服饰

瑶族 主要分布在广西、湖南和云南。瑶族男子穿对襟衣、长裤,赤脚或穿草鞋。女子上穿深色的无领衣,下穿长裤、布鞋。瑶族服饰的最大特色是男女都习惯缠头。男子蓄发盘髻,包以红布,插上几根野雉毛,显得英武。女子不全留头发,只留头顶上的一部分,把辫子盘在头顶上,再用10米长的黑布头巾包上,形如草帽,大如脸盆。头巾的样式很多,有的缠成梯田形,有的绕成高高的圆锥形,有的妆成银钏形,有的在外层还用一根花带或白丝绸围起来。头巾一年四季都不摘除。

土家族 主要分布在湖南、湖北和贵州等省。土家族人穿着的布料,过去多为自织自染的土布,男女服饰无多大差异,都是"短衣跣足"。后来才有了区别。男子穿对襟上衣,包头巾,穿布鞋。女子上穿大襟衣,下为长裙、长裤。最具民族服饰特色的是妇女的围裙。这围裙对土家族妇女

土家族传统服饰

来说非常重要,它既可作为装饰,又能方便日常生活的劳作。更富有服饰文化意蕴的是,这围裙标志着土家族妇女的聪明能干,所以土家族的姑娘都围着美丽的围裙,她们都有一手精巧的挑花手艺。这围裙来源于一个美丽动人的传说故事:很久以前,土家小溪旁住着一对年轻夫妻,丈夫勤劳忠实,妻子罗卡尼聪明能干。有一天,丈夫在山坡挖地,来了一位骑马的客官(地方官吏)对他说:"今晚我要到你家去吃饭,要你妻子用两种东西做十样菜,再用两种东西做七样饭,还要有有皮无骨的象牙筷。"丈夫回家对妻子说了这件事,罗卡尼就用韭菜(九样)和鸡蛋炒了一盘十样菜;用绿豆(六样)和大米煮了一锅七样粥;又用有皮无骨的芭茅削了一双筷子。晚上客官来了,见了这种情况,转身就骑马走了,回到衙门闷闷不

乐。心想如何使她变傻呢？有人献计说："听说用布把心口围起来，人就会变傻。"于是客官下令，所有的妇女都要围上一条围裙，否则就要严厉惩罚。聪明的罗卡尼识破了客官的诡计，就和妇女们商定将围裙从心口以下围起来，这样既没有违背命令，也不会变笨。从此以后，土家族的妇女都围着漂亮的围裙。

傣族 主要居住在云南西双版纳、德宏和思茅等地区。傣族的男子穿短衣长裤，冷披毛毯，热挂披风。女子上穿薄衣，无领圆口，衣长及腰，下穿筒裙。傣族人服饰的特色是男女都缠头。男子多用白布或蓝布包头，包头时余下一截，垂在左边，与对襟衣裳或大襟小袖的短衫及长管裤相配，

傣族传统服饰

显得很协调，尤其是小伙子装扮显得精神而潇洒。女子以白头巾为头饰。

传说傣族男女戴白头巾是给他们的祖先戴孝：很久以前，傣族居住在东北平原上，在一次战争中整个民族几乎遭到灭顶之灾，只有七位公主逃了出来，来到了南方西双版纳的森林里。后来她们偶然遇到了花狗族的七位王子，姑娘们就亲手给王子包头，多余的布垂在左边。照理来说右手用力大，余布应垂在右，因姑娘们都是站在王子的对面给他们包头的，所以余布垂在左边。后来他们相爱结婚了，生了许多孩子。原来这七位王子是因反对花狗族的种族战争而逃出来的。一天，他们外出打猎时，遇上了寻找他们的花狗族人，因不愿意回去，发生了一场血战，七个王子被杀死了。七位公主和他们的孩子们把七个王子的尸体抬回家，第二天七位

公主也不见了。七个王子的血变成了斑枝花,七位公主的泪水变成了七种颜色的蝴蝶,公主变成了大石头。傣族人为了纪念他们的先祖,直到现在,傣族人常戴白头巾。

白族 主要分布在云南大理白族自治州。白族的男子穿白衫、长裤、裹腿,穿草鞋,外套坎肩;喜庆节日时穿白衣、大红裤、黑坎肩。妇女穿大襟衣外罩"比甲"(领袖),紧束腰带系围裙,上衣前短后摆长,白绵羊皮当披肩。其明显的特征是:色彩对比明快,映衬协调,挑花精美,都有镶边花饰。白族姑娘都喜欢戴凤凰帽,帽是用两瓣鱼尾形的帽帮缝合成凤凰鸟一般的帽身,帽后檐有6厘米长稍稍向上翘的帽尾,帽前檐正中有一颗红光闪闪、白银镶边的帽花,帽花边满缀着白银绿玉的饰器。帽花上方还插着一朵玉丝彩花,显得非常漂亮。这是白族姑娘最珍爱的一种服饰。

白族传统服饰　　　　朝鲜族传统服饰

朝鲜族 主要分布在东北三省,吉林延边是朝鲜族最大的聚居区。朝鲜族人爱穿白色的衣服,素有"白衣民族"之称。男子上穿袄衫,外罩对襟坎肩,下穿长而肥大的裤子,便于盘腿而坐,裤脚结扎,俗称"跑裤"。女子穿长裙与长袖短袄,长裙过膝,婚后长至足踝;袄为鸡心斜领,无扣,以布打结。"阿妈妮"更喜欢盛装打扮,表示对生活的乐观追求。

满族 主要分布在辽宁、吉林、黑龙江、河北和北京等省市。满族男子穿长袍,两侧开衩,便于骑马;外罩长及腰间、袖仅掩肘的马褂,头戴暖、凉帽,脚穿靴子。女子穿袍,开衩处镶有花边,脚穿马蹄形或花盆形底的绣花鞋或高底木鞋。满族女子服饰最显著的特色是"旗袍"。原为满族妇女所穿,直筒式,腰部宽松,下摆和袖口都较大,衣边绣有彩绿,袍长不没脚。因满族被称为"旗人",故称"旗袍"。清代顺治年间,旗袍开始在中原地区流行,逐步形成一种长马甲式旗袍。辛亥革命后,汉族妇女也普遍穿着。经过不断改进,样式为:直领右开大襟,紧腰身,衣长至膝下,两侧开衩,开襟处一般有镶、嵌、滚等工艺装饰。按季节有长、中、短袖,单、夹、皮之分。

满族传统服饰　　蒙古族传统服饰

蒙古族 蒙古族人穿长袍,下摆不开衩,系彩色粗长腰带,带上挂有小刀、鼻烟壶等。蒙古族服饰的特色是蒙古袍和蒙古靴。蒙古袍,蒙古语称"特而力克",流行于内蒙古等地牧区。袍长宽大,长袖高领,右开襟,纽扣在右侧。下端左右一般不开衩,领口、袖口和衣襟多镶花边。男袍多为蓝色和棕色;女袍多为红色、绿色和紫色。春、夏、秋季多穿浅色,冬季多穿深色。棉袍多以羊皮制成,单夹袍一般用布、绸缎制作。穿着时一般多束腰带。男子扎腰带时把袍襟向上提,束得较短,以便于骑马,显得潇洒精悍;女子则把袍襟向下拉展,体现身体的曲线美。蒙古靴,有"不里阿耳靴"(用皮革制成)和"马海靴"(用布料制成)两种。靴头尖而上翘,靴体宽大,以便在靴内套裹腿毡、棉袜、毡袜、包脚布等,裹脚布露出靴筒外约两寸。靴面的不同部位以贴花、缝缀、刺绣等工艺装饰各种花纹图案,穿着舒适保暖。骑乘时护腿和踝,便于行走。既能踏沙、踏雪,又可防虫防露。

回族 主要分布在宁夏以及甘肃、青海、新疆等地。回族男子穿长裤、长褂或外罩深色背心,白衫外缠腰带。头戴白帽,这是回族标志性的服饰。小白帽轻便凉爽,简单易做,美观大方。也有戴黑色小帽的。回族妇女穿衣衫长裤,一般多戴盖头(也叫"搭盖头"),把头裹得严严实实的。"青丝不见青天",是世界穆斯林妇女的一种传统的宗教习俗,故多以

回族传统服饰

面纱、披巾蒙面遮发。未出嫁的少女戴绿色盖头,多在盖头上镶金边、绣花纹香案,显得清新秀丽、明快悦目;中年妇女戴黑色盖头,显得庄重;老年妇女戴白色盖头,并披到背心处,显得虔诚古朴。

黎族 主要居住在海南岛。黥面文身是黎族人过去普遍的一种修饰,新中国成立之后逐渐消除,只有在年龄较大的妇女脸上和身上还能看到这种习俗的痕迹。黎族人衣尚青色,以棉麻为料。男子一般穿开襟长袖、无领斜襟上衣,有

的下穿前后一块布的"遮羞布"。女子穿窄袖紧身短衣,两片前襟自领口至肚脐上,并有两排银圈饰物,下穿筒裙,长不过膝,用精美的黎锦制成,图案万千,色彩缤纷,形成黎族服饰的象征特色。

黎族传统服饰　　　　　　畲族传统服饰

畲族　主要分布在福建和浙江。畲族人长期与汉族人杂居共处,生活习俗深受汉族的影响,但仍然保留着自己民族的服饰特色。男子多穿带襟无领的短衣、布条衫、坎肩。妇女高髻蒙布裹头,穿无领衣衫和围裙;节日喜庆时,妇女盛装打扮,头戴凤冠,身穿花边衣,腰系花带,穿花鞋。最富有畲族服饰特色的是"花腰带"。花腰带,主要用丝和纱编而成,有双面、间花、宗甩、十三行等各种样式。花腰带的图案大多由吉庆、双喜、福禄寿等文字及各种花卉构成,色彩鲜艳,是一种优美的民间工艺品。关于花腰带的来历,流传着一个美丽的故事:很久以前,畲族有个姑娘叫雷凤,聪明勤劳,每天劳动回家后就编大花带。她编出的花带特别精美。后来被当地的地主知道了,把雷凤拉到他家里当奴隶,不久就被劳累折磨死了。雷凤姑娘死后变成一只美丽的长尾彩鸟,飞回家乡,时常停在编花带的妇女面前歌唱。彩鸟清脆的歌声,引起了妇女们的注意,大家都觉得彩鸟的羽毛很美丽，于是在编大花带时，便参照彩鸟的羽毛纹样编起来。就这样，畲族人编的大花腰带就成了其特有的服饰风格。

景颇族 主要分布在云南。男子多穿黑色圆领对襟上衣，裤短而宽大，用黑布或白布包头。景颇族独特的民族服饰是妇女穿的筒裙。景颇族有句俗语说："女人不会织筒裙不能嫁人。"过去，景颇族的女子到了一定年龄都要学织筒裙，因而景颇族妇女普遍都有很好的编织技艺。景颇族的筒裙一般用羊毛棉线和色线为原料，以黑色或蓝色为底色，挑成直线和多角的回纹图案及各种花纹。图案以红色为基本色调，再用黄、绿、紫等色相间点缀，整个图案色调对比强烈，花纹图案工整精细。新中国成立后多用花布或绸缎做筒裙，自织的羊毛筒裙当做节日的服饰，外出时穿着。

景颇族传统服饰　　　　汉族　惠安女

惠安女服饰 惠安女指生活在福建惠安县东部沿海三镇一乡（净峰镇、山霞镇、崇武镇、小岞乡）的汉族女子。她们的服饰别具一格，其特点是：花头巾，黄斗笠，短衬衫，长筒裤，银腰带，肚脐露。惠安女的服饰，色彩斑斓，鲜艳夺目。她们头上戴着一顶黄色斗笠，斗笠下系一条裹头的花头巾。黄斗笠底部的四边，系结着4条彩色斗笠带子，镶着彩色纽扣，紧贴着花头巾顺着脸颊到下巴处打结系牢。上身穿着右斜衽开裾衬衫,又窄又短,紧裹着胸部和手臂,袖子短得只够小臂的一半,上衣短得不超过脐位,肚皮常露出来。下身穿又宽又大的黑绸直筒裤,裤管有两尺多宽,裤头有一段长长的白裤腰,腰上环绕着五色鲜艳的丝裤带和熠熠生辉的5股或7股精细的银裤带。这些与短上衣相呼应,充分地展现了女性特有的曲线美,站着亭亭玉立,走动柔和飘逸。人们戏称这种服饰为"节约衫,浪费裤,封建头,民主肚"。

关于惠安女服饰的来历,有个传奇的故事:宋代高宗年间,惠安县小岞村出了个宰相李文会,养有两个儿子。大儿子早已结婚成家,二儿子因从小娇生惯养,不专心读书,金榜无名。一日,李文会回乡省亲,夫人催促他早日为二公子选亲完婚。他想起在京城时听人说浙江宁波康员外家有个未婚的独生女,聪慧贤淑。他与夫人商量后,就派人前往提亲。

康小姐是康员外夫妇的掌上明珠,舍不得让女儿远嫁到偏僻的小岞村,但迫于李宰相的权势又不敢回绝,就苦口婆心地规劝女儿。康小姐得知李二公子金榜无名,死活不肯答应。李文会恼羞成怒,暗地派人乘坐一艘大帆船驶往宁波抢亲。这夜正值中秋节,康小姐在后花园观花赏月,突然间被人用手绢塞住嘴里,乌巾蒙住头,大丝巾捆住腰,抢到船上。尽管康小姐拼命地反抗挣扎,衣服被船钉划破了好几处,也无济于事。康小姐被抢到李府后,日夜以泪洗面,不吃不喝。耐心的李夫人不厌其烦地每日给她端饭端菜,好言相劝。康小姐终于被感动了,提出若要成亲,除非二公子金榜题名。这下激发了李二公子发愤读书的斗志。几年后,李二公子果然中了进士,与康小姐圆了房。

一晃十几年过去了,康小姐生了两儿两女。在大女儿出嫁前,她特意为大女儿缝制了一套嫁妆:上衣的领口、袖头、襟边、衣裾沿,都用各种颜色的布料和五色丝线镶绣成花边,并在衣裤上故意缝了许多补丁。在大女儿出嫁的当天,她亲自替女儿穿上这套衣服,又在女儿的头上蒙了一块乌巾,手腕上套进银镯。这有意还原着她当年被抢时的情景。同时,她还在女儿的发髻上插入一百支笄,以表示她当年对自己的婚事一百个不愿意。从此以后,惠安女的服饰就世世代代沿袭了下来。

五、内涵丰富的服饰语言

服饰是人们生活的需求,是历史的产物,它反映了每个民族各自不同的审美追求,这就孕育了服饰文化的丰富内涵,形成了特定的服饰语言,富有极高的文化审美价值。

(一)服饰民俗具有民族的标记意义

服饰孕育于一定的民族物质生活和精神需求中,展现了一个民族独特的形象,最具个性特征。服饰是一个民族的符号、一个民族的标记。头戴绣花帽,身穿竖长条纹长衫的,一定是新疆维吾尔族人;穿蒙古袍、蒙古靴的,是蒙古族汉子;头戴白帽是回族人;身穿藏袍、戴藏帽是藏族人;满头银饰的是苗族姑娘;头扎英雄髻的是彝族人。

尤其是聚居在云南西双版纳景洪县的基诺族人,喜欢戴耳环,又特别看重耳环眼。她们说:"没有耳环眼,就不是我们基诺族人。"一般人的耳环眼只略比针眼大,而基诺人的耳环眼却非常大,初见时简直令人吃惊。据说她们对耳环眼的大小是相当讲究的,她们认为耳环的质地、形状和大小并不重要,而耳环眼的大小却非同小可,因为它是基诺族人勤劳与否的象征。一个人的耳环眼大就意味着勤劳、勇敢,相反就显得懒惰、懦弱。因此她们从小就穿耳环眼,随着年龄的增长,再用纸卷或木棍等物撑大它。有趣的是,相爱的恋人还喜欢互相赠送花束,并把花束插在对方的耳环眼里,以表达爱慕之情。这时耳环眼的大小显得很重要,因为耳环眼大插的花就多,而包含的爱情也就越热烈。这种习俗一直流传到现在。

(二)服饰民俗具有装饰性给人以美的享受

当今社会的公共场合,男士穿着一色的西服,虽有庄重整齐之美,却免不了千篇一律的单调。相比之下,我国多民族五彩纷呈的奇装异服,如朝鲜族的白色长裙、惠安女的短窄上衣、土家族的五彩织锦、白族姑娘的凤凰帽、苗族姑娘的大发髻、维吾尔族的小花帽等,展现出一个色彩斑斓的服饰世界,为人们的生活增添了无限的光彩。当你走进云南少数民族多彩的服饰世界,真是一种美的享受,会令你陶醉其中。可见,现代人对生活美的追求,服饰的美是不可缺少的重要内容。我们生活的空间如果没有服饰的美,一定会变得黯然失色。

(三)服饰民俗具有传情达意的标识作用

服饰民俗以它特有的语言符号,传达了人们对衣着的审美追求和生活的理想。如果说文如其人、字如其人的话,那么也可以说衣如其人了;如果说移情于物是将抽象的感情形象化的话,那么更可以视服饰是一个民族、一个人内心世界的外在显现。服饰的语言形式是多样的。

1. 服饰的款式语言

款式是服饰文化最本质的特征,因为它是人们思想情感外在的符号。汉族服饰中山装,是孙中山民主思想的体现。辛亥革命后,中山装是参照中国原有的衣裤,吸收南洋华侨中的"企领文装"和西服的样式设计,由黄隆生裁制的一种男士服饰。上装为翻领,对襟,五纽,前胸上下左右各缀一个方形凸袋,有软盖,衣长及臀,袖长及腕。裤制为前面开裆,用暗扣,左右各一暗袋,右臀部有一暗袋,用软盖,前右腰有一小暗表袋。这种设计体现了孙中山"适于卫生,便于动作,宜于经济,壮于观瞻"的思想。尤其是中山装结构部位的文化象征意蕴:紧收颈部的衣领,是一种压力和危机感的象征;前襟的四只口袋,标志礼、义、廉、耻的儒家思想,并意味此四者为"国之四维";五粒纽扣(原为九粒),象征五权分立(行政、立法、司法、考试、监察);袖口三粒纽扣,象征民族、民权、民主的三民主义。整体上严谨、平实、端庄,给人以信心与力量。

中山装

2.服饰的花纹图案语言

为了增加美感和寄托某种愿望,民间的服饰上多有花纹图案的装饰。这些花纹图案常见的有:几何纹(菱形、方格形、三角形、六角形、S形、圆圈形等)、自然现象纹(山、水、日、月、云等)、植物纹(莲花、牡丹、菊花、梅花、树、竹、草等)、动物纹(龙、凤、蜜蜂、鸳鸯、仙鹤、牛、羊等)、人物纹(仙女、佛像、歌舞人物等)、文字图案(萬、福、寿、富贵平安、延年益寿、如意、百寿、百福、百禄等)。

这些花纹图案,不仅有装饰的美观作用,而且有文化的意蕴,因以表达人们对长生不老、夫妻和美、升官发财、吉祥如意、安居乐业等美好生活的追求和向往。有的花纹图案以象征来传达情意,如:以"松"、"龟"象征长寿,"石榴"、"鱼"象征多子多福,"鸳鸯"喻夫妻相亲相爱,"松鹤"寓意延年益寿,"梅花蜜蜂"寓意春风得意,"牡丹神仙"寓意神佑富贵等。有的图案用谐音来寓意,如:蝙蝠的"蝠"谐音"福",寓意幸福;"鱼"与"余"谐音,寓意年年有余;"鹿"谐音"禄",寓意升官发财。还有的直接用汉字来表达,如"福寿有余"、"福禄寿喜"、

"长乐明光"、"万事如意"等。纳西族服饰羊皮背带上的图案,有一种解释是:两个大盘图案,左盘表示太阳,右盘表示月亮;七个小圆盘表示七颗星星。寓意为纳西族妇女具有披星戴月的辛勤劳动之志。

3. 服饰的颜色语言

服饰颜色的选择和组合,传达了人们的某种审美追求。藏族的康巴人非常崇拜红、蓝、黄、白、绿五种颜色,充分地表现在他们的服饰上。康巴人的服饰,从头饰到身衣,从服装到装饰,无不是五彩纷呈,相映生辉。这种服饰不仅给人以色彩鲜艳夺目的美感,更让人领略到康巴人对自然、对生活的独特理解:他们用红色比喻太阳,蓝色比喻天空,黄色比喻大地,白色比喻水源,绿色比喻生命。可见康巴人对大自然热爱的深情。

4. 服饰的信物语言

服饰既然是修饰身体的,那它就是人的形象的一种标志。传情达意是服饰文化不可缺少的内容,而这文化的内容又少不了爱情。"同年鞋",是仫佬族青年的信物。仫佬族的女青年在谈恋爱时,送给小伙子的珍贵礼物就是"同年鞋"。这种布鞋的鞋底洁白如雪,十分精巧美观,穿起来既暖和又结实。仫佬族的女孩十几岁时就开始学做这种鞋子,因为它被看作姑娘们勤劳智慧的象征。当走坡(表达爱情的方式)到了彼此相爱的阶段时,姑娘便处处留心自己意中人脚的尺寸,回到家里挑灯穿线,不多久,一双精巧大方的"同年鞋"就做好了。据说"同年鞋"缝的线长,表示将来夫妻恩爱像长线一样永不断绝;穿的针密,意味着今后的生活比蜜还甜。如果哪位小伙子能收到这双不寻常的"同年鞋",也就可以自豪地宣告他已获得姑娘的爱情。

5.服饰的传说故事

我国民族的服饰文化,还有一个重要的内容,即多伴有传说故事。这些传说故事都是伴随服饰的产生而形成的,它是对服饰文化内涵的最形象生动的一种解读。有的是说明服饰的神奇来历,如维吾尔族小花帽的故事;有的是说明服饰的民族标记,如彝族天菩萨的传说故事;有的是说明一个民族勤劳智慧的精神风貌,如白族凤凰帽和土家族围裙的传说故事。

还有的传说故事是说明服饰上装饰花纹图案的来历和含义。基诺族的服饰和装饰很奇特:妇女头上戴着白底起黑色条纹的三角尖顶帽,衣裙上镶有红、黑条纹的花边;男子服饰的背部绣一幅太阳花纹,裤腰开两道大口子。这是为什么呢?一个神奇的传说对此作了具体的解释:

传说在天地没有开辟以前,世界上只有水、天和太阳,没有土地、草木和人类。不知何时从水里浮出一个女人,头戴白色尖顶帽,身穿白色衣裙。这个女人就是基诺族的女祖先阿莫小北。她将手中的汗泥搓成了地球大地,又用泥土造就了基诺人。后来,基诺族人为了遮体御寒,便仿照祖先阿莫小北的穿戴,缝制了洁白的三角尖顶帽子和洁白的衣裙。

这洁白的衣裙为什么要镶上黑、红花纹边呢?基诺族居住的地方,有一对"巴里"(恋人),勤劳勇敢的小伙子叫车白,灵巧善良的姑娘叫布鲁蕾。姑娘从小就喜爱太阳花,车白每天都要摘一朵太阳花送给她,两人以花传情。有一天,村子里的富家公子把布鲁蕾姑娘抢回家,逼她结婚。姑娘不从,公子一边威胁,一边用柴火头在布鲁蕾的三角帽上划几下,洁白的帽子上留下了几道黑色的印子。这就是基诺族妇女帽子黑条花纹的由来。布鲁蕾姑娘被捆绑后,拼命地挣扎,手腕和脚腕被磨破了,鲜血把洁白的袖口和裙边染上了一道道鲜红的印子。从此基诺族妇女的衣裙上就镶上了红、黑条纹的花边,既增加了美观,又象征着基诺族妇女对爱情忠贞不移的美德。

车白从地里劳动回来时,习惯地摘了一朵太阳花准备送给布鲁蕾姑娘。他回到家里得知姑娘被抢走了,就飞奔到富家公子的家,趁夜深兵丁打瞌睡时,潜入屋内,割断捆绑姑娘的藤绳,逃了出来。当他们逃到一片开阔地时,被追兵赶上了,车白的大腿被箭射伤,两人都昏倒在地。正当公子要上来抢姑娘时,天神车南尼变成老太婆用雷阵雨把他隔开,拔出车白大腿上的箭,把裤腰撕开两个口子,用草药敷在伤口上。这就是基诺族男子裤腰上开两个口子的来历。

车白和姑娘从昏睡中醒来后,不见了老太婆,只见公子带人又追了上来。于是车白就一手抱着姑娘,一手缘枝爬上一棵大青树。公子和兵丁们追到树下时,突然变成一群山羊。树梢上出现了一道彩虹,布鲁蕾姑娘沿着彩虹上天去了。车白上不了天,只好看着心上人越走越远,苦苦地思念,正想着想着,他觉得背上有个东西,顺手摸去,是一朵太阳花。车白就把这朵太阳花绣在衣背上,永远怀念布鲁蕾。从此基诺族多情的男子人人都穿上了饰有太阳花纹的衣裳。

第五章 民居建筑千姿百态

原始时代，人们开始用树枝、树皮编成遮蔽风雨的简陋棚子，过着巢居的生活，或利用自然的洞穴避风寒，于是民居的习俗就产生了。我们所说的居住民俗，即民间住宅的风俗，包括民居的类型以及选址、建房、入住等习惯风俗。显然，贵族豪宅、皇室宫殿是不属于居住民俗范畴的，如北京的故宫、合肥的李府等。

一、居住民俗的独有特性

居住民俗与饮食民俗、服饰民俗有其共同的特性，即具有地域性、历史性和社会性，但其内涵是不相同的。

（一）民居的地域性

民居，是民众生活的安乐窝。营造这个安乐窝所需要的材料，都是就地取材，由于受到经济条件的限制，不可能远距离地选择材料。由此，民众生活的地域环境、自然条件，就决定了居住方式的差异性。我国西北高原地区，树木少而土地干燥，山西、陕西多窑洞；南方多树木而土地潮湿，民居都是木石结构。所以自古就有"南巢北穴"的居住习俗。草原地区，向来是蓝天白云、牛羊肥草，而缺少的是黄土高坡、树木石块，所以居住的是毡棚，如蒙古包。藏族地处青藏高原，荒漠风寒，缺少树木，居所多用石块垒成。

民居除了受到建房材料差异性的条件限制以外，还有地域、环境、气候的制约因素。北方的风沙多,构成了四合院式的院落民宅,防风、防沙、防寒;南方多雨潮湿,蛇兽出没,人们建造的吊脚楼是为了防潮湿、防蛇兽的。

在饮食、服饰、居住的三大民俗中,居住民俗的地区性最稳固,即变异性小、沿袭性强,相融性小、个性强。它不像饮食民俗、服饰民俗那样,随着政治、经济、文化的不断融合而逐渐相融。杭州的"东坡肉"到处有,四川的火锅随处见,露肚脐的惠安女服饰流行全国。而由于地域环境的稳定性,居住民俗不会形成时髦,不管经济文化怎么相融,蒙古包再怎么奇特,南方人是不会建造的;傣族的竹楼自然古朴,在蒙古草原也是不会出现的。

(二)民居的历史性

民居风俗的稳定性特征,除了地域环境的因素外,还有历史的传承因素。千百年来形成的居住习俗,即使是历史时代变了,社会形态变了,而民居的结构布局不会变。南方民居的砖木结构、背山面水的环境选择,都是从老祖宗那里继承下来的,即使房子的结构变了,而居民的生活有些习俗仍然不变。北方人过去住窑洞,喜欢剪贴窗花、挂灯笼来装饰,现在有的告别了窑洞,住进了地面上的砖木结构的房子,仍然延续着贴窗花的习俗。新居落成,乔迁之喜,亲戚朋友要来祝贺。这种风俗自古而然,目前在农村越演越烈,城市居民也没有遗忘。他们除了祝贺以外,在搬家的时候,趁着天刚亮搬入,家搬完了,天大亮了,有越搬越亮的吉祥之意;家具搬入新居时,主人首先要把竹竿搬进新居,寓意是今后新居的生活"节节高",越过越美好。

民居的稳定性还表现在长期保存着原有的面貌。由于民居建筑是不可移动的,建筑的材料是坚固的,如砖瓦千年不朽,木料也能保存上千年,不像饮食品、服饰物,易朽毁而不能长期保存。如果不是社会政治的因素和自然侵蚀的因素，民居是可以长期存在的。山西五台山的南禅寺，全是土木结构的建筑，建于唐代建中三年（782年），堪称国宝。安徽皖南的古民居也保存了不少明清以来的建筑。所以人们称民居是历史的活化石。

当然，这里所说的不变，只是相对而言，不变中还是有变化的。由于经济条件的改善和人们对生活质量的需求，原有不适应生活的住宅自然得到改善。西北黄土高坡地区的窑洞，现在就发生了变化，有的以窑洞为主体，而门是伸出洞口的房子结构。南方原来是砖木平房，现在几乎是二至三层的楼房，但底层的三间式的布局没有变。

（三）民居的社会性

民居具有社会属性，因为民众的居住往往是家族性的、群体性的，这就要受到社会政治条件的制约，这种现象古今都有。在古代，战争或者种族的歧视往往会改变一个民族或一部分人生活居住的习惯。一些人为了躲避战争，逃进深山幽谷，劈崖凿洞，过着穴居的生活。近年来发现北京市延庆县西北山区有117个岩居洞穴，很可能就是战争中的难民居住地。最为典型的是福建客家的围楼，这是北方南迁的汉人来到南方异地，为了防御外患而建造的特殊民居。也由于社会的混乱，盗贼四起，人们为了生命和财产的安全，南方不少地区在房屋四周建起了封闭性的高墙，除了进出的门，连窗户也不留，安徽皖南古民居就是一个典型。

当今为了改善贫困地区民众的生活状况，或是建造巨大工程，对土著民众的整个村庄、整个乡县地进行搬迁，从而改变了这部分人的居住习俗。如由于修建长江三峡水利工程的需要，大批的移民告别了山村古老的居住习俗，来到了平原，住进了上海郊区等；近年来国家采取移民政策，把黑龙江山区以养鹿为生的鄂伦春族从深山老林中迁出,使他们摆脱了简陋的居住条件和贫困的生活环境,过上集中居住的平房生活。

二、建房民俗的风水文化

不管什么地区和民族,在建造房屋的时候,都有个共同的问题,即建造什么样的房子?在哪个地方建造房子?怎样建造房子?这既是对居住生活美好愿望的追求,也是对居住自然环境的客观认识。由此而形成了建房民俗文化的丰富内涵。

(一)民居房顶的类型

我国的民居建筑,从外观看由台基、屋身和屋顶构成。其中屋顶部分是建筑艺术最引人注目的重点。台基是房屋的底部,既有防潮防水的作用,又有衬托的效果,所以民居建筑不论大小都有台基。屋身是民居的主体部分(后文将要重点讲到)。屋顶,在我国民居建筑中最富有艺术表现力,形式多种多样。常见的有:双坡顶、单坡顶、平顶、囤顶、硬山顶、悬山顶、封火山墙顶、毡包式圆顶、拱顶、穹隆顶、庑殿顶、歇山顶、卷棚顶、重檐顶、圆形攒尖顶、四角攒尖顶、三角攒尖顶、扇面顶、盔顶、藏族平顶等。

各民族、各地区的居民,都是根据本地区的自然条件、建房的不同材料及生活的习俗,选择相适应的屋顶类型。江南山区人多地少,居住密集,多用木料,为了防御火灾,选用的是封火山墙顶;砖墙体不怕风雨,用硬山顶的多;农村的土墙体一定要用悬山顶以防备风雨。一般民居房顶是双坡型的,坡度比较陡,既便雨水的排泄,也利于日照和通风。

从建筑的艺术来看,这些建筑的屋顶一般都做出明显的曲线,给人以变化美的享受。如下列屋顶类型图。

(二)民居选址的风水习俗

什么是风水?《风水辩》说:"所谓风者,取其山势之藏纳……不冲冒四面之风。所谓水者,取其地势之高燥,无使水近夫亲肤而已。"风水指宅地或坟地的地势、方向等。旧时阴阳家据以附会人事吉凶祸福。从事风水术的风水先生以住宅周围的地势方位,卜占主人今后的吉凶祸福、兴败贵贱。所以风水术成为人们选择住宅地址的重要标准。风水习俗有迷信的意识,也含有科学的因素,因为选择住宅地基时,讲究山势走向、风向水流、地面干湿等条件,是合乎科学要求的。

安徽徽州古民居的选址是风水观念的产物。徽州人看重风水,可以说无村不卜居。主人在风水先生的指导下,对村址反复考察,再三比较,慎重选定。歙县西溪南吴氏便是一个典型例证。据明代吴元满《歙西溪南吴氏世谱》记载,吴氏在迁居歙县西溪南之前,曾考察了三个村址:"一曰莘墟,地刚而隘,山峭而偏,居之者,主贵而不利于始迁;一曰横渠,地广衍而水抱,居之者,主富而或来潘于后乱;一曰丰溪之南(即西溪南),土宽而正,地沃而肥,水辑而回,后世大昌也。遂家焉。"徽州居民在对生存环境的地势、方位等因素的评判和希求中,认为风水选址会满足他们对生活的种种期求。

1. 对生存环境的形胜需求

风水术认为:"山厚人肥,山瘦人饥;山清人秀,山浊人迷;山宁人驻,山走人离;山雄人勇,山缩人痴;山顺人孝,山逆人亏。"(《青囊海角经》)这里不仅说明了山体的富有和稳定与否决定了人们生活的富裕与安定,而且强调了山势的高低能造就人不同的精神,从而深刻地揭示了人对自然的依赖关系。徽州人向来把选址看见水当做头等大事,"自古贤人之迁,必相其阴阳向背,察其山川形势"(《汪氏义门世谱·东岸家谱序》)。诸如湾里裴氏相"鹤山之阳,黟北之胜地也。面亭子而朝印山,美景胜致,目不暇接……卜筑于是,以为发祥之基"(《湾里裴氏宗谱》);方氏见荷村派"山川灵秀,前有山峰耸然而特立,后有幽谷窈然而深藏,左右河水回环,绿林荫翳……慕山水之胜而卜居焉"(《尚书方氏族谱·荷村派基图小引》)。

2. 对避凶趋利的吉祥渴求

常言道安家乐业。家不安,乐业也就无从谈起了,所以古人很看重村址的吉凶。《宅谱指要·宅基纳气》说："每见有村落，自来不发者，一旦人旺财兴，双榜联科，只因宅合元运，树长林茂，烟雾团结，岂非吉气钟于此地者乎。"江村的先人，"游天目经黟县，见泉源四流，山峰环卫，永无水患，遂卜居焉"（《济阳江氏宗谱》）。

3. 对富裕昌盛的家业希求

家业的兴旺，乃是安身立命之本，因此这种选址的心理希求，自在情理之中。据《西递胡氏壬派宗谱》记载：胡氏先人良士公路过西递时，"见其山多拱秀，水势西流，爰偕堪舆家入西川境，遍观形势，有虎阜前蹲，罗峰拱秀，天马涌泉之胜，犀牛望月之奇"，于是根据风水术"东水西流，其地主富"的观点，"遂自婺源迁来其间"。

4. 对繁衍子孙的传宗期求

风水术强调："夫宅者，乃是阴阳之枢纽，人伦之轨模。宅者，人之本。居者安，即家代昌吉；若不安，即门族衰微。"（《黄帝宅经序》）徽州人深悟其奥妙，从家谱宗谱里都可以看到他们的始祖卜居吉地而后家族兴旺、子孙繁衍的过程。

(三) 建房选材的习俗

建房的选材，包括墙体的砖和土、盖房的瓦和草、构架的柱子和梁。人们特别重视支撑房屋的中柱和中梁。梁柱的选择，各地的习俗不同。

1. 对树种的选择

江南不少地方注重用做梁柱树木的种类，忌讳用枫树，因为"枫"谐音"疯"，认为用枫树做梁柱是不吉利的。

2. 对树型的选择

云南与四川交界处的摩梭人将中柱分为男柱、女柱两根，选材时必须用同一棵树干砍制而成，象征男女同出一源，而且此树必须生长在向阳的山坡上。

3. 对数量的选择

纳西族人建房的中柱只取一根。傣族人建竹楼选8根中柱,也分为男柱和女柱,传说男柱是傣族建房始祖桑木底的化身,女柱则是他妻子的化身。

4. 砍树的仪式

摩梭人上山砍中柱时,必须杀一只母鸡以敬献山神;砍树时,树头须倒向东方,然后把树尖上的树叶摘来烧天香,边烧边祈祷:"愿全家兴旺,愿人畜平安。"傣族由老年人把中柱选好后,家中年长的男子用两对蜡烛、一串槟榔和一杯酒祭之,请这棵树到家中做绍岩(男柱)。然后由家中年老男子砍第一刀,其他的人接着砍。中柱运回寨子时,大家要去迎接,泼水祝福。

(四)建房过程中的风俗

对于一个家庭来说,建造新房往往被视为与婚姻同等重要的大事,人们对新房的期望值很高,不仅希望给全家人营造一个舒适的居住环境,而且希望给全家带来吉祥和好运。因此在建房的过程中非常注重礼俗。先是选择动工的吉日,再立柱、上梁,最后乔迁新居。这其中最重要的一环是上梁。上梁时,各地都有隆重的礼俗:选上梁吉日,燃放鞭炮,焚香祭神,悬挂彩布,张贴条幅,办上梁酒,唱上梁歌。

上梁习俗各地大同小异。上梁吉时,有的选在早上,湖北有些地方以早上太阳出山为吉时,到时木匠师傅抬着大梁往上走,边走边唱《上梁歌》:"上一步,天长地久……上六步,六畜兴旺……上九步,九九长春。"

有的选在傍晚,江苏吴县一带以傍晚为上梁吉时,上梁前先祭神,祭祀后再把事先准备好的米筛、尺子、镰刀、镜子、秤杆等物挂在新房的墙上,用以压邪驱鬼。然后放鞭炮,木匠将披挂彩绸和贴有"上梁大吉"条幅的大梁抬起,架在柱子上端。一位年长的木匠师傅手执酒壶,边斟酒浇梁,边唱《上梁歌》:"手擎银壶亮堂堂,今日浇梁四方利。男女老少都喜欢,添财添喜添福气。"唱完后,木匠师傅头顶一个装有硬币、兴隆馒头、定升糕和面粉做的"仙桃"等物的大盘子,登梯而上,边上边唱道:"手扶金梯步步上,芝麻开花节节高。祝贺主家千年富,儿孙满堂万代安。"这时,房子主人赶忙在地上铺一块红锦,木匠师傅上梁后边唱边往红锦上扔盘子里的东西。据说这些都是吉祥物,谁能得到谁就会交好运,因此邻居纷纷前来"争抢",热闹非凡。仪式结束后,共享"上梁宴"。

上梁吉时,大多选在正午。把做好的门、窗、大梁贴上各种大红纸的条幅,如"安窗大吉"、"安门大吉"、"上梁大吉"等,还要在大梁中间挂上红布条,用红绳系一双筷子和五枚一串的铜钱,钱串下端有块一尺见方的红布,红布下垂的两个角各缝着一枚铜钱,铜钱上有"康熙"、"太平"等字样的为最佳。正午时到,木匠师傅在鞭炮声中抬起大梁放到屋顶,再把主人准备好的一个谷斗拉到屋顶,边唱上梁歌谣,边向下边的人群抛洒酒和谷斗中的物品,引起笑抢的热闹场面。

三、民族特征的民居类型

我国民居的类型很多,有的概括为五大类型:北京的四合院,陕西的窑洞,云南的一颗印,广西的干栏屋,广东的客家围楼。有的分为八大类:干栏式(傣族竹楼、侗族木楼)、窑洞式(靠崖窑、地坑窑、锢窑)、庭院式(四合院、东北大院、南方天井院、一颗印)、城堡式(塞北堡子、客家围楼)、蒙藏式(蒙古包、裕固族帐房、藏族帐篷和碉房、羌族碉房)、维吾尔族的阿以旺、木土房式(纳西族与独龙族的木楞房、彝族傣族的土掌房)、船形式(海南岛的船形屋)。现介绍一些具有代表性的古民居类型。

蒙古包 "蒙古包"是对满族、蒙古族牧民住房的称呼。包,是"毡包"的简称,即满族语中的"家"、"屋"。亦称"穹庐"、"旃帐"、"毡帐"、"帐幕"、"毳幕"等。

蒙古包

蒙古包四周用条木结成网状围壁,壁上留木框门,用橡木组成伞骨形圆顶,再盖上毛毡,顶部和四周用绳索勒紧,顶部中央留有圆形天窗。这样的结构易于拆装,便于游牧迁移,也便于防风御寒。如今在毛毡上加盖一层白色帆布,更耐用美观。蒙古包的大小不定,小则容纳数人,大则容纳数十人,古时还有容纳数百人或数千人的。

围楼 亦称"土楼"、"围屋",是广东、福建等地客家人的住宅。所谓客家人,是指公元4世纪初到12世纪初从黄河流域逐渐迁徙来的汉族人。他们来到异地,为了生存下去,聚族而居,创造了这种具有防御功能的奇特民居。客家围楼,主要分布于粤东、粤北、东江流域和环珠江口的深圳等地,其形式多姿多彩,最典型的是福建永定县的围楼。客家围楼具有六大特征。

客家围楼

其一,规模宏大。永定县的围楼现有2万多座,遍及全县每个乡村。最大的是古竹乡的"承启楼",全楼有内外四圈房屋,外围周长229.34米,高12米。全楼总面积为5376.2平方米,共400多间房,最兴旺时住有80多户、600多人。

其二,类型众多。现存的永定客家围楼类型主要有:圆形楼、正方形楼、"日"字形楼、"目"字形楼、曲尺形楼、三合院式楼、走马楼、五角楼、八角楼、半月形楼、椭圆形楼、殿堂式楼、五凤楼、府第式方楼、纱帽楼、前圆后方形楼、前方后圆形楼等30多种。

其三,结构精巧。其特点是:第一,中轴线分明,厅堂、大门、主楼,建在中轴线上,横屋和附属建筑分布在左右两侧。第二,每座楼都有厅堂,以主厅(祖堂)为核心,并以祖堂为中心组成院落。部分土楼雕梁画栋,古朴典雅。第三,内为通廊式平面,四通八达,体现了客家人团结互助的精神。

其四,功能齐全。围楼具备安全防卫、通风采光、防盗防兽、防风防震、冬暖夏凉等功能。楼内水井、谷仓、浴室、厕所、牛栏、猪圈等,一应俱全。

其五,文化内涵丰富。围楼的建筑工艺和风格,源于古代中原民居建筑,聚族而居,典型地反映了客家人的传统观念。岁时节庆、婚嫁喜庆、民间艺术、宗教信仰、服饰饮食等,事事展现了客家人的古朴民风和华夏文明的风采。

其六,文化价值巨大。客家围楼是世界上独一无二的古民居建筑。联合国教科文组织顾问史蒂文斯·安德烈先生参观后留言说:"这是世界上独一无二的、神话一般的山区建筑模式。"客家围楼不愧为客家文化的象征、东方璀璨的明珠、世界民居建筑的奇葩。有人赞美道:"土楼不土洋楼羞,古城真古今风流。奇迹奇观奇天下,仙山仙水仙人楼。"

窑洞　窑洞是西北部黄土高坡地区的传统民居,至今还有上千万的人居住在窑洞里。窑洞的种类,按照建窑材料可分为两种。一种是土窑,窑洞的墙壁、房顶全是土的,这是最古老的结构,已有几千年的历史;一种是石窑,窑洞的前部用砖砌成。按照建窑地形可分为三种,即靠崖窑、地坑窑、锢窑。

窑洞

窑洞民居的建造特别,全是挖出来的。挖法有两种,一种是劈山削坡,开出一块平地做院子,然后在新劈出的山坡上向里挖出一个窑洞。这种挖法的好处是不占用耕地,而且造价低。另一种挖法是在平地上向下挖,挖出深八米的方坑,方坑底部做院子,然后在方坑的四壁向里挖出窑洞。这种窑洞又称"天井窑"、"地窨坑"。

窑洞的优点有三个:其一,坚固持久。几百年、上千年而不倒塌,传说唐代薛仁贵住过的窑洞,至今犹存。其二,冬暖夏凉。其三,延年益寿。据调查长期住窑洞的人,呼吸道病、风湿病和皮肤病患者比例小。这是其他类型建筑的民居难以具备的。

竹楼 竹楼是傣族的传统民居,为"干栏式"建筑。一般傣家竹楼为上下两层的高脚楼房,离地面7～8尺,由十几根柱子支撑。竹楼底层饲养家禽、堆柴、舂米。上层住人,分为堂屋和卧室。堂屋设在木梯进门处,在正中央铺着大的竹席,招待来客、商谈事宜。在堂屋的外部设有阳台和走廊。

堂屋内一般设有火塘，在火塘上架一个三角支架，用来放置锅、壶等炊具，是烧饭做菜的地方。从堂屋向里走便是用竹围子或木板隔出来的卧室，卧室铺上竹席，这是家人休息的地方。整个竹楼非常宽敞，空间很大，也少遮挡物，通风条件

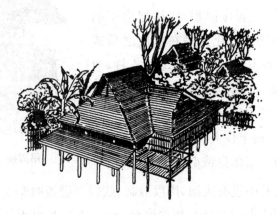

竹楼

极好，适宜于西双版纳潮湿多雨的气候条件。竹楼的顶梁大柱被称为"坠落之柱"，这是竹楼里最神圣的柱子，不能随意倚靠和堆放东西，它是保佑竹楼免于灾祸的象征，人们在修建新楼时常常会弄来树叶垫在柱子下面，据说这样做会更加坚固。关于竹楼的来历，有一个美丽的传说：

从前傣族有个勇敢善良的青年叫帕雅桑目蒂，他想用本地盛产的竹子给傣家人建造竹楼，使人们不再栖息在丛林和大树上。他曾几度构思、试验，又几度失败。有一天下起大雨，帕雅桑目蒂偶然见到一只卧在地上的狗，雨水顺着狗毛由上而下地流淌，而狗身上却不存水。他由此受到启发，先试造了一个坡形的狗头窝棚。后来天王神帕雅英变成凤凰飞来，不停地向他展翅示意，让他把屋脊建成人字形；凤凰又向他摇头摆尾，示意屋子的两侧要用东西蒙好，才能挡风遮雨；凤凰又以高脚站立的姿势向帕雅桑目蒂示意，要把房子建成上下两层的高脚楼房。帕雅桑目蒂便依照天王神的旨

意为民造房,终于建造出如金孔雀站立般的傣家竹楼。

吊脚楼 吊脚楼是侗族、壮族、水族等少数民族传统的民居。在地势倾斜度大或一侧临水靠沟的地方,为适应地形扩大居住面积,往往把房子的一侧临空扩展,让其吊在主屋之后或一侧,并在其下安一根以上的支柱,故称"吊楼"。多为外廊式二三层小楼房,楼下安置石碓,堆放柴草杂物,饲养牲畜。楼上住人,前半部明亮,光线充足,为一家休息或劳动的场所;后半

吊脚楼

部为室,其中设有火塘,用以取暖、炊饭。做饭时柴火要由西面放进,传说西方是侗族发源的地方,火种是祖先从西方带来的。有的在第三层楼上设卧房。一般的一家一栋,也有的村寨聚族而居,将同一家族的房子连在一起,廊檐相接,可以互通,喜庆佳节,聚集于此,设宴接待宾客。有的豪绅富户,住高楼深院,四合天井,雕枋刻柱,龙凤花窗,门悬金大匾,室内悬吊宫灯,吊脚楼摆放镂刻漆椅,富丽堂皇,与汉族富户无异。

四合院 四合院是北京传统的民居,辽代时已初成规模,经金元至明清,逐渐完善,最终成为北京民间最有特色的居住形式。所谓四合院,"四",是指东、西、南、北四面;"合",即四面房屋围在一起;"院",即庭院。四合院一般依东西向的胡同而坐北朝南,基本形制是分居四面的北房(正房)、南房(倒座房)和东、西厢房,四周再围以高墙形成四合,在宅院东南角的坤位开一个大门,这是最吉利的方位;西南方是凶方,为杂屋或厕所。房间总数一般是北房 5 间,东、西房各 3 间,南屋不算大门 4 间。四合院中间是庭院,院落宽敞,是四

合院布局的中心,也是穿行、采光、通风、纳凉、休息、家务劳动的场所;庭院中植树栽花,备缸饲养金鱼。四合院的雕饰以各种吉祥图案为主,如由蝙蝠、寿字组成的"福寿双全",以插月季的花瓶寓意"四季平安",还有"子孙万代"、"岁寒三友"、"玉棠富贵"、"福禄寿喜"等等,展示了老北京人对美好生活的向往。有一首民谣写道:"冷布糊窗,红榴点景,竹帘垂地,柳影荫墙,天棚遮阴,大缸朱鱼。"可以说是四合院生活典型的写照。

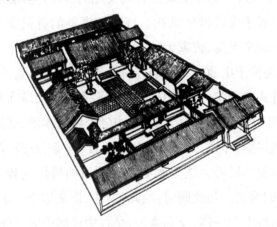

北京四合院

四合院大致可分为小四合、中四合、大四合3种。小四合院一般是北房3间,东、西厢房各2间,南房3间,祖辈居正房,晚辈居厢房,南房用作书房或客厅。中四合院比小四合院宽敞,一般是北房5间,东、西厢房各3间,房前有廊以避风雨。另以院墙隔为前院(外院)、后院(内院),两院以月亮门相通。大四合院习惯上称作"大宅门"。小房屋设置为5南5北、7南7北,甚至还有9间或11间大正房。一般是复式四合院,即由多个四合院向纵深相连而成。

掌楼 掌楼是拉祜族传统的民居。一般是竹木结构的桩上房屋,由33根柱子、7根或9根横梁、若干根椽子和竹笆片穿接铺搭而成。楼身成正方形,楼顶用藤子、竹片夹山茅草铺盖。分上下两层,上层用木板、竹笆将四壁栅严,分隔成寝室和客房,寝室再按辈分、人数隔为若干小间。客房中央有个用木头围成、泥土垫底的火塘,终年不熄,供煮饭烧水、取暖待客。下层不筑围墙,用作堆放柴火杂物、拴牛养鸡。上、下层之间搭有一根砍出台阶的粗栗树,作楼梯用。楼外设小台,作晾晒谷物、纳凉之用。

晋中大院 晋中大院是晋商文化的载体,是山西传统的古民居,属于大院群体结构。现存较完整的有王家大院、乔家大院、渠家大院、曹家大院等。具有代表性的是王家大院。王家大院位于山西灵石县静升村北端黄土丘上,建筑规模宏大,三进式四合院,总面积达34450平方米。大院布局独特,结构合理,"三雕"艺术精湛。院内随处可见木雕、砖雕、石雕作品,从屋檐、斗拱、照壁、兽吻到础石、神龛、石鼓、门窗,构思奇妙,独具匠心。这里既有北方建筑的雄伟气势,又有南方建筑的秀美。与此同时,绘画、书法、诗文熔于一炉,人物、花卉、禽兽汇于一体,姿态秀美,是晋中民居中的一处奇葩。

歇人柱 歇人柱是鄂伦春族传统的民居,亦称"撮罗子"、"仙人柱"、"楚伦安嘎"(意为"尖顶房子")。鄂伦春语称搭架杆为"歇人",家屋叫"柱"。这是一种帐幕式的圆锥架棚,将架杆支开后,围上遮蔽物。夏天围黑边的白布,秋天围桦树皮,冬天上半部盖苇草扎的围子,下半部围狍子皮。在谜语中有以"歇人柱"的架杆作谜底的物谜:"二十多人互揪辫发,谁也不肯把手放开。"屋内正面称"玛路",是客人席,只准男人坐卧,禁止女人坐卧;右侧是老人席位,左侧是年轻夫妇席位。每家"歇人柱"后面都有一棵小树,挂着装有若干神灵的桦皮盒子。"歇人柱"只可并列或成弧形排列,忌一前一后地排列。

楚伦安嘎

徽州古民居 它是安徽皖南传统民居,以天井为中心,以三合院和四合院为主。外部建筑主要有墙、门、街巷,注重形态的美观。大门上方建有门罩或门楼,作为装饰。外墙体因形似马头而称"马头墙",又称"风火墙",成为徽州古民居的标志,具有四大审美特征。其一,色彩的对比美。马头墙墙面白色与屋瓦青色的青白对比,色彩鲜明;与青山蓝天互映生辉,淡雅和谐。其二,形态的昂扬美。山墙层叠而立,墙头上翘,酷似昂首长嘶的马头,给人以动态的美感。其三,层次的起伏错落美。由于房屋的宽度和进深,多为楼房,用硬山型的屋顶,显得太高,会造成视觉的沉重感和心理的恐惧感;而一旦用马头墙将房屋两端的山墙升高,超过屋脊,以水平线条状的山墙收顶,显得端庄而稳重,清晰而明朗。其四,形象的标志美。马头墙的造型,虽在江南各处可见,却没有徽派民居的显著突出,因而成为徽州古民居建筑的形象标志,似乎是没有马头墙就不称其为徽派民居了。

徽州古民居内部构造非常完备,关起门来就是一个完美的生活小天地。其一,天井。它不仅通风、采光和排水,还将封闭的内部与外部相连通。其二,庭院。它既是往来的通道,又是布景观赏、悠闲自得的空间。其三,厅堂。住宅的中间为厅堂,前厅堂作为礼仪活动的场所,后厅堂为长辈的住所。其四,厢房。厅堂两边为居室,俗称"厢房"。其五,门窗。民居内的门窗多而富有变化,有格门、格窗,既分隔空间又连通内外。其六,楼层。用以扩大生活的空间、增加内部的层次。其七,火巷。用于通道和防火。其八,阁楼。有的民宅还在火巷的出口处建一座小阁楼,如遇盗贼或外族寻衅械斗时,可紧闭宅门而登阁楼瞭望敌情。

徽州古民居

碉房 碉房是藏族传统民居,流行于西藏、四川、青海等藏族地区。多用石块或砖砌成。墙厚约 3～4 尺,平顶,以木作柱。一般为 2 层,也有 3～4 层。底层为牛马厩,二层以上住人。最高层为

碉房

佛堂,屋顶插有经幡,屋顶平台作晒场。大的院落四周均有房间,边沿有走廊相接,中间为天井。碉房坚固,战时作碉堡用。

四、古老奇特的民居村落

由家而屋,由屋而村,即由单个房子组合成片的建筑群,这是中国民居的传统模式,所以村落是中国民俗文化的重要载体。

(一)村落形成的原因

民居房屋的建造,是出于人们生活需求的个体行为,而村落的形成却不同,有着复杂的社会因素,是一种社会的群体行为,大致有三种情况。

聚族而居的村落。出于保护和繁衍本宗族的需要,一个家族往往居住在一起。这一类型的村落,主要以姓氏作为村落的名称,如北方的张家庄、王家屯、赵家堡,南方的洪村、李村、黄村等。有的村落虽然不以姓氏来命名村名,但实际上是家族村落,如徽州的西递村居住的是胡姓家族。

亲族聚居的村落。由姻亲关系而联系起来的几个大姓构成村落,如辽宁许多村落的名称叫"三家子"、"五家子"、"七家子",多是由几姓联姻聚居发展起来的。

移民杂居的村落。这类村落原来多有邻里关系而没有亲族关系,由于战争、灾荒等原因,流亡的民众集聚而居,逐渐形成村落。这种村落在山区和僻远的地区较多。

(二)村落的社会功能

根据乌丙安先生的研究,我国村落的社会功能主要有四个方面。

一是维护全村村民集体利益。自然村落一旦形成,不管是同姓还是异姓,关起门来就是一家人,村民们就产生了共同维护全村利益的思想意识。对全村所拥有的土地、山林、水域加以保护,不受外村的侵害。一旦受到侵害,即使只是村中某一家,也会导致全村出动,集体反抗。过去经常发生的邻村械斗恶俗,其原因就在这里。

二是组织协助村民生活的作用。这种乡亲观念显示出村民巨大的凝聚力,具体表现为婚丧大事、修建房屋、耕种收割等方面的协力互助以及各种集体活动的协作组织。

三是管理村落生活秩序。为了组织协调村民的生活,由村里的领头人出面,开展一系列的活动,如制定村规民约、讨论事务、调解各种纠纷、惩罚违规的人和事以及保卫村民的生命和财产的安全等。

四是开展村落社交活动。村民的生活离不开集体的行为,很多事情都是靠大家的集体活动来完成,如村民的节日喜庆、文艺娱乐、祭祀、与外界的社会交往等活动,都不是个体行为,也不是哪一个人凭着个人的能力所能实现的,只有靠村落的集体力量才能完成。

(三)村落的命名习俗

传统村落的命名,不仅有一定的来历,而且具有深厚的文化内涵。徽州古村落的命名最有代表性,它不仅反映了一个村落发展演变的历史进程及其特征,更体现出居民深厚的文化情愫和高雅的审美理想。

徽州古村落名称的由来,大致有以下几类:

因山水而命名的。屏山村、奇岭村、西溪南村、历口村等。这类村名反映了村落所处的山水地理形势。

因姓氏而命名的。江村、冯村、张村、许村、王村、洪村、郑村、李坑村等。这类村名反映了村落宗族姓氏的特征。

因风物而命名的。盛产竹木的称"木坑村",出产杏子果树的称为"杏村",盛产甘棠梨的叫"甘棠村"等。这类村名反映了当地的特产。

因地势形态而命名的。塔川村,房屋依山势斜坡而建造,整个村落高低错落,状似宝塔,又处在川谷之中,故名"塔川村";西递村,其地"有二水环绕,不之东而之西",故名"西递";坎头村,因山势高低不平而名;地处交通路口的称为"岔口村"。这类村名表现了村子独特的奇形异貌。

因地方名胜而命名的。岩寺村,在唐代村前山岩上建有一座寺庙,称为"岩寺",村也以岩寺命名。这一类村名虽然少见,却反映了村落宗教文化的悠久历史。

因吉祥意蕴而命名的。宏村,原名"弘村",取意村落宗族弘广发达的意思;到了清代,因避讳乾隆皇帝的名字"弘历"而改名为"宏村"。更有趣的是,卖花渔村是多种含意的融合,该村原名为"洪岭",因形状如鱼,村头尖如鱼嘴,村腰渐宽似鱼腹,村尾房屋两边展开犹如鱼的剪刀尾巴,故叫"鱼村";又因村民姓洪,鱼得水则生机盎然,取吉祥之意,故在鱼字边加上三点水,称为"渔村";又因村民以种植花卉、制作盆景为业,以卖花为主,于是就称为"卖花渔村"。这类村名反映了村民向往美好生活的纯朴愿望。

因典故而命名的。呈坎村,因村后的潨(cóng)川河方位为八卦中的"坎"方,故名;黄备村,唐末黄氏在此山地建别墅,名为"黄备","备"为备乱以自保之意,后以别墅之名为村名;唐模村,汪氏先人汪华由隋代名将归顺唐朝后被封为越国公,其后人回故乡,不忘唐朝对祖先的恩荣,决定按盛唐时的规模建立一个村庄,取名为"唐模"。这类村名所蕴含的文化内涵最为古雅。

(四)奇特的古村落

我国现存的古村落很多,仅徽州地域就号称"5000余座古老的村落"。这里仅就具有奇特民俗文化的古村落作典型介绍,以示我国村落民俗文化的巨大审美价值。

1. 建于陡峭山崖的"悬空村"

我国的寺庙建筑"悬空寺"早已闻名天下了,而民居建筑"悬空村"则是近年来发现的。山西宁武县发现两处"悬空村",相距约2.5公里。一处为"王化沟悬空村",一处为"五花山悬空村",都是建在几百米高的悬崖绝壁上。村里的房屋依崖就势,建在险崖凹进的窄条小平地上,由于盖房占尽了平地,街道是用木柱支架在百丈陡壁上,上面平铺厚板而成。村民养牲畜的羊牛圈,也同样建在悬崖绝壁之上。有些人家还背靠绝壁、面临深渊建有小楼阁,是绝妙的观景处,凭窗可览万顷苍翠,依门可望百里云海。从崖底抬头仰望,恰似空中楼阁、天上人家;进村登临观赏,犹如步履古老的栈道,可体验悬空的惊险。

2. 民俗文化瑰宝的"谜语故事村"

湖北宜昌地区有三个民间故事家和一个谜语村组成的"三家一村",即五峰土家族的刘德培、长阳土家族的孙家香、宜昌县的刘德方和宜都市青林寺的谜语村。

青林寺村,被中国民间文艺家协会授予"第一个中国谜语村"的称号,成为世界上唯一的谜语村。青林寺村得名于青林寺,该寺始建于盛唐,寺已湮没,谜语犹存。村民最大的娱乐爱好就是猜谜,上至九十九,下至能开口,个个能猜会射。村民进屋猜谜,出屋也猜谜,甚至对唱谜歌,谜语已经融进了居民的生活中,出现了许多动人的故事。

这里有少年难倒文学大家的故事。2002年,中国民间文学泰斗、90岁高龄的贾芝先生到该村探访,定要同一位11岁的少年比试猜谜。贾老出一谜:"天穿眼,地成包,水长骨头路结腰。"少年略加思索回答道:"下雨,坟墓,结冰,桥。"贾老赞叹不已。少年给贾老回了一谜:"一个光棍扒墙站,红娘女子来做伴,虽说不是夫妻俩,亲嘴亲了千千万。"贾老始终未能想出，临走时少年告诉其谜底是"吹火筒"。

这里有"比谜招亲"的习俗。村里有对老夫妻，廖婆婆年轻时美貌动人，提亲的人踏破门槛，她不得不贴出一则谜语，竞猜择偶："偶因一语蒙抬举，反被多情又别离，送得郎君归去后，独倚门头泪淋淋。"聪明的李绪安猜中谜底是"伞"，两人遂结成了夫妻。

这里有"谜语痴"的趣事。谜语村有个"谜痴"丁开清，一心钻到谜语里，历20年寻访搜集了近万条谜语。他被村民讥笑过、鄙视过，前妻因忍受不了他的"不务正业"，一把火烧掉他多年搜集的3000多条谜语，含泪离开了。这一切都没能让丁开清放弃对谜语的收集，如今他将搜集的谜语编写成《青林寺谜语选》正式出版。这是我国第一部由农民采录的村落谜语集。

位于湖北丹江口市六里坪镇的伍家沟故事村，有700多人，村民们以能说几十上百个民间故事而闻名。其中有"中国十大民间故事家"之称的罗成双，能讲2000多个故事。村里不但故事多，而且也是歌谣、谚语、谜语、歇后语的密集地带。1981年以来，李征康搜集整理并出版了《伍家沟民间故事集》、《伍家沟村民间歌谣集》。伍家沟故事被国内外有关专家称为"民之瑰宝、族之精魂"、"中国民间文化的活化石"、"中国民间故事的半坡遗址"。2001年，文化部授予伍家沟"中国民间故事村"荣誉称号。

3. 人工开凿的"生态水系村"

安徽徽州黟县的宏村被称为"牛形村"，是仿照牛的形状设计建造的村落，而这牛形水系工程构成了全村的水系网络。其牛形的构造是："山为牛头树为角，桥为牛腿屋为身，凿湖作牛肚，引泉为牛肠。"宏村西靠雷岗山，宛如"牛首"；村口两棵大树如"牛角"；村子前后四座跨溪桥梁，如"牛腿"；村中数百幢房屋为卧踞的"牛身";村头南面是西溪河,拦河筑坝,人工开凿一条千米长的水圳环绕全村,经九曲十八弯,穿巷入院,这是"牛肠"。"大肠"流经主街道,"小肠"通向各家各户;村中挖凿"月沼"池塘,这是"牛胃";再流入村口的人工湖南湖,这是"牛肚"。这完整的人工村落水系,不仅解决了村民生活、生产、消防的用水,又产生了调节气温、美化环境的作用。

宏村这个牛形生态水系的构造,是经过了几代人的努力才实现的。宏村始建于南宋时代,此前这里是幽谷茂林。相传宏村的汪氏祖先原居住在歙县唐模,因家遭火灾,便迁居黟县奇墅村。宋代绍兴年间又逢火灾,300多间房屋遭焚。后裔汪彦济举家迁居雷岗山下,建房定居,取名"宏村"。鉴于先前火灾的教训,宏村的规划非常注重水系的建造。到了明代永乐年间,汪思齐发现村中有口天然泉水,四季流淌不息。于是他请来了风水先生何可达,详察山脉水流,并制订了"凿引西溪横注入村"的规划。其后汪升平等投资万余金,开凿水渠,筑成半月形水塘,供村民生活用水。西溪河水经过人工渠道环流村落,村民沿水渠而建房,引渠水而入庭院,院内栽花,村旁植树,整个村落清水绿树,明媚清秀,一片生机。明代万历年间,宏村人口增加,单靠月塘蓄水已不够用,于是将村南的百亩水田深挖而建成南湖。湖水澄清,村舍倒映,天水一色,营造了一个人与自然相融的生态环境。

4. 世界文化遗产的古村落

至目前为止,中国列入世界自然和文化遗产的名胜已有33处,而属于古民居的只有安徽徽州的西递、宏村。它被中外专家誉为"世界上保护最好的古民居建筑群"、"世界上最美的村镇"、"中国明清民居博物馆"。

西递村,坐落于黄山南麓,始建于北宋,鼎盛于18世纪中叶,距今已有 950 多年的历史。据史料记载,西递村民的始祖为唐昭宗李晔之子,因遭变乱,逃匿民间,改为胡姓,繁衍生息,形成族居村落。西递村名的来历有两种说法,一说其原名西川,因三条小溪"东水西递",西川改名为"西递",村因此得名;一说其原是古驿道"西递铺"所在地,故名。西递村东西长 700 米,南北宽 300 米,平面呈船形,故有"船形村"之称。至今尚保存完好的明清民居近 200 幢。村中富丽的宅院,精巧的花园,精美的门框、漏窗,奇花异卉、飞禽走兽的石雕,楼台亭阁、人物戏文的砖雕以及绚丽的彩绘和壁画,都体现了中国古代艺术的精华。其布局之工,结构之巧,装饰之美,营造之精,意蕴之厚,为国内古民居建筑群所罕见,堪称民居建筑艺术的典范。

西递村充满书香气息,厅堂题有"书诗经世文章,孝悌传家根本"、"读书好营商好效好便好,创业难守成难知难不难"的对联,显示了儒学文化对建筑的渗透。大夫第门额下还有"作退一步想"的题字,语意双关,耐人寻味。

五、徽州民居的习俗文化

以西递、宏村为典型的徽州古民居已列入世界文化遗产,其民居习俗也就被提升为具有世界级的文化价值了。徽州民居习俗文化的内涵最为丰富。

(一)聚族而居的习俗文化

聚族而居是徽民习俗的基本特征,同姓住于一村,千百年来一直沿袭着,成了徽人居住的必然选择。这种普遍的风俗,地方志多有记载,康熙年间的《徽州府志》记有:"新安各姓,聚族而居,绝无杂姓搀入者,其风最为近古。"这种聚族而居的传承风俗,具有多重文化审美的价值。

1. 崇尚祖先的宗族凝聚力

徽州人先祖率族定居,百代不改,传承不衰,表现了崇尚祖德而产生的巨大宗族凝聚力。据载,汪氏迁居宏村的始祖汪彦济早在南宋绍兴二十年(1150)为《汪氏宗谱》作序时就说过:"亲亲故尊祖,尊祖故敬宗,敬宗故收族。族之为言簇也,聚也。其间贤愚贵贱,固不相侔。"所以每村每姓皆是族有宗谱、村有祠堂、家有家谱,以此作为维系宗族的手段。这些谱系犹如一个巨大的网络,将上下千百年、纵横全家族的宗族成员,收罗一起。于是形成了世代以宗族的排行字辈来取名、全村同族居民以祠堂为宗族祭祖议事场所的传统,全宗族的人因而紧紧地凝聚在一起。

2. 崇尚孝悌的家庭亲和力

聚族而居是以世代同堂的家庭为基础的,一家几代人居住在一起,由家长主持着,这种风俗又形成了家族亲和力的特征。家主建房以亲和,胡时虎当年建造瑞玉庭时,是"一"字形地铺开四间房子,供几房儿媳居住,每间房子都有大门朝外,房与房之间又有门互通,关起门来就是一家。尤为突出的是关麓村的"八家联体"古居,16幢楼房联成一个整体,各家又自开门户。这样日后子孙辈感情融洽,可谓大户人家;若感情不和,封闭门户便自成单元,互不干涉。这种亲和力是以孝悌节义为纽带的,所以能够牢牢地维系聚族而居的封建大家庭。西递的"敬爱堂",其命名的意义,既启示后人敬老爱幼,又昭示族人须互敬互爱。里门上枋悬挂着一个3尺见方的大"孝"字,孝字的上部酷似一个仰面作揖、尊老孝顺的后生,其后脑像一尖嘴猴头,寓意为尊老孝顺者为人,忤逆不孝者为畜生。屋内的装饰也充满着亲和的文化氛围,塔川村的积余堂上厅厢房门上雕有忠孝礼义的图案,有一幅《唐姑乳婆》图,画面是唐夫人不顾幼童啼哭,正在给年老体弱的婆婆喂奶。孝顺亲和之情，跃然欲出。这种亲和力依然成为当今家庭和睦的精神力量，是值得提倡和继承的民俗文化传统。

3. 崇尚继祖兴业的自信力

聚族而居的风俗，又形成了继祖兴业的自信力的文化特征，这在民居厅堂的命名中充分地表现了出来。宏村汪善坤兄弟三人住宅名为"三立堂"，厅堂楹联云："立德立功立言，事事流芳不朽；在上在左在右，人人仰止无疆。"立德，即建立圣贤孝子的美德；立功，即成就大儒巨商的事业；立言，即著书立说成一家之言。可见这兄弟三人雄心壮志的自信力。汪定贵的"承志堂"便是他成功创业的自信力的标志。他自幼攻读古文诗书，"继志学古"，16岁开始了商贾生涯，经过多年的商海拼搏，终于成为富甲一方的大盐商，于是建筑了"承志堂"，意为继承先祖德志，宏扬大业。

4. 崇尚村规家法的约束力

千百年来聚族而居的历史，造就了徽民宗法制度的完整而严密，村有村规，家有家法，人人都得遵守。正是这种以法治族，才能保证村民长期的有序生活。这些村规家法由族长家主主持着，如有违者严惩不贷。轻者跪香、鞭笞，重者驱逐出族、永不归宗，甚至由族长判其死刑。这些村规家法，规范了村民族人的行为，有极大的约束力，不论其权势多大，家境多富，人人都得遵守这些法规。

5. 崇尚教育的家族自律力

聚族而居，村民们自然希望宗族发达兴旺，而他们把这希望寄托在读书教育上，所谓"好男儿必读书"。因此教育自律成为徽民风俗的显著特征，人人爱读书，家家重诗书，村村办书院，读书已成为风尚，"十家之村，不废诵读"。当时的宰相曹振镛因认亲家来到西递，感慨地说："此地风气淳古，弦诵之声,比舍相答。"在这种自觉读书的风气熏陶下,人们把"第一等好事只是读书"作为家训。有的人甚至弃商回家陪读教子,西递村胡尚焘在杭州从商,见儿子胡文照学业平平,他望子成龙心切,便抛开生意,带着儿子回到家乡,建造东园为儿子作书屋,一心陪伴儿子读书,不再外出经商,终于使儿子一举成名。正因为徽人好学重教,自明清以来,仅西递村胡氏学成仕官的就有数百人。

(二)风水禁忌的习俗文化

在宗教崇拜的时代,风水禁忌虽导致人们盲目地崇拜,而在实际的生活中却给人们带来了有益的实惠,因为人们不去违背自然的规律,而是寻找与自然和谐相处的生存空间。就此而言,徽州民居的风水禁忌习俗,确有积极的文化审美意义。

1.出于宗族繁衍发达的意念

徽州人生活的空间,无论是村落还是住宅,都体现出风水禁忌的浓郁风俗。只要打开徽人宗谱就会发现,其先人在定居时,无不是先卜而后居,即考察断定为发祥之地,方才建村定居,如裴氏"卜筑于是,以为发祥之地",吴氏卜西溪南"后世大昌,遂家焉"。在建村之后也仍然按照利于繁衍后代的风水习俗,不断地改造和完善。最为典型的是宏村,汪氏从选址到建成完善的牛形村,数百年中的每一次建设改造,都离不开"繁衍后代"的中心意念。所以汪思齐再三考察,"卜云其吉",于是扩建宏村规模,构建了牛形村的格局。在完善月沼池时,有人主张挖成满月形的,而汪思齐的妻子胡重娘认为花开则落、月圆则亏,不利于后代的发展,只能挖成半月形,才能适应汪氏后代"花未开,月未圆"的意愿。在她的劝阻下,挖成了半月形的"牛胃",饱含着汪氏子孙后代永远发达而不满亏的文化意蕴。

2. 出于发家致富的意念

风水禁忌的民居习俗，也极大地影响了徽人的房屋构造。房屋是人生活的归宿，徽人总是希望自己所建造的房屋，会带来发家致富的好运，因而在房屋建造的过程中，充满了浓郁的乡土禁忌风俗。大门忌讳对着烟囱，如不得已时，就在大门楣上挂上镜子和剪刀，以此"解煞"。屋内的天井设置，虽是为了通风和采光的需要，而在徽人的心目中也与禁忌风俗密切相关，徽人从商以积聚为本，总是担心财源外流，而天井"四水归堂"的设计，正满足了他们"财源滚滚而来"的心理需求，于是赋予天井以"聚财"、"老天降福"、"肥水不外流"的种种含意。这样人居家中就不会有财源流失的担心和恐惧了。

3. 出于适应自然、改造环境的意念

徽州人对居住条件的要求，不仅是为了生存，也是为了生活得更好更美。他们视房屋为安乐窝，既要有内部的舒适安宁，又要有外部环境的优美悦乐，这正如西递村的一副楹联所描绘的："四山便是清凉国，一室可为安乐窝。"出于对风水禁忌风俗的尊崇，他们精心地选择环境、利用山水、改造自然。这种积极的风俗观念，在宗族家谱中普遍存在。江氏先祖见黟县山水环抱，"永无水患，遂卜居焉"；方氏见荷村派"左右河水回环，绿林阴翳……慕山水之胜而卜居焉"；汪氏更是看到宏村"山环水绕，气象郁茂"而迁居。这种风水择境的风俗，其科学的因素就在于，宅基是以山水林木为保护的，"非林障不足以护生机"，"非林障不足以御寒气"（《宅谱迩言·向阳宅树木》）。

4. 出于避凶驱邪的意念

徽州人希望借助禁忌风俗的力量来消除凶灾。他们为了防御全村的灾祸，便在村口处筑起石拱桥，桥形如弓，桥下

的水流如箭，水向外流犹如弓箭直射村外，抵御外来的一切妖魔鬼怪。他们建造房屋为防不测之祸，或在墙边立一块"泰山石敢当"，以驱逐妖魔；或者立有"山海镇"，以示"我家如山海，他伤我无妨"，以此来避邪镇妖。有的大户人家在屋内铺设地砖时，其线条的形状也不让犯忌，后堂的地砖一定要铺成斜线"※"状，因为后堂是家人居住的地方，忌讳"直线戳心"，方言称斜线为"开角"，与"开家"谐音，有发家之意。这种禁忌风俗，表现了徽州人防范灾祸的强烈愿望和无灾无祸的心理需求。

(三) 住宅建筑的习俗文化

古老的徽州民居建筑，有着深厚的历史文化背景，那就是以雄厚的徽商资本作为物质基础，以牢固的宗族观念作为思想基础，以广泛的宗教风俗作为社会基础，从而造就了徽派民居建筑文化丰富的内容和深邃的意蕴。这种地方的建筑文化犹如一面镜子，让人们清楚地看到了徽州人对美好生活的追求和对福乐平安的期盼。

1. 建筑的象征意蕴

古民居建筑以它那特殊的符号语言，形象而有效地传达了主人的理想追求和精神志趣。有的用漏窗的形状来表示，宏村的乐善堂天井隔间矮墙上，东西对称地镶有两方两圆的漏窗，寓意是"规矩成方圆"，这是严格的族规家法的形象表示。有的以基地形状来暗示，宏村的树人堂全幢住宅基地的平面呈六角形状，取"六合大顺"之意。有的以线条来寓意，民居地砖的铺法很讲究，一般大户住宅的正厅，铺地砖要成直线"卅"状，称为"金条格"，显得庄重，因为正厅是用来接待宾客的；后堂的地砖要铺成斜线"※"状。有的用象形文字来托意，承志堂中门两侧边门的上方，木雕的斗拱成"宀"字形，是"商"字却少了一个"口"，这正是屋主汪定贵用意所在。他为了一反当时"士农工商商最低"的社会偏见,求得心理上的平衡,做了这种构件,让每一个人路过其下,一张口就完善了"商"字,这就表明任何人都在商人之下;更有意味的是,他不敢把"商"字雕在中门的上方,因为当官毕竟比经商的社会地位高,所以他发财之后不惜重金捐了一个官。

2. 建筑的风水禁忌

住宅是人的安乐窝,它寄托着家庭的全部希望,因而在建筑上所反映出的风水禁忌的思想观念特别浓厚,集中地表现了居民对幸福平安生活的美好祈求。民居的大门,是住宅总的出入口,受到了风水观念的极大制约,主要表现在大门朝向的选择。黟县古民居的大门,一般朝着东、西、北三个方向,极少朝南。有的受到地基的局限,不得不朝南开时,也要想方设法偏一点,宁可开成一扇斜门。古人早就懂得"西南其户"(《诗经》)朝南朝阳的好处,而徽民居的大门为什么不敢朝南开呢?有人从风水禁忌的观念来解释,大致有三:(1)据黟县历代风水先生观测,黟县龙脉起于西北,西北在地支上属庚、酉、申,庚、酉、申在五行中属金;南向地支属午、寅、戌,午、寅、戌在五行中属火,火能克金,门朝南向,属相克脉,三代当绝后。(2)住宅的选址应为"巽山干向",据《周易》八卦推算,巽为东南,干为西北,好的住房应该是坐东南、朝西北。(3)黟县人视经商为第一等生业。从汉代起就流行"商家门不宜南向,征家门不宜北向"的说法,因为商属金,南方属火,火克金,所以门向朝南不吉利。

3. 建筑的伦理观念

徽州素有"东南邹鲁"的美称,可谓江南典型的礼义之乡。明清时徽州人经商重学,为官重教,始终恪守着封建社会君臣父子的伦理道德。这在建筑中深深地打下了印记,其内涵主要有四:

(1)忠君思想。徽商巨富有建造势同皇室的资本,却不敢有这个念头,因避免犯上之嫌,所以徽州民居内部装饰得华丽,而不敢在空间规模上扩大;尤其是大门朝向的选定,有一种说法是表现了忠君不二的思想,大门不敢朝南开,免得犯"讳"而获罪,因为古代"南面称尊",帝王南面而坐,宫殿南面朝向。

(2)尊卑观念。民居内部空间分主次正偏的结构,体现了男尊女卑、长幼有序、贵贱有别的伦理观念。宽大的厅堂,为男人活动的场所,楼上后厅为女人活动的场所,简陋的廊间和偏房为佣人所居住。宏村的承志堂还有一个有趣的建筑,即在大厅前部建立高出楼板的拱棚,使楼上的女人不能靠近正厅上方栏杆而被人发现。为显示高贵的身份,有的在前厅大门后,增设一道具有官家威严的中门,有的在门上建门楼。

(3)发财祈求。经商的徽人发财致富的欲望根深蒂固,必然显露于建筑上。古民居大门的门罩多呈元宝形,意为"招财进宝"。即使是用来采光通风的天井,也被徽人赋予"聚财"、"老天降福"、"肥水不外流"的文化意蕴,天井使四周坡面屋顶的雨水"四水归堂",正满足了徽人"财源滚滚而来"的心理需求。

(4)中庸志趣。由于种种原因,徽州人在功成名就之后,总想退隐家乡,享受天年。胡文照在"大夫第"旁所建的阁楼,典型地反映了这种思想。阁楼的门洞上方嵌有"作退一步想"的石雕题额,整个阁楼向后退缩1米,以示题额的内涵;同时阁楼的上部方方正正,而墙角下部改为平面,这种上方下平的构造,正蕴含着主人对上司有棱有角,对下民无棱无角的为人处世哲学。

4. 建筑的天人合一

与自然山水相融合,这是徽派民居建筑共同的审美特征,可谓作了立体的再现。上有天井的设置,直通天空,这一角虽然狭小,而坐井能观天,表明人的生活永远离不开自然。中有漏窗的设置,将内外互通交融,人、建筑、自然息息相连;又有楼阁中可开可卸的扇窗,凭窗远眺,山水原野尽在眼前;还有临墙悬空挑出的楼阁,如"大夫第"的"山市"楼阁,用于观景(后来作为抛彩球的绣楼),身临其中,目观四方,确有"山花若市"之美的享受。地下筑有纵横灵动的水圳小沟,内外贯通。同时,那庭院的设置更是将住宅与自然营造成不可分隔的整体。

5. 建筑的命名内涵

徽派古民居建筑文化的深厚内涵,还表现于民居命名的深刻含意。大致有以下几类:继承先祖之德,如"承志堂"、"承德堂"、"乐贤堂";建立功德之志,如"三立堂"、"居善堂"、"培善堂"、"德义堂";享乐山水之趣,如"碧园"、"鹤松堂"、"望月堂";重教育人之业,如"树人堂"、"桃李园";安享福乐之愿,"履福堂"、"膺福堂"、"迪吉堂";叶落归根之情,如"根心堂"。

(四)装饰习俗文化

徽州古民居重装饰的风俗盛行,可以说无屋不装饰,装饰成了徽民居最富有文化内涵和最有观赏价值的显著特征。这种装饰风俗表现出徽州人精神生活的追求,反映了徽州人高雅的生活情趣。装饰的形式多种多样,有雕刻、绘画,有楹联、题额,还有家具的摆设。其蕴含丰富而深厚,具有极高的文化审美价值。

1. 以故事来显现意蕴

徽民居雕刻的故事内容非常广泛,有历史故事,如"苏武牧羊"、"刘关张三结义"、"薛仁贵征西"、"西施浣纱"等;有爱情故事,如"西厢记图"、"梁祝之会"、"红楼梦图"等;有民间传说故事,如"太公钓鱼"、"伯牙弹琴"、"王羲之戏鹅"、"太白醉酒"、"苏轼送菊";还有神话故事,如"九仙弈棋"、"八仙过海"等。这些题材众多的故事,都蕴含着屋主的思想情感,如"八仙过海"各显神通的故事,表明了屋主经商之道,在茫茫商海中,只有千方百计地发挥各自的聪明才智,才能获得成功。今人游览观赏这些故事画面会获得种种感悟,那"苏武牧羊"的民族气节、"刘关张"的团结义气、"梁祝爱情"的痴迷执著、"李白醉酒"的浪漫潇洒、"八仙过海"的神通广大,似乎在给你为人处世指点迷津。由此可以见得徽州人历史知识的广博、文化功底的深厚。

2. 以图案来象征情趣

徽州古民居雕刻的装饰性图案,题材十分广泛,有人物、动物、花草、果木、气象、用具等,这些取材于生活中的图案,都作为象征性的吉祥物,表现屋主的希求。有的是用谐音来寓意的,如:鱼,谐音"余",意为吉庆有余;蝙蝠,谐音"福",意为美满幸福;鹿,谐音"禄",象征丰衣足食。有的用象征手法,如:龟鹤,象征长寿;狮子,象征威武;竹子,象征君子;水仙花,象征神仙;荷花,象征美丽纯洁;云彩,象征祥瑞;松柏,象征健康长寿。有的用比喻手法,如:石榴多结子,比喻多子多孙;牡丹艳丽,比喻富贵;莲子,比喻连生贵子。这些生活中常见之物,一旦用作装饰性的图案,便赋予深刻的文化内涵,足以表示屋主观物悟理的深邃思想。

梅竹图石窗

古民居除以雕刻图案示意以外,还有以家庭用具组成特定的图案来象征寓意。厅堂条案上的正中，通常摆放着自鸣钟，左边摆着古瓷瓶，右边摆着精致的木雕底座镜子。古时称左为东，右为西。这瓶镜谐音"平静"，与自鸣钟组合起来，便有"终生平静"的寓意，深切地寄托着屋主的愿望，希求自己和子孙后代永远过着无灾无祸、平安稳定的生活。

3. 以文字来表达意愿

徽州古民居充满眼帘的装饰就是优美的书法文字，包括题额、匾额、格言和字样。这些形式的文字镶嵌、悬挂在建筑的各个部位。这种装饰风俗极大地提高了民居的文化品位，直接地表达了主人的意愿。

题额，多题于庭院门洞的上方，起着点景的作用，如题为"枕石小筑"，点明这是小巧玲珑的宅院；"留香处"的题额，点明庭院幽幽清香的特点；还有"怡然"、"吟风"、"浣月"等，诸如此类，随处可见。

匾额，多悬挂在厅堂、祠堂之中，为其命名，揭示其主题，如"承志堂"、"敬爱堂"、"履福堂"、"追慕堂"等，都是表明主人建厅堂的情志。那些镶嵌在厅堂花门的格言，不仅装点着门庭的雅致，更是教育家人、启示后代"门内罕闻嬉笑怒骂，其家范可知；座右多书名语格言，其志趣可想"。

还有各种字样的"福"、"寿"、"孝"等显目的大字，凸显了主人的心愿。我们今天走进徽州古民居，不仅能观赏到装饰的雅致，也能感受到浓郁的文化氛围，还能领悟到那富有哲理的文字内涵。

(五)楹联民俗文化

徽州民居楹联的内容丰富而深邃,它是徽州人全部精神世界的写照。因为这些楹联是徽民先人创业成功的经验总结、为人处世的人生感悟和伦理道德的历史沉淀。从至今保存的楹联来看,其内容主要有以下几个方面。

1. 崇尚祖德

徽州人是聚族而居的,一村一族的繁荣昌盛,是宗族先人们艰苦创业而得来的,后人享受着先人恩泽,必然产生对先人的崇拜敬仰之情,继承宏扬先祖之业,这在楹联中有集中的反映。如:"继先祖一脉真传,克勤克俭;教子孙两行正路,唯读唯耕。"这是继祖不二的精神。有的尽情颂扬先祖的丰功伟绩:"乱世据六郡,保境安民,煌煌功绩垂千古;治平朝帝阙,忠君爱国,赫赫英名满神州。"这副对联赞美汪氏先祖汪华在唐朝受命平乱的功绩。

2. 崇尚儒学

这是徽州古民居楹联中最突出的内容,可以说包含了儒家思想的精华。由此而知,徽州人对儒学的重视,他们视从商为发家之路,而认为崇儒是治家之本。"圣代衣冠光宇宙,儒门礼乐壮山河。"这是对儒学的崇拜。有的把儒家的忠孝思想作为传家的法宝:"忠厚留有余地步,和平养无限天机。""诗书经世文章,孝弟传家根本。"有的把儒家中庸忍让的思想作为修身处世之道,徽州人对孔子"小不忍则乱大谋"的名言领悟最为深刻,这类楹联较多,如:"忍片刻风平浪静,退一步海阔天空。""世事每逢谦处好,人伦常在忍中全。"这种视"忍最为高"的美德,已成为徽州的社会风尚。

3. 崇尚教育

徽州人非常重视教育,村有书院,家有私学。读书让他们走出家门,立足天下,功成名就。西递履福堂一副楹联集中地表达了徽州人读书重教的思想:"几百年人家无非积善,第一等好事只是读书。"徽州人是经商发了财,却不认为经商是第一等好事,而明确地提出读书是第一等好事,因为这是他们家族全部历史的见证,重教兴家、重教兴业,这是一个颠扑不破的真理。

4. 崇尚积德

积德行善,是徽民为人的准则,经商的信条,因而民居楹联把积德作为家训:"守身如执玉,积德胜遗金。""绵世泽莫如积德,振家声还是读书。""德从宽处积,福向俭中来。""善为玉宝一生用,心作良田百世耕""几百年人家无非积善……"前两联讲积德的重要性,它超过了黄金和祖上的恩泽;第三联讲积德的方法,勤俭才能成为美德;第四联讲积德的意义,积德一时,受用一生;最后的上联讲积德是人的共同本性,人活在世上说到底就是积德行善。这是一种积极的人生观。

5. 崇尚勤俭

勤俭创业,方能成功,已成为徽州人的共识,楹联多倡导勤奋节俭为美德。某上联言勤俭是家族的传统:"继先祖一脉真传,克勤克俭";某上联说事业有成在勤俭:"守成无难事,宜俭宜勤";某上联训告:"大富贵必须勤苦得";某下联告诫不事勤俭的危害:"贫因不俭来。"

6. 崇尚修养

民居楹联中很注重家人的道德修养,这体现了徽州人高尚的思想境界。有的强调修养意义:"养真精神干大事业,积实阴德培贤子孙。"有的说明修养内容:"清以自修,诚以自勉;敬而不怠,满而不盈。"有的提示修养方法:"气忌躁,言忌浮,才忌露,学忌满;胆欲大,心欲细,智欲圆,行欲方。"

7. 崇尚处世之道

徽人在茫茫的商海、漫漫的仕途中,总结了丰富而可贵的为人处世的经验,可谓警世之语、醒世之言,这在楹联中得到了充分的反映。

(1)对人要谦和:"遇事虚怀观一是,与人和气誉群言。"和气则得人心,得人心则免灾,财气自来。

(2)待人要坦诚直率:"传家有道惟存厚,处世无奇但率真。"

(3)言行要谨慎,就不会惹来是非之祸:"是非只为多开口,烦恼皆因强出头。"

(4)要善于结交好朋友,因为徽州人在外少不了朋友的帮助:"幸有两眼明,多交益友;苦无卅年暇,熟读奇书。"

(5)办事要认真思考:"事临头三思为妙,怒上心一忍最高。"

(6)从事要善于劳逸结合:"忙里偷闲,坐且行,行且坐;劳极思逸,谈而笑,笑而谈。"

(7)要有忧患意识:"居安思危,念念如同临敌日;得宠思辱,心心常似过桥时。"时时想到危难,就会保持清醒的头脑,防患于未然,立于不败之地。

(8)举止风度要深沉稳重:"养成大拙方知巧,学到如愚乃是贤。"深沉则不易被别人把握,而浮浅则容易被人利用。

8. 崇尚山水自然美

徽州人居于山水,长于山水,对山水具有特殊的感情,他们热爱山水,赞美山水,并深切地感悟山水。这种对山水的高雅理趣,都凝结在楹联中。这类楹联多出现在民居公共场所的建筑中,如书院、亭阁、宗祠等。其内容主要有两大类。

一是状描山水自然美的特征。有的描写幽静的美:"月移疏柳过亭影,风送梅花入座香。"有的状描意境的美:"白云芳草疑无路,流水桃花别有天。"有的赞叹古朴的美:"洞外千岁竹,石上万年松。"有的描绘四季景色的美,唐模村檀干园一副楹联最为精美:"喜桃露春秾,荷云夏净,桂风秋香,梅雪冬妍,地僻历俱忘,四序且凭花事告;看紫霞西耸,飞瀑东横,天马南驰,灵金北倚,山深人不觉,全村同在画中居。"还有的描绘清纯的自然与淳朴的民风相融的美:"春满桃园,政和美续弦歌韵;秋高菊径,彭泽遗风瑞色新。"

二是感悟山水自然美的情趣。山水自然美,不仅给人以耳闻目睹的美感,更能给人以心灵感悟的陶冶。民居楹联深切地体现了徽州人对山水的多层审美体验。感悟山水高雅情趣的有:"品兰咏竹文人事,临水游山异日情。""清风明月本无价,近山远水皆有情。"寄托高远志向的有:"屋小仅能容膝,楼高却可摘星。"领悟人生的有:"好鸟有声留客坐,花香无语笑人忙。"人在忙碌的同时,也应该享受人生。体会山水娱情的审美意义的有:"世事尽空忙,且到玉虹亭中坐坐;尘缘欲摆脱,邀同淋沥山上游游。"

第六章 人生民俗神圣多彩

人的一生大凡经过诞生成长、结婚成家、年老死亡三个阶段,这是人生发生重大变化的三个阶段,是每个人都要经历的,因而引起人们的极大关注。自从人类诞生以来,尤其是人类进入文明时代以后,在回答人是怎样来到世界的、如何结婚成家、怎么对待死亡这些问题的时候,人们幻想过、祈求过、经历过,从而产生了丰富的人生礼仪民俗,蕴含着深厚的文化内涵。

一、隆重的诞生礼俗

(一)人的诞生传说

人是怎样来到世界的?在生命的奥秘没有揭开之前,流行着种种传说。中国古老的神话传说中就有许多故事,最著名的是"女娲造人"和"兄妹成婚"。

"女娲造人"的神话故事,见于《太平御览》引《风俗通义》:"俗说天地开辟,未有人民。女娲抟黄土做人,剧务(太繁忙),力不暇供,乃引绳縆于泥中,举以为人。故富贵者,黄土人也;贫贱凡庸者,縆人也。"

"兄妹成婚"的神话故事,见于李冗的《独异志》:"昔宇宙初开之时,只有女娲兄妹

伏羲女娲

二人在昆仑山,而天下未有人民。议以为夫妻,又自羞耻。兄即与其妹上昆仑山,咒曰:'天若遣我兄妹二人为夫妻,而烟悉合;若否,使烟散。'于烟即合。其妹即来就兄,乃结草为扇,以障其面。今时人娶妇执扇,象其事也。"

关于女娲和伏羲兄妹成婚的传说,最早见于汉代《淮南子》的高诱注文。汉代的石画、砖画像中,常有人首蛇身的伏羲和女娲的画像。有一幅画像画着两个人,右为伏羲,下身鳞尾环绕,向左;左为女娲面,同伏羲尾,亦环绕与右相交。中间一小儿,右向,手曳二人之袖,两腿卷走。

(二)人的诞生礼俗

人的诞生礼俗,主要包括催生、出生、三朝、满月、百日等几个不同时日的庆贺活动。

1. 催生

一般在孩子出生前几天进行催生活动。到了达月(孕妇临产月),娘家必送礼物以示催生。催生礼,一般有衣、食两项。衣有婴儿出生后所需用的衣服、鞋帽、包被布等;食有鸡蛋、红糖、长面、桂圆、核桃等。

催生礼俗,各地不一。福建泉州娘家通常要送鸡蛋、线面、鸡等物品,祈望外孙降生顺利。广东饶平孕妇在临产前一日,娘家要备新生儿的衣物及食品送至婆家,婆家收下服装和大部分食品,退回小部分,并将收下的食品分赠给亲友、邻居。江苏高邮催生礼送上膘肥不生蛋的鸭子,表示女儿生养顺利。浙江温州在女儿临产时,母亲要送肉给女儿,肉块约一寸见方,切得端正,烧熟送去,叫"快便肉",意思是产妇吃了临产快捷。杭州孕妇产期将临,娘家送礼物时要携带一吹笙者进门,以"吹笙"谐音"催生";也有送红漆筷子十双,取"快生快养"之意。

2. 出生

孩子出生的第一天，是大喜的日子，都要进行庆贺。一般由新生儿的父亲向产妇娘家报生，携带的礼品各地不一。安徽徽州男家要备水酒、红蛋送外婆家报喜，黄酒满壶，壶嘴朝前为男，壶柄朝前为女，一看便知；亲族每户分送鸭蛋4个、8个或12个，许双不许单。湖南一带是用一只大公鸡、一壶酒和一篮鸡蛋去岳母家报喜，如生男则在壶嘴插朵红花，如生女则在壶身贴上喜字；岳母家立即备宴，招待女婿和乡邻。山东邹县生男孩报喜用一本书，生女孩报喜用一朵花。山西高平女婿到岳父家报喜一般都要坐车，左手抱喜锅，右手托鸡；生男用大红公鸡，生女用有色母鸡。福建漳州一带孩子一出生，做爷爷的立即摘来一个石榴，切开放在盘子里，供在祖宗牌位前，一面向祖宗报告家族繁衍的喜讯，一面祝福孩子健康成长。现在凡是在医院里生孩子的，出院回家在进门之前要放鞭炮，以示庆贺。

在男尊女卑的旧时代，新生婴儿的性别不同，会受到不同眼光。《诗经·小雅·斯干》说："乃生男子，载寝之床，载衣之裳，载弄之璋"；"乃生女子，载寝之地，载衣之裼，载弄之瓦"。故后人称生男生女为"弄璋弄瓦"。璋即"圭璋"，是一种宝玉，希望他长大后做官；瓦是古代妇女纺织时用的纺锤，让女婴弄瓦，有从小就培养她勤于纺织的寓意。

3. 三朝

孩子出生的第三天叫"三朝"。三朝各地的叫法不同，山东青岛叫过三日，安徽徽州、江苏无锡等地叫"洗三朝"、"做三朝"，湖南长沙称"拜三朝"、"游三朝"。这一天给新生儿洗澡，是人生第一次洗澡，非常重视。皖南地区要请公婆或产婆用艾叶水给小孩洗澡，称为"洗三朝"，并宴请亲朋好友。凡是收到主人散发红鸡蛋的亲朋好友，在这一天要携带红糖、鸡蛋、粉丝、红纸包等礼品上门探望产妇、赴宴,因此又称"做三朝"、"探产妇"。三朝的习俗各地不同,蕴含的意义也不一样。有的地方在洗澡水里放草药、艾叶、槐条,杀菌去病,使孩子日后健康成长。有的地方在水里放上葱和钱币,"葱"使孩子聪明,"钱币"祝孩子将来发财。有的地方在水里放桂圆、荔枝、红枣、花生、栗子等喜果,主持人一边用棒子在水里搅动,一边给孩子洗澡,嘴里还唱着吉祥的祝词:"先洗头,做王侯;后洗腰,一辈倒比一辈高;洗洗蛋,做知县;洗洗沟,做知州。"

4. 满月

孩子出生至满月,最为隆重的一次礼仪活动是满月礼。我国自唐代起,民间便形成给新生儿做满月的习俗,各地不尽相同。山西由亲朋好友给孩子带上礼品,到家里做客,吃一顿满月宴。四川自贡地区家长用醪糟蛋招待亲友,并赠送染红的鸡蛋作回报,俗称"吃红蛋"。广东惠州叫作"出月酒",主家一般事前便筹划准备酒席和礼品,外婆须备上小孩的"出生帽"、衣服、铺盖,还要蒸好大红发糕等送至女儿家。

孩子满月时要做两件事。一是剃胎发。这是人生第一次理发,各地都很讲究。山东青岛给婴儿理发俗称"铰头",要在上午进行,请族中未婚姑娘在婴儿头上自下而上铰三圈,铰下的胎毛用一张面箩接住,再用红布包好,缝在婴儿的枕头里。铰头时须有舅舅在场,如舅舅不在,则在小孩身旁放一个蒜臼,谐音"舅",代替舅舅参加。安徽徽州的习俗是胎发剃毕,取熟鸡蛋去壳,在婴儿头顶上滚动数下,据说是为了解除胎气。有些地方还把胎毛做成毛笔,留给孩子作终身纪念。

二是起乳名。在诞生礼仪的活动中要给孩子取乳名(小名),民间普遍认为名字与人的命运有很大关系。取名字的人,一般为孩子的父母,多以父亲的意见为主;也有请爷爷或村中长者或族中有威望者为之命名。小名要对长辈的名字避讳。民间给孩子多起"贱"名，以求消灾，容易抚养成人，如"小狗"、"小牛"、"猫仔"、"花子"等。有的以父亲的年龄或兄弟的排行来取名，如"小二子"、"小四子"、"四九子"等。

5.百日

婴儿出生满一百天，是一个重要的日子，民间一般会举行仪式庆祝。如四川自贡地区，由老人以酒肉抹婴儿口，称为"开荤"。湖南有的地区将百天称为"百禄"，贺礼必须以百计数，体现"百禄"、"百福"之意。山东青岛地区是亲戚朋友前往庆贺，礼物多为小儿衣物；有些地区还有"姑家的裤子姨家的袄，妗子（舅母）家的花鞋穿到老"的俗谚。尤其是山东的胶州，这一天的上午要在一棵柳树下举行婴儿穿新衣仪式，柳树旁放一个量粮食的斗，斗前放一个盛新衣的筛子，由姑姑或姨妈给婴儿穿上新衣后，将婴儿抱到斗上摇几摇，意思是"依着柳，坐着斗，小孩活到九十九"。随后由姑或姨抱着绕全村走一圈；还要给婴儿戴百家锁（也叫"长命锁"）、穿百家衣。百家锁是由亲朋好友多家凑钱请银匠打成，上有"长命百岁"或"长命富贵"字样，以祝长寿；百家衣是从各家讨来的碎花布缝成，讨的人家越多越好。

（三）抓周习俗

抓周，又叫"试儿"、"试晬"。孩子出生一周岁时要举行抓周，这是一种预测幼儿性情、志趣或未来前途的民间仪式。抓周的风俗，在汉族民间流传已久，在北齐时就已经形成。北齐颜之推《颜氏家训·风操》载："江南风俗，儿生一期（即一周岁），为制新衣，盥浴装饰，男则用弓矢纸笔，女则用刀尺针缕，并加饮食之物及珍宝服玩，置之儿前，观其发意所取，以验贪廉愚智，名之为试儿。"明代叫"晬周"，清代叫"抓周"、"试周"。

抓周的仪式一般都在吃中午那顿"长寿面"之前进行,讲究的富户在床(炕)前陈设大案,上摆印章、儒释道三教的经书、笔、墨、纸、砚、算盘、钱币、账册、首饰、花朵、胭脂、吃食、玩具。如是女孩抓周,还要加摆铲子、勺子(炊具)、剪子、尺子(缝纫用具)、绣线、花样子(刺绣用具),等等。一般人家则简化。抓周时,由大人将小孩抱起,令其端坐,不予任何诱导,任其挑选,以视其先抓何物、后抓何物。以此来测卜其志趣、前途和将要从事的职业。如果小孩先抓印章,则意谓长大以后必承天恩祖德,官运亨通;如果先抓文具,则意谓长大以后好学,必能写一笔锦绣文章,终能三元及第;如小孩先抓算盘,则意谓将来长大善于理财,必成陶朱事业。如女孩先抓剪、尺之类的缝纫用具或铲子、勺子之类的炊事用具,则意谓长大后善于料理家务。反之,小孩先抓了吃食、玩具,也不能当场就斥之为"好吃"、"贪玩",也要被说成"孩子长大之后,必有口道福儿,善于及时行乐"。总之,抓周表示长辈们对小孩的前途寄予厚望,在一周岁之际,对小孩祝愿一番而已。《红楼梦》中的贾政看到贾宝玉抓的是女孩子用的脂粉首饰,就说他日后必是"酒色之徒"。著名学者钱钟书,原名叫"仰先",因周岁抓的是书,与书情有独钟,故名"钟书"。

(四)生日礼俗

在汉代以前,我国还没有过生日的习惯,只有在孩子诞生时以羊、酒相贺。到了魏晋南北朝时,江南地区开始出现了做生日的风俗,但只有在双亲健在时才可以做。到了唐代,更把生日庆贺与祝寿结合起来,并为后世所传承。

生日的礼俗,由于年龄段的不同,受重视的程度也不同。老人的生日最受重视,其次是小孩,再次是中青年人。从时间上来看,又有小生日和整生日之别。一年一次的为"小生日",一般不请亲朋,而家中有安排。过去生活水平低时比较简单,所谓"大人生日一碗饭,小孩生日一个蛋"。现在过小生日,要办生日宴会、买蛋糕、吹生日蜡烛,甚至会在电视台点上一首歌,表示祝贺纪念。生日蜡烛,古代比照明用的蜡烛大些,为红色;现代不仅有红色,还有黄色、蓝色等。过生日者有多大岁数,就在生日蛋糕上插多少根蜡烛,也有以一根蜡烛代表10岁的。蜡烛点燃后,过生日者若能一口气吹灭,就表明其心愿能实现。

十年一次的为过整生日,一般都比较讲究,并事先发请帖邀请亲戚朋友,否则就会得罪客人。孩子10岁、20岁的整生日,一般主客是外婆家的人。大人过30岁、40岁生日,主客依然是岳父母即女方的娘家人,必备的礼品主要是寿桃、粽子、面条、鱼肉、鞭炮、蜡烛等。男女50岁后过生日叫"做寿",岁数逢十的生日称"寿诞"。一般是男子"做九不做十",女子做足。一般家庭对长辈、老人的寿辰都很重视,均邀请亲友来贺,寿礼有寿桃、寿面、寿糕、寿联、寿幛等。隆重者要设立寿堂,燃寿烛,结寿彩。寿星着新衣,坐中堂,接受亲友、晚辈的祝贺和叩拜。60岁、80岁及其以上的长辈举行的生日礼仪称为"做大寿"。

民间又有重视本命年的习俗。何为本命年?人们以鼠、牛等12种动物与12地支相对应,每年用其中的一种动物来作为这一年的属相,这样每过12年就会遇到与自己出生那年相同的属相年,这就是本命年。有人认为从人的心理发育的角度上看,本命年在人的生命进程中往往会成为一个大"坎儿",构成了一个危险期。有人在本命年里穿上红色的衣裤,或者随身佩带红丝绳系挂的饰物,以此来趋吉避凶,消灾免祸。有的地方还有拜祭"本命神"的风俗。

(五)生肖习俗

生肖,古人以十二种动物代表年份,周而复始。生,指生年,一个人的出生年份;肖,像。所以十二生肖亦叫"十二肖"、"十二属"、"十二相属"、"十二属像"。

1. 十二生肖的算法

十二生肖是以12种动物轮流值年。计算的方法是,用诞生的年代除以12,将所得的余数(包括0),对照下列的数字所对应的生肖动物:0猴、1鸡、2狗、3猪、4鼠、5牛、6虎、7兔、8龙、9蛇、10马、11羊。如1977年出生的,用1977÷12,所得的余数是9,那就属蛇。

十二生肖图

2. 十二生肖的来历

为什么将人的出生与动物联系在一起?其说法不一。

(1)融合说。华夏的干支纪年与西北少数民族动物纪年法相融合。汉代以前,西北一些游牧民族用动物纪年,如鼠年、牛年、虎年等。到了汉代,部分匈奴部落归附汉朝,两种纪年法互相融合,这就有了子鼠、丑牛、寅虎、卯兔、辰龙、巳蛇、午马、未羊、申猴、酉鸡、戌犬、亥猪的说法。

(2)图腾崇拜的演变。人类的祖先选取生命力旺盛的动物,作为人生命意愿的象征,选取的标准是由敬畏而神化的动物如龙,威猛的虎及由驯养而亲近的动物如牛、马、鸡、羊、犬等。

(3)黄帝创立说。五代冯鉴《续事始》:"黄帝立子、丑十二辰,以明月,以名兽,配十二辰属之。"

(4)西方传入说。佛教传入中国以后,有的佛教徒认为中国十二生肖来自印度。唐代释道世《法苑珠林》介绍印度"十二兽",并说"汉地十二兽依此行也"。近代有人认为十二生肖来自古巴比伦的"黄道十二宫神像"。

3.十二生肖与人生意愿

十二属相是人为命名而定下来的,它基本上属于一种时间概念,因为它是与年、月、日、时相联系的。由于它与十二种动物相联系,人们又赋予它一种特殊的神秘色彩,它反过来影响着人们的心理意识。人们将十二生肖动物人格化,以其特征来象征所属人的性格特征,体现良好的愿望与祝福。

有人对十二生肖评说如下:

鼠,机警应变,善处逆境;鼠年生的人敏锐乐观;最佳配偶是属龙、猴、牛。

牛,勤劳朴实,倔强任性;牛年生的人勤勉踏实;最佳配偶是属鼠、蛇、鸡。

虎,威武果敢,仪表堂堂;虎年生的人富于冒险;最佳配偶是属马、狗、猪。

兔,温良文静,潇洒敏捷;兔年生的人温柔善良;最佳配偶是属马、狗、猪。

龙,高瞻远瞩,超凡脱俗;龙年生的人气宇轩昂;最佳配偶是属猴、鼠、鸡。

蛇,灵活自如,爱憎分明;蛇年生的人神秘莫测;最佳配偶是属牛、鸡。

马,热情奔放,一往无前;马年生的人独立奔放;最佳配偶是属虎、羊、狗。

羊,善良随和,吉祥如意;羊年生的人温文尔雅;最佳配偶是属兔、马、猪。

猴,聪明机智,活泼快乐;猴年生的人机智伶俐;最佳配偶是属鼠、龙。

鸡,锐意进取,向往光明;鸡年生的人神采奕奕;最佳配偶是属牛、马、蛇。

狗,忠实可信,诚实勇敢;狗年生的人忠诚正直;最佳配偶是属虎、兔、马。

猪,憨厚实在,随遇而安;猪年生的人性情率直;最佳配偶是属羊、兔。

4.十二生肖的文化现象

十二生肖民俗形成之后,人们运用文学艺术的形式来描绘生肖形象,有雕塑、绘画、小说,尤其是民俗文学中的寓言、春联、灯谜、成语、谚语等。这里仅就"猴"生肖的文学现象面面观进行简介。

(1)猴寓言:棘刺雕猴、朝三暮四、肝肠寸断。

(2)猴的春联:羊随白雪去,猴捧仙桃来。〇猴岁逢春展凌云壮志,申年思治抒报国豪情。〇猴喜满园桃李,年丰遍地春光。

(3)猴的谜语:孙悟空借兵器(打一成语)〇悟空出世玉皇担忧(打一成语)〇猴子轻身站树梢(打一水果)〇卷尾猴(打一字)〇人猿(打一字)〇猴子无尾身边有水(打一字)〇去头是字,去尾是字,去头去尾还是字(打一字)。(谜底:大海捞针、石破天惊、荔枝、电、伸、油、申)

(4)猴的成语:朝三暮四、沐猴而冠、杀鸡吓猴、尖嘴猴腮、猿啼鹤唳、心猿意马、惊猿脱兔、树倒猢狲散、猕猴骑土牛。

(5)猴的谚语：猴子不上树,多敲几遍锣。○猴子学着人样子。○猴子不咬人,样子难看。○猴子嘴里拔不出枣子来。○孙猴子跳不出如来佛的手掌心。○一窝猴子都姓孙。○人看人,眼看眼,猴子看人不掉脸。○千年猢狲性难改。○山中无老虎,猴子称大王。○杀鸡给猴看。○大树一倒,猢狲乱跑。○宁肯帮猴子上树,不扶狗上树。○耍把戏靠猴,种田靠牛。○狮子脱毛惹猴笑,凤凰落架不如鸡。

(6)猴的歇后语：属猴的——靠不住。○孙猴子从石缝里蹦出来——没爹没娘。○孙猴子大闹天宫——慌了神。○孙猴子翻筋斗——十万八千里。○花果山上的猴子——乱蹦乱跳。○猴子爬树——拿手戏。○猴子上树梢——高攀。○猴子捞月亮——白忙一场。○猴子坐天下——手忙脚乱。○猴子划拳——毛手毛脚。○猴子看果园——越看越少。○猴子穿衣戴帽——学做人。○猴儿脸——说变就变。○猴子下竹竿——溜到底。○猴子爬石崖——显能耐。○猴子玩把戏——活显形。○猴子嘴边的桃子——留不住。○八十岁牵猴子——玩心不退。○峨眉山的猴子——精得很。○南山的猴子——见啥学啥。○旗杆上的猴子——到顶了。○马戏团的猴子——随人耍。○同孙猴子比筋斗——差十万八千里。

二、奇异的婚姻习俗

人生到了成年的时候,自然要结婚,所谓"男大当婚,女大当嫁",所以结婚是人生一个极其重要的阶段,它标志着一个人的成熟、一个新家的诞生,预示着人类"维系种的延续及族群的发展"(马克思语)。

人类的婚姻习俗产生最早,因为有了男女就有夫妇,有夫妇就出现了婚姻的习俗。婚姻习俗从原始社会群婚的"知母不知父"发展到"知父知母";从"一夫多妻"发展到"一夫一妻";从父母"包办婚姻"发展到男女双方的"自由恋爱"。在这漫长的婚姻发展演变的历史中,形成了丰富而繁杂的婚姻习俗,主要包括婚姻的类型、婚姻的观念、婚姻的礼仪、婚姻的程序等。

(一)婚姻的类型

中国是一个多民族的国家,而且又有漫长的婚姻变迁史,所以婚姻的类型特别多。这些婚姻的类型,是在婚姻发展史中不断地形成的,在传承中消失,在传承中发展。有些旧的婚姻形式不能适应时代的需要而被淘汰。

1. 抢婚

抢婚又叫"掠夺婚",是早期原始的婚姻形态,是古代部落间用战争手段掠夺妇女的一种野蛮和强制性的婚姻形式。《易经》中的"屯如邅如,乘马班如。匪寇,婚媾",这是对古代抢婚习俗的描述。因为是使用暴力抢亲,有夜幕掩护自然更容易得手,所以黄昏举行婚礼的习俗当与古代的抢婚习俗有关。当今抢婚已逐渐消失,而在边远少数民族地区尚有抢婚的遗俗。这种抢婚主要有三种情况:

(1)真抢。有的是因为三角恋爱,几个青年同时爱上一个姑娘,就有人先下手为强,抢来姑娘之后再托媒人,重付聘金。有的因为女方不愿意,而男方看上了女方,便会想方设法将姑娘骗出,带到朋友家,然后再上女方家提亲。女方家无奈,只好议定聘金,举行婚礼。

(2)半真半假地抢。有的男女双方自愿相爱,而女方的父母不同意,或另许他人。于是男女双方相约抢婚的时间和地点,男方再约朋友前去抢婚,女子高声呼喊,以示被抢。这种方式,对女方父母来说是真抢,而对男女双方来说则是假抢。

(3)假抢。在傈僳族中,如青年男女背着父母私许终身,缔结婚约,男方便会将女子偷藏山中。女方父母三天内若找到女儿,则认为小伙子没能耐,不但得不到媳妇,还要赔偿女家钱物;如果三天内找不到女儿,则必须按习俗履行婚姻手续。也有的因拿不出彩礼,而女方又要面子,就以抢的方式来完婚,以假抢来节约嫁娶资金。

有的地方假抢已成为一种婚礼仪式。傣族人抢婚,先是男方的抢亲人结伴带刀和铜钱,按照女方约定好的时间和地点来抢姑娘。抢婚时,姑娘假装呼救,然后女方的亲友按预定的方式上前营救,男方抢亲的人向女方营救的人撒铜钱,诱惑对方捡钱,这时男方假装逃走。之后再举行正式的议婚手续。瑶族人把抢婚作为一种迎亲的方式:在迎亲的那天晚上,男方带着一群男青年,高举火把向女方家的方向杀抢过来。到了半路上,女方也组成一队人手持火把截杀出来,男方把新娘抢到自己的行列,女方作夺回的战斗。就在这时新娘和新郎溜出队伍,于是抢婚战斗结束,双方聚宴。

2.服役婚

服役婚是男子以赴女方家服劳役来支付女方身价,作为结婚的条件。纳西族俗语说:"得一个女婿,如得一个家奴。"服役时间的长短以双方的契约而定,短的一年,长的达15年,如拉祜族有女婿上门15年的俗制。服役时自带生活必需品、生产工具、家畜和家禽,期满后带妻子和儿女回男方家。我国汉、彝、瑶、壮、傣等民族都曾有这种婚俗。现在有的农村,如果女方家因女儿出嫁而缺少劳动力,就约定由男方承包耕种一定数量的田地。这是演变了的服役婚俗。

3. 转房婚

转房婚又称"递缘婚"。这种婚姻的形式,就是兄亡后兄嫂转嫁给弟、弟亡后弟媳转嫁给兄、姊亡后妹续嫁姐夫。鄂伦春、景颇、佤、苗、彝、白、纳西等民族,不同程度地保留着这种风俗。而现在已发展成为自愿结婚的形式,这是符合现行婚姻法的。1998年安徽肥西县某家,弟参军,兄病亡,嫂子操持家务,孝敬公婆,弟深受感动而主动地提出自愿同嫂子结婚。

4. 买卖婚

这种婚姻形式是男方以相当的钱财为代价,换取女方作为妻子。过去汉族的买卖婚中多用金银财宝、衣物,也有加猪羊鸡的。现在一些地区仍然存在这种婚姻习俗。而拐卖妇女及卖身行为,是买卖婚的畸形发展。

5. 表亲婚

表亲婚亦称"姑表婚"、"舅表婚",是指兄弟的子女与姐妹的子女之间的婚姻关系。通常是舅舅家娶外甥女作媳妇,且有优先权,因为这是对姑姑出嫁的一种补偿。土家族俗语"姑妈女,随年娶","舅舅要,隔河叫",所反映的正是这种优先权。苗族把这种婚俗称为"还姑"、"还种"。这种婚姻形式又被认为是亲上加亲。但是,表亲婚属于近亲结婚,有害于子女的健康,所生子女患先天性遗传病症的几率高,所以我国于1980年颁布的《婚姻法》正式从法律上予以禁止。

6. 招赘婚

招赘婚大致有三种情况。

(1) 招女婿是为了解决劳动力短缺的问题,从而维持生计,主要还是为了传宗接代。一般赘婿须改为女家姓,生子随母姓,继承女家香火,可以继承女家财产。

(2) 男方因家庭贫穷,没有聘礼娶妻,只得入赘女家。这种婚姻习俗在秦汉时代就出现了,《汉书·贾谊传》载:"秦人家富子壮则出分,家贫子壮则出赘。"

（3）女方丧夫后,因儿女多而无法改嫁,就招赘夫婿,抚养原夫家子女。

7. 招养夫婚

招养夫婚是指已婚女子的本夫患重病或有残疾,不能抚养妻儿,只得另招一夫,协助负担家庭重任,北方叫"搭伙"、"拉帮套"。这是一妻多夫的变相形式,有些地方目前仍有残留。

8. 典妻婚

典妻婚又叫"承典婚"、"租妻"。这是由买卖婚派生出来的一种临时婚姻形式,历史上曾广泛流行于浙江、福建、甘肃、山西一带。甘肃称"僦妻",山西称"挂账",浙江称"典妻"。这种婚俗往往是男方已婚无子,但家财富足,需要有人继承;而女方家生活困难,丈夫无力维持生计,只得同意在一定期限内将妻子典当给别人。男方付一定租金,到期或生子后将妻子归还,民间称之为"借妻生子"。这种风俗起源于宋代,盛行于元代,沿袭至明清。这种婚姻形式在当今法律上是被明文禁止的。

9. 童养婚

这种婚姻形式是从小抱养别人家的女儿,等自家儿子长到适婚年龄时再将他们结为夫妻。这是封建家长制下产生的一种畸形婚姻。童养媳一般都出生于贫穷之家。家长把女儿从小送给人家作童养媳,既可减少抚养的负担,又可得到彩礼。童养媳从幼女阶段开始,就要担负繁重的家务劳动,还会遭到体罚的摧残。童养媳有两种情况,一是家有男儿后,同时买进或抱养别家幼女作养女,长大后与儿子成亲。目的在于买个廉价劳动力,结婚时又能省一笔钱财。二是婚后暂无子,先买个养女,待有儿后,再将养女转为儿媳,称为"等郎婚"。有的童养媳到了十二三岁才等来郎。如果始终等不到郎,就将养女出嫁。

10. 指腹婚

指腹婚俗称"胎婚",发生在至交的两家,如两家夫人同时怀孕,便指腹相约,如生一男一女则结为夫妻。这是封建时代包办婚姻的一种形式。这种婚俗起源于六朝。当时门第观念很重,为保证两家门第规格对等关系的延续,出现了指腹为婚的风俗。其方法是割孕妇衣襟互相交换作为议定。这种婚俗多出现在官宦人家,民间不多见。

11. 冥婚

冥婚又称"嫁殇婚",俗称"鬼婚"。这种婚姻形式是男女双方的家长为已死的儿女联姻,早在周代就被禁止,《周礼·地官》载"禁迁葬者与嫁殇者",但后世仍有流行。冥婚是对女性的一种残害和对女性婚姻权的剥夺,女方与男方婚约后,男子不幸死亡,女子也要到男方家与已故男子结婚,甚至要抱着男俑同床到老。

12. 共妻婚

这是兄弟共妻的婚姻形式。结婚时以长兄为主夫,诸弟为副夫,子女为兄弟所共有。但子女依生育顺序由兄弟分配,长子女归老大,次子女归老二,依次类推。这种婚姻形式多出现在贫苦家庭,因兄弟多而家庭贫穷,娶不起妻子,就采取共妻婚姻。有些富家兄弟也实行此婚,以保证兄弟财产不至散失。新中国成立前流行于某些少数民族中。

13. 走访婚

走访婚又称"阿注婚"、"阿夏婚"。阿注、阿夏,意为同居的异性朋友,也叫"朋友婚"。这是一种古老的母系氏族婚姻形式。其方式是以女方为主,男子不过门,只是晚上到女方家来偶居,白天回到自己的母家生活劳动。双方结为阿注,没有共同的经济联系,生的孩子归女方抚养,男方没有抚养子女的责任。一人同时可以结交几个阿注,甚至以多为荣。现在纳西族摩梭人仍有这种婚姻习俗遗风。云南宁蒗县永宁乡摩梭人迄今仍有一部分人过着母系家族的生活,同辈男女互称兄弟姐妹,血统按母系计算,财产按母系继承,共同劳动,平均分食。在这种婚姻方式中,没有买卖婚姻和父母包办之事,也不存在私生子、弃婴、离婚和孤儿寡妇的问题,男女完全出于生理及感情的需要而结合。女人享有很高的社会地位,而男人没有独立承担家庭义务的烦恼,因此摩梭人认为这是一种美好的婚姻制度。现在逐渐向父系家庭的一夫一妻制过渡。

14. 不落夫家婚

不落夫家婚又称"长住娘家婚"。结婚后,女子返娘家长住,只在年节或农忙时至夫家短住。在娘家待怀孕后,才回到夫家长住,过稳定的一夫一妻生活。在娘家期间可享有一定的性自由,如黎族可参加放寮、布依族可参加赶表、壮族可参加歌圩等活动。新郎为了尽快使新娘回到夫家,往往要费尽心机。普米族有三回九转的习俗,即新郎多次到女家迎接新娘,新娘往往逃跑,迎一次,逃一次,直至怀孕,才肯在夫家长住,故称"三回九转"。落夫家时,全村老年妇女要审新娘,以查明胎儿的血统。

15. 试验婚

这是一种正式结婚前先行同居的婚姻形式,是自愿婚的萌芽。青年男女婚前同居的地点,多选在村寨建立的公房、未婚舍。各族的称呼不一,怒族叫"吴尧",哈尼族叫"尤拉",景颇族叫"王治"、"恩拉达"。试验婚的仪式是:男方带茶、盐、烟、饭及银钱到女方家,女方父母收下礼物后,男方请求与未婚妻同居。这是试验婚的正式手续。有些民族男女相爱便可同居,如女方怀孕,就可举行婚礼。这也是婚前考验女性生殖能力的一种手段。我国西南少数民族如佤、怒、布朗、景颇、哈尼族等民族都有这种风俗。

16. 交换婚

这是古代氏族外婚的婚俗,即两个氏族的男方协议互相交换姊妹为妻,或交换其女儿为媳。这种婚俗也表现在姑表婚的两代人交换上,姑姑先出嫁,生的女儿再回嫁到舅舅家为媳妇。这是一种完全对等的交换议婚的形式,多流行于贫苦家庭之间,可以相互节省彩礼。

17. 跑婚

姑娘有了自己的意中人,由于父母不同意,或给她另择婆家等原因,自己只带一点换洗衣服,主动到男方家中成婚,使婚姻变成事实。跑婚是秘密的行动,是双方事先约好的,也有是女方临时决定的。一旦跑婚成功,男方家长便请族中长辈主动到女方家赔礼道歉,请求女方父母宽恕,承认这桩婚事。女方父母见生米做成熟饭,只好默认。民间对跑婚者不但不轻视,反而视为勇敢者。

18. 童婚

这是新中国成立前常见的现象,是男女未到成人的年龄就结婚的一种婚姻形式。我国各民族童婚的年龄差异比较大,大的十六七岁,小的七八岁,所谓"结婚不拘年龄"、"惟成童即婚娶"。赫哲族曾经崇尚早婚,姑娘一般在14~17岁出嫁。四川茂县、汶川的羌族,男孩甚至在7~10岁就由父母包办成婚。

19. 异辈婚

这是不同辈分的人结婚的一种婚姻形式。如父方的叔伯侄女婚配、姑母与侄儿婚配、堂叔伯与堂侄女婚配,母方的舅父与外甥女婚配、姨母与姨侄儿婚配。新中国成立前在某些少数民族中,这种婚姻被认为是正当合法的,新中国成立后也时有出现。

20. 自愿婚

这是以男女双方自由恋爱为基础的婚姻形式,是一夫一妻制下正常的婚姻习俗,现在是受法律保护的。自愿结婚的双方在经济、生活、感情等方面都保持着平等与均衡,婚后共同持家,共同承担抚养子女的义务和赡养双方父母的责任。历史上最为典型的自愿婚就是卓文君与司马相如的风流婚事:西汉成都的风流才子司马相如起初家贫无业,游于临邛,在富豪卓王孙家作客弹琴,被新寡的文君"窃从户窥,心悦而好之"。于是在夜间离家逃走,与司马相如私奔,来到成都。

(二)婚俗奇趣

我国是一个多民族的国家,由于不同的文化背景、不同的生活条件和自然环境,造就了奇异纷呈的婚姻风俗,主要表现在恋爱的方式、迎亲出嫁的方式上。

1. 谈婚孔

瑶族姑娘进入青春期后,父母便在大门背后特意安排一个小房间,叫"谈婚房",专供女儿谈情说爱。谈婚房的墙或门上凿一个鸡蛋大的圆孔,称为"谈婚孔"。姑娘睡的床顺着谈婚孔铺设,孔洞位于腰身部位。夜静时,看中姑娘的小伙子便悄悄地来到谈婚房前,把一根5尺长的小竹棍从孔里伸进去,轻轻地搅醒姑娘,双方对着谈婚孔轻声交谈,如姑娘有意,就与小伙子对歌,往后小伙子则不请自来,姑娘也不约自候;若姑娘无意就不会搭理。

2. 爬吊楼

广西金秀茶山瑶里有爬吊楼谈恋爱的习俗。民居中设有吊楼阳台,为姑娘的闺房。夜晚姑娘邀集女伴来吊脚楼唱歌、刺绣。男青年如有意觅知音，便会邀同伴去攀爬吊脚楼。姑娘听到小伙子的呼唤，如同意就允许小伙子爬上吊脚楼，男女各坐一边，交谈唱歌，彼此有意就恋爱了。小伙子楼爬多了，双方感情深了，就互相送信物。定情后小伙子才可以从大门进出，不再爬楼了，双方父母便筹办婚事。如果姑娘听到小伙子的呼唤，不同意对方爬楼，而小伙子一意孤行，就会招来兜头一盆水。

3. 叶为媒

云南德宏地区景颇族，植物叶子是爱情的象征。青年男女恋爱时，用植物叶子来互相表达情感，如果递上木鸡哈的叶子，表示对对方不满意；递上金同的叶子，表示你无论走到哪里，我一定要找到你；递上木克的叶子，表示我俩誓死在一起，永远不分离。

4. 花为媒

在布朗族，花是爱情的象征，如果小伙子相中了哪位姑娘，他就采摘美丽芳香的花朵送给她。如果姑娘有意就会接受鲜花，并把花插在头巾上，小伙子见了便与她约会。这种花为媒的婚俗，来源于一个美丽的传说：从前布朗族有个青年猎人，追逐一只金鹿来到密林里。原来这只金鹿是天神帕雅因的女儿变的。她爱上了这位英俊善良的小伙子，故意引他来密林倾吐衷肠。小伙子见此十分激动，心想用什么来表达自己的爱呢？这时他看见悬崖上长着一簇幽香的凤兰，正可摘来表达对姑娘的爱慕之情。当他探身去摘时，身子一歪，摔到悬崖下。姑娘飘飞而下，用仙水救活了他。于是他俩就结成了夫妻。从此送花就成了布朗族人表达爱情的方式。

5. 茶为媒

我国有许多少数民族都有以茶为媒的风俗。云南的德昂族在采茶的季节，青年男女便会邀约上山采茶。小伙子如果看上了哪位姑娘，就主动地靠上去帮她采茶，姑娘如果有意就会热情地与他交谈。几天后，小伙子就会托好友给姑娘送去一小包茶叶"传情"。姑娘要是愿意发展关系，就将茶叶收下，否则就委婉拒绝。拉祜族的男方到女方家说亲时，带去的礼物中必须有一包茶叶和两只茶罐，女方通过品尝男方送来的茶叶，来评判男方劳动的本领如何。辽宁、内蒙古的撒拉族在订婚礼品中一定有2公斤的茯茶一块。壮族男青年首次到女方家相亲时，姑娘要给小伙子敬一杯茶。如果茶中有糖，说明姑娘看上了小伙子；如果是淡茶，说明姑娘不同意这门婚事。苗族姑娘给小伙子沏茶时，茶杯中有四片茶叶，说明姑娘对小伙子有意；若茶杯中只有三片茶叶，表示姑娘拒绝。

6. 葫芦丝吹来心上人

葫芦丝，傣族语为"毕朗岛"，它是傣族小伙子最喜爱的民间乐器，是男女青年传递爱情的联络信号，几乎每个青年都有毕朗岛。葫芦丝吹奏的音乐优美而甜蜜，每当山寨静悄悄的夜晚来临时，傣族小伙子就会用葫芦丝吹起迷人的歌曲，召唤自己的心上人。

7. 相亲月月红

四川峨眉山有些农村地区，男女恋爱不兴女奔男追，而是采用特殊的月月红方式。第一次相亲多半在男方家进行，相亲结束时，男方用月月红来暗示自己的爱恋程度。如果男方给女方月月红12元时，表示基本同意；女方接受了就表示同意，否则为不同意。如果男方拿出月月红24元，表示相当满意，意为"好事成双双十二，发家致富月月红"。女方接受后，男方如再给女方60元，那就表示非常满意。因为60是峨眉山语"落实"的谐音，"落实"表示男方希望马上订婚。女方初次见面不能就"落实"，会羞羞答答地说"给我24元就够了"。

8. 炸开大门接新娘

白族人婚礼一般是三天。第一天为踩棚，第二天为正喜，第三天为回门。正喜日这天，由新郎同辈中的兄长把一朵大红绣球缚在新郎的左臂上，告示新郎：你已有媳妇了，不能再花心，要对新娘负责，过好小家庭的日子。然后有少则8对男女青年簇拥着新郎，一路吹吹打打去迎亲。来到女方家时，只见大门紧闭，这是娘家不让自己心爱的女儿离去的表示。要等新郎一伙吹奏的唢呐三起三落，或者等新郎从衣兜里摸出一个土炸弹，向新娘家的大门口掷去，发出惊天动地的响声，这时新娘家才把大门打开，用酒、茶、糖把迎亲的队伍请进去。迎亲的队伍吃好喝足后，新娘在催促下才由兄长抱出来，跟着迎亲的队伍到新郎家。

9. 佩刀提亲

贵州苗族说媒提亲的风俗奇特而有趣，分为佩刀提亲、杀鸡看眼、吊颈鸡（鸭）三个阶段。先是提亲人选定一个猪或龙的日子，只身一人前往女方家，不带任何礼品，只佩带一把象征提亲的古战刀。女方见佩刀人进家，热情款待，这时提亲人便婉转地称赞姑娘，并介绍男方的情况。女方父母听了介绍后，如喜欢就将古战刀收进屋里，不收进屋里就表示不同意。如果女方收下战刀，希望深谈，就要进行"杀鸡看眼"的奇特仪式。女方家拿出一只大公鸡，请提亲人看清是否健康，然后当众将公鸡杀死。如果公鸡的两只眼睛全睁或全闭，就意味着下一步可以订婚；如果是一睁一闭，女方家人会说：鸡眼不好，我家姑娘是不能去的。这时提亲人送上少量的银钱，作为对杀鸡的赔偿，马上提刀离开。如鸡眼好，经女方家征求姑娘的意见，再与提亲人经过几次商谈，选定日子到女方家订婚。订婚席办过后，提亲人临走时，女方家要送一只吊颈鸡（鸭），接受男方红包的女方亲友也要送一只。这些鸡(鸭)由女方家人杀死后用草捆着脖颈,给提亲人挑回去,俗称"吊颈鸡"或"吊颈鸭",象征订婚的成功。

10. 台湾婚姻谚语

台湾婚俗最有趣味性的是婚姻谚语,这些谚语充分反映了台湾婚姻风俗的多姿多彩。

(1)婚姻对男女双方的重要程度:○宁可无官,不可无婚。○男人最怕入错行,女人最怕嫁错郎。

(2)婚姻缘分:○一日夫妻百日缘。○花无错开,缘无错对。

(3)婚姻的条件:○门当户对,两下成婚配。○一钱二姻缘,三美四少年,五好嘴六敢跪,七皮八棉烂,九强十胚孔(皮,厚脸皮;棉烂,有耐性;强,积极出手;胚孔,硬要。)。

(4)适婚年龄:○男大不婚,女大不嫁,终会闹出大笑话。○男人三十一枝花,女人三十老人家。○女大不可留,强留必为仇。

(5)媳妇与家庭关系:○会做媳妇两头瞒,不会做的两头传。○丈母娘看女婿,米粉包鸡屎。○子哭爷娘惊天动地,女哭爷娘真情真意,婿郎哭丈人骆驼打屁,媳妇哭婆婆假情假意。

(6)婚姻变更:○贫贱之交不可忘,糟糠之妻不下堂。○一等官,二等客,三等寡妇惹不得。○有钱切莫娶后婚,一个床上两条心。○宁为屋上乌,不做房里妾。

(三)婚姻的礼仪程序

我国传统的婚姻礼仪程序,随着时代的变化,古今差异很大。传统的婚姻程序,在现今的社会中有所遗存,而更多的是变革。这种变革不仅是程序的简化,更有内容的更新。

1. 传统的婚姻礼仪程序

我国传统的婚姻礼仪程序,大约在汉代就已经形成,分为六个阶段,古称"六礼",即纳采、问名、纳吉、纳征、请期、亲迎。

(1)纳采。这是第一个阶段的议婚。程序是:男方请媒人提亲后,女方同意议婚,男方再备礼去女方家求婚。礼物是雁,雁是一种"木落南翔,冰泮北徂"的候鸟、随阳鸟。《白虎通》云:"贽用雁者,取其随时而南北,不失其节,明不夺女子之时也。又是随阳之鸟,妻从夫之义也。"按古礼,雁一律用活的。近代纳采求婚与问名仪式逐渐合并,也不再用活雁,而用家鹅或木雕大雁替代。

(2)问名。是求婚后托请媒人问女方姓名、生辰八字,准备合婚的仪式。媒人以谦虚的口吻询问女子名号,占卜男女生辰八字、命相阴阳是否相合,以决定成婚与否。占卜时要考虑年龄、生肖、五行等诸多禁忌。如属相相合的:"红蛇白猴满堂红,福寿双全多康宁","青兔黄狗古来有,万贯家财足北斗","黑鼠黄牛两兴旺,青牛黑猪喜洋洋,龙鸡更久长"。属相不相合的:"白马怕青牛,羊鼠一旦休,蛇虎如刀错,龙兔泪交流,金鸡怕玉犬,猪猴不到头","两虎相斗,必有一伤","女属羊,守空房"。后来的问名内容扩大到问门第、职位、财产以及容貌、健康等。

(3)纳吉。是把问名后占卜合婚的好结果通知女方的仪式,后世也叫"订盟",现在称"订婚"。订婚是婚礼中的关键仪式。从议婚到订婚的过程都要有一定的聘礼,多用戒指、首饰、彩绸、礼饼、礼香、礼烛,也有用猪、羊的。送定礼后就表明婚约已成,男方准备迎娶,女方准备遣嫁。

(4)纳征。又称"纳币",是订盟之后男方将聘礼送往女家,进入成婚阶段的仪式,又称为"完聘"、"大聘"或"过大礼"、"放大定"等。此时男方往往备有礼单,装礼品的箱笼由人挑抬,有的伴以鼓乐,在媒人和押礼人的护送下前往女家。

这项仪式中通常有回礼的做法,即将聘礼中食品的一部分或全部退回男方,也有的将女家赠男方的衣帽鞋袜作为回礼。

(5)请期。是婚前去女方家商定结婚日期时的仪式。俗称"提日子"、"送日头"。古代用雁,现代多用红纸请期礼书,或口头协商。婚期确定的规矩,一般是男定月,女定日,以避开女方经期。

(6)亲迎。是新婿亲往女方家迎娶新娘的仪式。亲迎礼是古今婚礼中最为繁缛琐碎的仪式。迎娶的前一天,女方要将嫁妆送往男家,嫁妆的多少以抬论。王府嫁女不少于120抬,贫者四抬、六抬,有的上不了抬的就雇几个人扛过去。亲迎仪式有两种:迎亲、等亲。迎亲用轿一律双顶,新郎乘一顶,另选全福小男孩乘一顶(名曰"压轿"),前往女家迎娶。等亲用轿一律用单顶,新郎于家门外迎候。迎亲队伍返回男家后,由门外进入室内全过程的形式最多,有迎轿、下轿、祭拜天地、行合卺(jǐn)礼、入洞房。其中绝大部分都是驱邪祝吉的仪式,如跨马鞍、过火盆、射邪气、坐床、吃子孙饽饽、闹洞房等。婚后第三天新郎伴新娘回门,亦叫"归宁"、"省亲"、"回门子"。

2.现代的婚姻礼仪程序

现代随着婚姻观念的变化、生活水平的提高和生活方式的改变,以及妇女社会地位的提高和经济地位的确立,婚姻礼仪程序发生了急剧的变化。现代人的婚姻程序大体是相会—恋爱—订婚—结婚。

(1)相会。现代恋人相识,一般都经过中间人的介绍,如亲戚朋友、同学同事、师父老师、邻居熟人的牵线搭桥,也有通过婚姻介绍所相识的。完全由自己交往相识的多是在同学、同事之间。经介绍人介绍相识后,多数情况下是男女双方向介绍人告别、致谢,两人逛公园、马路,或是男方邀请对方小坐茶馆,进一步地交谈。这时,双方的言谈举止十分重要。因为女方会用心地观察对方,了解他的性格、爱好和脾气;男方也会留心地观察女方的言语举止。初次见面,女方一般言语不多,含而不露,给人以文静贤淑的第一感觉,让对方产生爱慕之情。

(2)恋爱。初次见面相识后,双方觉得满意,就会进入谈恋爱的阶段。这个阶段时间的长短不定,短则个把月,长则数年。这是双方进一步增进了解、建立感情的重要阶段,也是考验双方感情的阶段。经过一段时间的交谈接触,如能符合自己的愿望,就确定男女朋友关系,进入上门看望对方父母的阶段。恋爱阶段,男女双方都会以自己的择偶标准来衡量对方,这是成功与否的关键。现在城市里的青年择偶的标准主要有四类。

事业型　男女双方都有共同的价值追求,而不是满足于一般的世俗观念和物质享受。女方希望男方有知识有学问,事业上有上进心;男方也认为女方应有一定的学识,在事业上能做自己的帮手和支持者。这种类型的男女双方,一般是知识层次较高者。

物质型　看重物质条件,男方希望对方兄弟姊妹少,家里没有经济负担;女方希望对方及家庭有富足的经济条件,有稳定的经济收入。

实惠型　男女双方都比较注重人品,着眼于将来的长久生活。男方希望对方善于操持家务,有一定的经济能力;女方希望对方能做家务事,有家庭的责任感,善于体贴人。

交际型　男方追求女方的外表时髦,长相漂亮,会交际;女方追求男方的外表潇洒,有风度,甚至对身高都有一定的要求。

(3)订婚。男女双方上门拜访对方的父母,这时双方的关系已基本确定。男方见未来的岳父母,要送比较贵重的礼物,如烟、酒等;女方到男方家没有什么要求。上门看父母,也有征求他们意见的意思,但父母的意见并不重要。如果双方父母并不反对,就准备操办婚事。先要确定结婚的日期。这个阶段最为重要的事就是设置新房,置办家具。一切准备妥当之后,就进入最后的程序——结婚吃喜酒。

(4)结婚。结婚是人生的重要阶段,它标志夫妻生活的开始、新家庭的建立,正式结束了单身的生活。在整个的婚姻礼仪程序中,这是一个最隆重的高潮阶段,以婚宴酒席为主要的内容。举办酒席前,要向参加婚宴的亲戚朋友、同事同学送请帖,他们收到请帖后准备红包。酒席一般在晚上进行,城市里的婚宴都在酒店宾馆里举办,农村大多数在家里操办。宴毕,客人大多要去看新房,平时要好的朋友同事要闹一番洞房。客人散后,蜜月就从此开始了。

三、传统的家庭习俗

结婚成家后,生儿育女,在一个独立的生活空间里,过着家庭的生活。由此一家人的生活、工作、学习、交往等所有的事情,都同这个家发生密切的关系,从而形成了家庭的民俗事象。家庭是社会的细胞,是构成社会的最小单位,又是社会民俗的发源地和传承单位,因而家庭民俗是社会民俗的重要组成部分。传统的家庭民俗事象,主要表现在家庭结构、生活方式、成员关系以及家风、家世、家教、家长、家谱、宗祠等。

(一)家庭结构

中国的封建家庭追求的是几代同堂,家大人多,显示一个家族的兴旺发达。过去民间的家庭,一般是三代、四代同堂,形成几口或十几口人的中小家庭。我国当代的家庭结构发生了很大的变化,成为1+1⇒3的两代人模式,即三口之家。城市家庭的子女结婚后就另立门户,离开父母而独立生活;农村的青年一旦结婚就会分家独立,过自己的小日子。这是由于在商品经济的社会里经济利益的作用,家庭的主要成员都有独立的经济掌管权和支配权。家庭单元越小,就越能调动积极性,减少纠纷和矛盾。

(二)家庭成员

我国封建大家庭几代同堂,家庭成员之间的关系非常繁杂,而基本的成员关系有:

1. 父母与子女

这是血缘关系最近、最密切的家庭成员。在过去的大家庭里,还有祖父母与儿孙的成员关系。父母对子女有法律上的监护权,有抚养、教育子女的义务,直至子女长大成人。子女有赡养父母的义务,孝敬服侍父母,有父母的财产继承权。

2. 丈夫与妻子

夫妻的关系是随着婚姻关系的确立而产生的,双方是平等的关系,共同承担家务、抚养子女、支配经济。而我国的封建社会则是夫为妇纲,妻子成了丈夫的私有财产,可以随意打骂、任意处置。过去妻子没有经济支配权,因而出现了妻子的私房钱;现在却出现了相反的现象,有些家庭的经济权掌握在妻子手里,丈夫为了必要的交往应酬而又要避免与妻子的矛盾,于是就出现了丈夫的私房钱。

3. 兄弟与姐妹

多子的家庭,由于父母的离异和再婚,出现了多种关系。同一个父母所生的为同胞兄妹,长兄地位高;同父异母的子女,在世俗的观念中,继母对自己亲生子女的感情要重于对前妻子女的感情;同母异父的子女,一般的情况下没有异样的对待。

4. 公婆与媳妇

旧时代的媳妇是服从公婆的,公婆不喜欢的媳妇,有权把她赶出家门,造成了不少夫妻分离的悲剧,陆游与唐婉的悲剧就是一个典型。新时代公婆与媳妇之间的关系是互敬互爱的平等关系。

(三)家庭教育

家庭是一个特别的学校,其教育功能是社会上任何形式的学校所不可替代的。尤其是在封建社会,一个人的一生大部分时间是在家庭中度过的,家庭的教育决定了一个人一生的前途命运。现在的孩子接受教育的途径虽然很多,但在成长的整个阶段受到父母家庭的影响是很大的。所以中国自古以来就非常重视家庭的教育,出现了家教方面的教材,如颜之推的《颜氏家训》、朱柏庐的《治家格言》等。中国的父母对子女的教育特别用心,所谓"可怜天下父母心"。做父母的总是希望子女"成龙成凤",功成名就的父母希望子女像自己一样出人头地,一生贫寒的父母希望子女将来富裕,身处社会底层的父母希望子女成为人上人,因而在家教中形成了灵活多样的教育方法。

1. 早抓教育

一般的孩子在开始学语时,家长就开始有意识地进行教育了。到了三岁左右时,就正式地教孩子识字、背诗。所谓的神童、少年大学生,无不是从幼儿抓起的。历史上还出现过"胎教",《颜氏家训》说:"古者圣王有胎教之法,怀子三月,出居别宫,目不邪视,耳不妄听,音声滋味,以礼节之。"

2. 言传身教

幼儿时期的孩子,辨别好坏的能力差,而模仿的能力强,所以父母的言行对子女会产生直接的影响,做父母的行为要端正、语言要优美、说话要算数。春秋时代"曾母杀彘"的故事,就是一个言传身教的典型范例。

3. 因材施教

这是孔子办学的教育方法,家庭教育也是如此。父母一般根据子女的兴趣爱好,有针对性地进行教育,容易教子成才。李时珍小时候受父亲的影响而喜欢医学,他父亲起初不同意,后来发现他对医学特有兴趣,就改变了主意,教他学医学知识,终使他成为著名的医学家。

4. 重视环境教育

孩子对周围的环境,通过耳闻目睹而受得了潜移默化的教育,所以做父母的总是为了孩子而选择比较安静、淳朴的居住环境,要求孩子与好伙伴、好同学交往。俗话说:"跟好学好,跟狗学咬。"孟子的母亲为了给孟子营造一个良好的读书环境,曾三次搬家。孟母三迁已成为千古美谈。

(四)家风家规

家风是指一个家庭世代相传的道德准则和为人处世的方法;家规是一个家庭的道德和行为的规范,世族之家形成了一定的家规条文,平民之家为约定俗成的一种惯制。家风的好坏决定了家庭成员的为人处世、立足社会的成败。对那些无规矩、没礼貌的人,人们总是斥之为"失去家教"、"没有家教"。古往今来总有个别家风不正、世代作恶的家庭,如道德败坏、嗜赌成性、偷盗抢劫、挥霍无度等,这种危害社会、败坏风气的家风必然被世人所鄙视和愤恨,在社会上受孤立。所以重家风是中国的优良传统,西晋潘岳有《家风诗》说"义方既训,家道颖颖,岂敢荒宁,一日三省",《颜氏家训·风操篇》专门讲重视家风的道理。正是世代重家风、重家教,形成了中华民族的良好民风,构成了我们民族优良的传统文化。我国古今普遍的家风有:勤俭持家、尊老爱幼、和睦谦让、乐于助人、吃苦耐劳、爱国爱家以及禁止打架斗殴、酗酒赌博、偷盗奸淫等。

(五)家谱宗祠

家谱,是封建家族记载本族世系和重要人物事迹的书。新中国成立后中断了几十年,近年来又兴起了修家谱的风气。家谱具有以下几个特点。

1. 内容详细

一个家族所有的事象尽在家谱之中,所以家谱被称为"家族百科全书"。它详细地记载了整个家族已故和现存的每个成员的名号、婚配、生育、享年、墓地、世系源流、血缘关系;族田的数量、范围,族墓的地点、方位,宗祠的位置、结构以及族规等。

2. 不断续修

家族在不断地发展,家事在不断地变化,所以家谱就要不断地续修补充。修谱的时间长短不一,短则10年,长则30年。每次修谱前要通知迁居异地的族人回祖籍参加续谱,举行隆重的修谱仪式,修谱的费用由各家分摊。续谱结束时,要举行禀告祖先的仪式,然后把家谱分发各家保存。

3. 记事体例

家族成员一律依男子辈分的高低排列,只见父系血缘的延续。个人事象的记载详略有别,对荣宗耀祖的名臣名士、孝子烈妇等作详细记载,有的还附有他们的画像、传记、著作、墓志等。

4. 作用和价值

家谱的作用对一个家族来说是很大的。第一,详载家族中的名人事迹,对后代子孙能起到极好的教育和鞭策作用。第二,家谱理清了历代成员的血缘关系,能防止本族成员的血缘关系发生混乱,有助于族长、家长全面了解情况。第三,有助于增强家族的凝聚力,增强家族成员之间的团结。第四,家谱的社会作用,主要是为研究历史人物提供可贵的史料。

宗祠,亦称"祠堂",这是一个家族的象征。宗祠是祭祖、族长处理宗族事务、执行族规和教育本族子弟的场所,族人的婚礼、冠礼、丧葬礼等也常在宗祠里举行。

(六)家思乡情

家庭是一个人生活的基本单位,家庭的命运就是个人的命运,因而产生了人对家庭的依赖关系。由此而形成了人们对家庭的浓郁情感,所谓安土重迁、叶落归根,已成为根深蒂固的乡土之情。孔子早就说过:"父母在,不远游。"汉末王粲在《登楼赋》中说:"人情同于怀土兮,岂穷达而异心。"自古以来,"背井离乡"对中国人来说是人生的一大悲事。唐代诗人贺知章在天宝三年(744)告老还乡时,已是86岁的老翁了,他离开家乡50多年,世事沧桑,人生易老,无限感慨涌上心头,写下了思乡念家的千古佳作《回乡偶书》二首:"少小离家老大回,乡音未改鬓毛衰。儿童相见不相识,笑问客从何处来?""离别家乡岁月多,近来人事半消磨。唯有门前镜湖水,春风不改旧时波。"

古人是这样,今人何尝不是如此呢!毛泽东自参加革命离开家乡韶山32年之久,直到1961年才回到故乡,写下了"别梦依稀咒逝川,故园三十二年前"的名句,抒发了思乡的痛苦心情。他回到了离别32年的家乡,一住就是30多天,与家乡父老促膝谈心,品尝家乡的南瓜粑粑,倍感亲切、香甜,并希望在垂暮之年能回到家乡定居。著名作家巴金年过八旬,在家人的搀扶下回故乡四川成都,倾吐着心声:"我多么想再见我童年时期的脚迹,我多么想回到我出生的故乡,摸一下我念念不忘的马房的泥土。"

家庭是社会最小最基本的单位,也是民族的重要组成部分。家是离不开民族和国家的,没有民族,没有国家,就没有家,因此家乡情与民族情是相交融的。2005年,台湾岛亲民党主席宋楚瑜回大陆时,首站选在陕西黄帝陵,这是民族情;第二站选在家乡湘潭,这是家乡情;第三站选在北京,这是中国情。可见家思乡情是一根感情的纽带,凝聚着中华儿女、海外赤子的爱家乡、爱民族的深情,这是中国民俗中最有人情味的一种文化现象。

四、奇特的丧葬习俗

死亡是人生的终点,对于死者来说,人的一生结束了,潇洒地走了一趟,又回归到生前"无"的境界。死者"无情"地走了,留给活着的人们的是哀悼、怀念,由此产生了丧葬的民俗事象。从出土的古代墓葬考察,在2万年前就已经有完整的丧葬仪式了,1万年前死者尸旁已放有装饰物、食品、生产生活用具。

(一)丧葬的类型

我国各民族传统的丧葬习俗,类型多种多样,最基本的类型是土葬、火葬、水葬、风葬、天葬,变异的形式有洞葬、悬葬、塔葬以及复合型的安葬。

1. 野葬

这是最原始的一种丧葬方式。"葬"字的原始义是藏死人尸体于草丛中,《说文解字》释:葬,"藏也,从死,在草中,一其中所以荐之"。葬,就是把死人放置在草丛中垫子上,再盖上一些草。这是对野葬极其形象的解释。原始时代的人在衣不蔽体、食难饱腹的艰难生活中,人死了,还没有入土安葬的意识,只是放置野外,任其自然毁灭。这可视为天葬的最早方式。孟子说:"盖上世尝有不葬其亲者,其亲死,则举而委之于壑;他日过之,狐狸食之,蝇蚋姑嘬之。"

2. 腹葬

就是将死人尸体的肉由家人分食吃掉。这种令人闻之震惊的葬法,几乎使人难以置信,而据文献记载,这种葬法确实存在过。《墨子·节丧下》记载:"轶沐之国"有吃死者尸体的习俗。国外亦有原始部族亲人死后要举行"人体圣餐礼"的记载。对于腹葬原因,有一种解释是"分食亲者肉"是一种亲情,表示"永不分离"。

3. 土葬

这是我国最为普遍的传统丧葬形式,不仅汉族以土葬为主,而且大部分少数民族也都以土葬为主要形式。土葬的基本方法是:用棺木盛尸,挖墓穴,埋入土中,以土丘为标记。这是人类从野葬到土葬的一个发展、一种进步。我国现今发现最早的土葬在北京周口店山顶洞内,距今约18000年。到新石器时代土葬开始普及。现今山区农村仍然是以这种丧葬方式为主。

4. 火葬

这是聚敛薪柴举火焚烧的丧葬方式。我国火葬的历史源远流长,1945年甘肃临洮县史前遗址出土一个盛人类骨灰的灰色陶罐。云南的彝、纳西、藏等少数民族都曾采用火葬。在藏民中火葬是高层的葬式,活佛、大喇嘛及僧俗中有资产者,才能举行此种葬式。

我国各民族的火葬方式富有个性特色。蒙古族在火化后把骨灰撒在山河之中,满族把骨灰埋入土中,鄂伦春族的火葬仅限于孕妇和暴病而死的妇女。尤为特别的是彝族的火葬:人死后祭奠三天才移尸火化,火化时,尸须蜷曲,男仰卧,女侧卧,架起木柴放火烧,而后掘坑将骨灰包以茅草,放在坛中埋葬。有的垒坟堆石,堆石周围再砌一圈石头。也有的火化后,将余灰放在罐里,放到岩洞中。

传统的火葬与当今的火葬不同,那是一种灵肉升天的丧葬观念。彝族《送魂经》有这样的描述:"依洒平地处,焚尸送亡魂。烧柴进森林,架来堆码起。舅舅走过来,伸手抢姐夫:抢到柴上坐,轻声告姐夫,柴堆黑森森,恰似豹子皮。如今坐上边,切勿生惧怕……今天轮到你,烧了魂飞去……肉已被焚化,气已变成雾。肉化变成地,血液变成雨。剩下无影魂,随烟飘离去。"

5. 风葬

又称"树葬"、"挂葬"、"悬空葬"。这是悬于树上随风吹化的一种丧葬方式。风葬多流行于少数民族地区,而葬法不一。珞巴族的风葬有三种:(1)在一棵大树的树干上挖一个能容尸的槽,装入尸体及随葬品。(2)在树杈处用树枝捆扎一个平台,在台上搭一个小棚,把尸体放在上面。(3)把尸体以端坐的姿势放在竹筐里,捆放在树枝上。苗族的风葬方式是:(1)将木棺放在深谷山林中,任其风吹雨打。(2)将木棺悬置在崖壁上。(3)利用树木架棺而葬。侗族为死婴举行挂葬,他们认为死者经过风吹雨淋,日射月照,灵魂能变成星星,给后人带来希望和光明。

6. 水葬

这是将尸体投入江河湖海中的一种丧葬方式。水葬的方式各地不同。有的将死者的头和膝盖捆在一起,双臂插在膝弯中,由司葬人背到河边,肢解后投入水里。有的将死人盛在木匣内,送至江水急流处,再打破匣子,抛尸入江。有的把水葬场看成坟地,葬时高声喧嚷,重脚重手作冲开门势,葬毕返身在路口上画"×",表示封闭,并念念有词:"乌鸦的头没有变白之前,你莫产生回村的念头;蛤蟆未能爬到树梢之前,你不能冲出坟门。"沿海地区称"海葬",有的把尸体直接投入大海,有的把木棺放在海滩上,利用涨潮把木棺冲入大海。现代多对航海死亡者在举行仪式后,投入大海中施行水葬。也有的在火化后,再将骨灰撒在江河湖海中。

7. 塔葬

这是佛教徒丧葬的方式,起源于原始佛教以塔安置佛徒舍利子或佛徒指发的风俗。塔葬有三种:(1)将火化的骨灰埋葬在砖塔内。这是最普遍的葬法。(2)将骨灰盒或部分遗骸如头盖骨、肱骨、股骨等,放在被称为灵塔的塔瓶之内。(3)在塔瓶内安放经过药物处理的整尸和死者的生前用品。西藏的活佛或高僧死后,先用水银和色拉香料冲洗肠胃,继而分别用樟脑水和藏红花水灌洗两遍,再用檀香木水和樟脑及藏红花水通擦尸体表皮,最后用丝绸包扎,穿上袈裟,置于塔瓶之内,认为用此法处理,尸体经久不腐,而且皮肤柔软如生。这种葬法就是药物存尸法。

8. 悬棺葬

有的列入风葬。其实这是一种有别于风葬的奇特丧葬习俗,是将木棺悬空置于高百米左右的悬崖绝壁上。这种丧葬方式主要分布在东南沿海、西南地区。将重达几百斤的木棺放置到百米高的悬崖绝壁上,方法主要有两种。一是栈道法:在悬崖距江面高度不大的情况下,从地面往上沿崖面打洞插桩,架上横木成栈道,通过栈道升置悬棺。长江瞿塘峡存有升置悬棺用的栈道遗迹。二是悬索下柩法:从山崖背后或侧面较为平缓的地

悬棺葬

方,将木棺运到悬崖的顶部,再从山顶将木棺吊下去。

悬棺葬具安置的方式:有的架在悬崖木桩上;有的将木棺的一头置于洞穴中,一头置于绝壁的木桩上;有的置于绝壁上的洞穴里(自然洞穴或人工开凿的洞穴)。现在川贵一带的悬棺葬成了旅游观赏的风景线。

9. 白云葬

这是旧时汉族葬式之一,流行于江南地区。人死入殓后,如因故未能落葬时,将棺材放置野外田头暂葬。农村厝于田头,为避风雨,用砖瓦就棺材大小砌成小屋亭,白墙黑瓦,棺材置其中,等若干年后再入土安葬。此种丧葬方式俗称"白云葬"或"柴包棺材"。

10. 复合葬

复合葬是指先后采取几种形式处理死者尸骸。其方式有:(1)先火葬再水葬。(2)先火葬再土葬。(3)先火葬再岩穴葬。(4)先树葬再火葬。(5)先树葬再土葬。(6)先土葬再树葬。(7)先土葬再火葬再水葬。

此外,因葬具、葬法、葬地的不同,还有许多丧葬方式,诸如合葬、近葬、远葬、返葬、改葬、草灰葬、屈肢葬、瓮葬、石棺葬、屋顶葬、天葬、拾骨葬、陪葬、殉葬、乘凶葬、熟葬、槁葬、迁葬等。

(二)丧葬的程序

我国民间传统的丧事程序主要有:送终、停尸、招魂、吊丧、入殓、下葬。

1. 送终

病人在弥留之际,家属环侍床前目送,小辈要跪在榻前。也有长子扶父跌坐,俗谚"晓得死,爬起坐",谓坐着死去。有死者坐化灵魂可升天之说。送终以子女到齐为福气好,倘有儿子尚在途中未赶到,有为临死者灌参汤,以延续时辰。待一断气,俗谓咽下最后一口"海底痰",家属方可号哭举哀,旋即焚烧锡箔纸钱,谓之"送盘缠"。

2. 停尸

人死后第一个仪式,就是把死者移放在规定的地方。移尸由长子捧头,幼子扛脚,移尸于中堂或堂前间的木板床上。移尸过天井,则要撑伞遮住,谓尸不见日。移尸时眷属跪送不许哭,防泪水滴尸。移妥,于死者脸上盖一块白布,俗称"盖面白"。脚后点油灯一盏,谓给死者照明,俗称"脚后灯"。停尸后眷属方可哭啼,并将死者睡的席子及其他杂物焚烧于三岔路口或河埠头,俗称"燃荐包"。有的在停尸时举行洗尸仪式,老人逝世,孝子撑伞、挈桶至水井或河边焚化纸钱并汲水,用新毛巾擦抹死者,谓"买水浴尸"。一般是儿子浴父尸,女儿浴母尸。也有在河埠头或向井中丢下一个铜钱,佯装打水,佯装为死者沐浴。浴毕,为死者梳发整容,修剪指甲,换穿寿衣。亦有临终前换上寿衣的。

3. 报丧

亦叫"报死讯"。报丧者标识为倒挟一把雨伞,低头赶路,途中不与人交谈,到要报之家,将伞柄朝下放置门外,以示凶信,告知简要情况及入殓日子即走。有的地方待报丧人一走,即在大门口砸碎一只碗或一块瓦片,意示百病消散。

4. 守灵

亦称"吊丧"。设灵堂,悬孝幔,摆灵位,焚香燃烛,做灵前羹饭。孝子等眷属卧在尸侧草荐(草垫)上,谓之"陪尸",到大殓(落材)再轮流守灵,直到出丧。守灵时,死者眷属穿孝服,给来吊唁亲眷分白布孝服。孝服有区别。孝子孝孙穿麻衣,着蒲鞋,腰束草绳,头戴"三梁草冠";孝孙于帽檐扎一块圆形红布,以示孝中有吉;侄子辈戴"二梁草冠"。嫡亲,男者戴"白帽头"圆顶,远亲戴方顶;女眷戴孝兜,状如披风,有长有短,女儿、媳妇所戴最长;一般女眷亦戴白包头。族内本家晚辈穿麻衣,同辈则穿白衣。

5. 入殓

人死后停尸时间一般择单日,为三日、五日、七日,俗称"几日排场"。入殓时,用稻草灰、石灰铺棺材底,摊上材席,放置头枕、脚搁,称"元宝枕"。由孝子捧头扛足,帮忙者四人抓起兜尸被的四角,纳尸入棺,俗称"落材"。尸脚须碰着棺材板,并要说一声"脚踏实地"。尸体周围放24包或32包石灰,俗称"包头",死者生前所爱的器玩,连浴尸时剪下的指甲用纸包好一并纳入,忌放镜子。然后依次叠盖眷属亲友所送"重被",由执事者两人一呼一应,盖一条要喊一声是某人所送(如同今日报送花圈者名单)。一人一手拿升(米升),另手拿斗(米斗),向棺材内佯装倒物,边倒边吆喝"黄金一升",另一人答"有!"继喊"乌金一升"、"白银一升",均以"有"、"有"应之。俗称"金木水火土,三斗三升足",谓可让死者安心入木。盖棺前揭开盖面白,谓见亲人,让亲人最后一见。合棺盖敲梢钉封棺时,亲人须抚摸棺材,谓可减轻死者疼痛。殓成,眷属号哭,并围棺拉成圆圈,绕行数周。最后做入木羹饭,孝子孝眷亲友分批跪拜祭奠。有的即日或次日出柩,有的择日出殡,并系好绳索、备好棺杠。棺杠俗称"太平杠"。

6. 出殡

俗称"出丧"、"送葬"。出殡时灵柩上盖条红被面或红毡条,抬柩者有4人、8人,多至16人。抬柩出门,门外孝子须跪着进酒三杯,执事者高呼:"醮——杠!"哭声骤止,醮杠者念醮杠词:"生也空来死也空,生死如同一梦中;生是百花逢春发,死是黄叶落秋风。"随后高呼:"开肩,升炮!"百子炮、炮仗齐放,鼓钹大作,称"引路炮"。抬棺上路,富家多以方相即开路神为前导,两只大灯笼,左右两面引路幡各写"魄归窀穸"和

"魂返家堂"。出丧敲锣有定规,匀锣敲9下,接紧锣4下,合称十三记锣。有一人提小灯笼,放小炮仗,分地路纸钱。随后有人提纸扎为仆婢状的童男童女及其他冥器。女婿手捧神主牌位,坐魂轿内。再是像亭,亭内悬遗像。其后是灵柩,孝子、孝孙、孝侄等披麻戴孝,手扶两尺丧仗棒,在孝帐内躬身而行;也有不置孝帐,则随柩躬行。送葬亲族殿后。灵柩过桥,孝子先过桥跪迎,还要呼一声:"过桥啦!"待灵柩过后再起行。途中逢亲友祭奠,则歇柩受祭,孝子叩谢,称"路祭"。

7.下葬

柩至墓地,先祭山神土地,祈神庇佑。孝子率送葬者先左后右绕墓地三圈,而后启墓门,用芝麻秆、点心食品烘墓穴,谓之"暖圹"。纳柩于域,有藏墓志铭(石砖)者,掩封墓门,覆土墓顶,焚冥器、草冠等于墓侧,倚丧仗棒于墓前。送丧者一般半途即回,至亲送至坟山。回程循原路,进丧家门须跨越门前燃烧着的稻草堆,俗称"燀草马"。送丧者离开丧家不须告别,丧家也不送别。待丧事后孝子择日分赴亲友家谢孝,按亲疏、地位、人情不同送谢帖和谢礼,一般不入被谢者家。

8.做七

按死者亡日算起,每隔七天做祭奠羹饭,叫"做七"。其中以头七、五七、七七为大七。五七则谓死者在望乡台,有不吃家乡饭之说,由女婿祭奠。至七七,称"断七"。在七七四十九天中,如遇初七、十七、二十七相重,称"重七",须补做一次,延至做百日、做周年,至三周年止。

现在的丧事从简,提倡火葬,丧事的仪式为:报丧、停尸殡仪馆、开追悼会、戴黑纱、送花圈、向遗体告别、火化。近年也有按逝者遗愿不举办丧事的。在某些农村山区,传统丧俗复行,坟墓越做越好,丧事大办,巫师招魂。这种做法不仅耗资颇多,而且迷信色彩甚浓,不予提倡。

(三)死的观念

我国传统的死的观念是十分浓厚的,带有很重的迷信色彩,特别是上了年纪的人,往往想入非非。具体表现在以下几个方面。

1. 死前预备

上了年纪的人,感到死日临近,一般要做四件事。(1)做寿衣。年纪大的人在生前就把寿衣做好。寿衣由子女来做。衣袖要长,把手完全盖住,据说手如果露出来,将来儿孙要讨饭。(2)做寿材。有的农村人三四十岁时就把寿材做好了。(3)做寿坟。生前请风水先生选好墓地。(4)立遗嘱。明确财产分割,免得死后产生纠纷;遗嘱一般以文字为据,有的还经过法律公证。

2. 死前预兆

死前的预兆多表现为奇异的现象,如"夜里狗悲吠或鬼叫"、"本人夜梦坐轿"、"本来有力气的人,突然没有力气,却并非生病"。谚语说:"要死格(的)没有气力。"

3. 年龄与死亡

人的死亡有几道年龄关。九是个关,逢九者虽不死,也要生病;六十六岁有个关,俗语说"年经六十六,阎王要吃肉",有女儿的老人,只要女儿拿66块猪肉来给他吃就可以过关;七十三、八十四有个关,俗语说"七十三八十四,阎王不请我自去"。相传孔子是73岁死的,孟子是84岁死的。圣人都过不了这两关,何况一般的人呢。

4. 死亡善后

民间风俗认为,人死后的阴府生活与生前的所为有因果关系:生前专事谎骗、搬弄是非的人,死后要割舌;多妻或多夫的人,死后要锯开来分配;淫荡的人,死后要抱火梁柱;生前好吃牛羊猪肉的人,死后牛羊猪会反要吃他;生前不烧香拜佛的人,死后要走黑暗之路。

(四)丧葬禁忌

丧葬,对于活着的人来说,既是对死人的妥善处理,也是对自己的预示,或是一种警告,因而非常注意丧葬期间所出现的一切事象,怀着避凶趋吉的心理,于是产生了种种禁忌习俗:死人初绝气时,要把家中的猫缚起来,认为猫如从尸上跃过,会发生尸变。报丧者无论晴雨均须带伞,因死者的魂是躲在伞内跟着去的;伞拿在手里,伞柄必须向前。给死人梳头时,用毛纸放在下面接着,叫作"接发",发即发财。盖脸纸时,等家人到齐后方可盖,不齐不能盖。因为盖了之后直到入殓时才能用扇子扇去,不能用手揭开。俗语说:"我前世揭你盖脸纸。"尸体收殓入棺时,凡属生肖与死人相克的人,一律不得在旁视殓,要回避以相冲。孕妇也不得视死人入殓,不得听到棺木钉钉的声音。棺木盖棺下钉时,子孙孝眷齐声喊:"进!进!进!"声震远近,以为进财之兆。死者倘有妻或夫尚健在,入殓时用的枕头要低,低到看不见自己的脚。否则是要来叫他的妻或她的夫一同去的。或者用小纸人一个纳在棺内,以代活人,否则怕伤活的配偶。春节到丧家贺年,不能说"恭喜",误言则为大忌。

第七章　民族节日令人神往

什么是节日？简而言之，就是具有特定的活动内容和特殊意义的日子。乌丙安先生解释："节日作为一种民俗事象，它是一个比较宽泛的概念。它是一年当中由种种传承线路形成的固定的或不完全固定的活动时间，以开展有特定主题的约定俗成的社会活动日。"①

多彩的民众生活，形成了多彩的民俗节日，从而又丰富了民众的生活。随着社会的发展，人们精神生活的需求越来越高，于是对节日产生了一种依赖性。在传统方式的生活中，人们总是期盼着春节的团聚、端午的热闹、中秋的团圆；在现代生活中，人们又期盼着"黄金周"的长假。过去人们对节日的期盼偏重于物质生活，而当今的期盼偏重于精神的需求。

一、多样的节日类型

我国节日形成的原因，除了源于季节气候以外，还源于历史事件、人物事件、宗教事象等，这就形成了民俗节日类型的多样化。关于节日的类型，目前主要有下列几种分类方法。

---

① 参见乌丙安著《中国民俗学》，第17章，311页，沈阳：辽宁大学出版社，1985。

按民族来分,有本民族的和跨民族的节日。如泼水节、花儿会、爬坡节等,这是本民族独特的节日;春节、端午节、中秋节等,这是全国性的跨民族的节日。还有外来的跨民族跨国家的节日,如近年来在中国盛行的圣诞节、母亲节、父亲节、情人节、愚人节等。

按地区来分,有本地区的和跨地区的节日。跨地区的节日有全国性的和世界性的,如春节、中秋节等是全国性的节日;三八妇女节、五一劳动节等是世界性的节日。地区性的节日,近年来全国各地所举办的地方文化节,如安徽淮南的豆腐节、哈尔滨的冰雪节、山东潍坊的风筝节、江苏宜兴的陶瓷节、南通的民间艺术节、洛阳的牡丹节、长沙的烟花节等。

按时代来分,有传统的和现代的节日。我国传统的节日数量最多,分布也最广,每个民族都有自己的传统节日,如汉族的春节、苗族的芦笙节、瑶族的赶鸟节、白族的三月街、彝族的火把节、傣族的泼水节、仡佬族的拜树节、锡伯族的抹黑节、阿昌族的撒种节、哈尼族的苦扎杂节、水族的铜鼓节等。

现代的节日如全国性的教师节、护士节、记者节、植树节,还有各地方新兴的各种文化艺术节。

按庆祝对象来分,有少年的节日,如六一儿童节、彝族的娃娃节;有青年人的节日,如五四青年节;有老年人的节日,如重阳节、朝鲜族的老人节。

按内容来分,可把节日分成八种类型。这是最基本的分类方法,它能涵盖所有的节日,从这一角度最能看出我国民俗节日的丰富性。

1. 农事节日

农事节是以农林渔猎的生产活动习俗为主要内容的节日。这类节日是农业生产活动阶段的重要标志,往往是以一定的祭祀活动来表现的。最为突出的就是二十四节气的节日,农民的农业生产进度基本上是依照这些节日来安排的,因而对其重视的程度,并不亚于春节、端午节等传统佳节。如立春时节,全国各地都举行春耕活动仪式。汉族在立春日要举行"迎句芒神"和"鞭打耕牛"的活动。句芒神是主管树木的(农事)神,其形象是"人面鸟身,乘两龙"。每年的立春日,由人扮演此神,神头由木雕成。在举行迎春活动中,牵牛或驱牛而行,象征木帝督促牛努力耕种,预示来年丰收。若立春在农历十二月十五日前,则人在牛前,表示农事早;若立春在岁末年初,则人牛并行;若立春在农历正月十五前后,则人在牛后,表示农事晚。

此外,少数民族的农事节日有:壮族的春耕牛王节、鄂温克族的畜牧生产米阔勒节、苗族的虾子节和杀鱼节、彝族的采药节、景颇族的采草节等。

2. 庆贺节日

这类节日是以喜庆活动为主要内容的,最突出的就是年节。我国各民族都有自己的年节。汉族、蒙古族、满族都从农历十二月二十三日进入过年活动。汉、满族叫"过小年",蒙古族叫"年火"。藏族在十二月二十九日晚,全家团聚吃土粑,称新年为"洛萨而"。塔吉克族的年节奇地前笛尔节,在三月间举行。珞巴族的年节各地不一样,有的在藏历十二月十五日,有的在二月,而庆祝丰收的节日主题是一致的。羌族的年节在农历十月初一,全家团聚,祭神祖,唱酒歌,跳锅庄舞。独龙族称过年为"长秋哇"或"农瓦德路",约在十一月至十二月间举行。拉祜族称过年为"扩塔节",在农历正月初一至十五举行。哈尼族的年节以农历十月第一个辰龙日作为岁首,约5天。水族称年为"借端节",在农历八月下旬至十月上旬之间。

3. 祭祀节日

这类节日是以祭祀天地神、祭祀祖先、祈福驱恶为主要内容的信仰节日。如我国各地盛行的清明节祭祖扫墓、农历七月十五日中元节俗称"鬼节"、腊月二十三(四)日的祭祀灶神。少数民族又有自己的祭祀节日：广西龙胜壮族有祭祀五谷的保护神莫一大王的莫一大王节，亦叫"五谷庙节"；瑶族有祭祀祖先盘王的达努节(俗称"盘王节")，时间在农历五月二十六日至二十九日；景颇族为祭祀天鬼木代而举行的木脑节，祈求木代鬼保佑人畜平安、五谷丰登，一般 3~5 年进行一次，在农历正月十五后 9 天之内；蒙古族有传统的祭祀保护神敖包的盛大节日敖包节；彝族的火把节是祭神祭田、送崇除邪的节日。

4. 纪念节日

这类节日是以纪念重大的历史事件或重要的历史人物为主要内容的节日。传统的纪念节日有：纪念屈原的端午节，纪念藏族历史上著名的修建铁索桥的大师唐东结波的藏戏节，锡伯族纪念本民族从沈阳迁居到新疆察布查尔的日子(农历四月十八日)的杜因拜专扎坤节，侗族纪念明代侗族起义英雄林宽的林王节等。现代的纪念节日不断地出现，如五四青年节是纪念五四运动的，护士节是纪念近代医务护理学创始人南丁格尔的。

5. 宗教节日

这类节日是指宗教组织派别活动的节日，与祭祀节日是不同的类别。我国主要有三大宗教节日。我国本土的道教节日有老君圣诞、玉皇圣诞、蟠桃会(王母娘娘生日)、吕祖圣诞、妈祖节等。佛教节日有浴佛节、涅槃节、成道节等。伊斯兰教节日有开斋节、宰牲节(古尔邦节)、圣纪节等。

6. 社交游乐节日

这类节日的主要内容是通过游艺活动进行社会交往。我国各民族都有自己民族的游乐节日，如白族在农历四月二十三至二十五日举行的绕山林、苗族在农历三月下旬举行的爬山节、侗族在农历七月二十日举行的赶歌节、仫佬族的走坡节、蒙古族的那达慕大会等。

7. 商贸节日

这类节日的主要内容是商品贸易活动。传统的节日有白族的三月街、壮族的药市、纳西族的骡马会以及各地的庙会。现代出现的商贸节日多以地方土特产品命名，如啤酒节、黄酒节、药材节、荔枝节、葡萄节、陶瓷节、豆腐节等。

8. 行业节日

我国目前有三大行业节日。

(1) 教师节。1931年，教育界知名教授邰爽秋、程其保等拟定每年6月6日为教师节，并发表《教师节宣言》，提出改善教师待遇、保障教师工作、增进教师修养3项目标。但没有被国民政府承认。国民政府于1939年决定立孔子诞辰日8月27日为教师节，并颁发了《教师节纪念暂行办法》，但未能在全国推行。1951年，中华人民共和国教育部和中华全国总工会共同商定，把5月1日国际劳动节作为我国教师节，未能实行。为了发扬"尊师重教"的优良传统，提高教师地位，1985年1月21日第六届全国人大常委会第九次会议确定，每年9月10日为中国教师节。

(2) 护士节。这是外来的节日。国际护士节是为了纪念近代医务护理学创始人南丁格尔而设立的。弗罗伦斯·南丁格尔是英国护理学先驱、妇女护士职业创始人和现代护理教育的奠基人，她建立了世界上第一所正规护士学校——南丁格尔护士学校，推动了西欧各国乃至世界各地护理工作和护士教育的发展。1910年南丁格尔逝世,1912年国际护士理事会将南丁格尔的诞生日——5月12日定为"国际护士节",旨在激励广大护士继承和发扬护理事业的光荣传统,以"爱心、耐心、细心、责任心"对待每一位病人,做好护理工作。

(3)记者节。这是一个不放假的工作节日,早在新中国成立前已有。从1933年到1949年,每年的9月1日,新闻从业人员都要举行各种仪式纪念这一节日。1999年9月18日,国务院《全国年节及纪念日放假办法》明确收入了记者节。

二、多变的节日特征

我国节日民俗文化,是在不同的民族文化、地域文化的背景下形成的,因而民族文化、地域文化的丰富性和复杂性,造就了节日民俗文化独特的多变特征。

(一)节日时间的确定性

时间的确定性,是节日最显著的特征。我国民俗节日一般都确定为具体的日子。有的确定为某日,如端午节是农历五月初五、中秋节是农历八月十五日。有的确定为一定的时段,少数民族的节日大体如此,如苗族的芦笙节为期2～3天、瑶族的达努节和傣族的泼水节为期3～5天、白族的三月街为期7～10天。有的确定为举行的年数,如苗族的祭鼓节,有13年一大祭、6～7年一小祭。这些节日时间的确定都受到一定因素的影响,具体来说主要有四个方面的因素。

1. 历法和节气的因素

我国传统的生活和生产活动是依照历法和节气来安排的,所以传统的节日与夏历和二十四节气密切相关,如春节选定在夏历历法的岁末岁首、清明节既是节气又是节日。

2. 每月的朔、望日因素

每月初一为朔日,十五为望日。汉代有朔望朝谒之礼,晋代有朔望之祭,因此把朔望日定为节日的较多,正月一日为春节,正月十五为元宵节,七月十五为中元节,八月十五为中秋节,十月一日为祭祖节,十月十五为下元节。一年 24 个朔望日中有 6 个民间的节日。

3. 月日重复数的因素

传统的节日由月日重复数确定的较多,如一月一日为春节,二月二日为春龙节(龙抬头日),三月三日为上巳节,五月五日为端午节,六月六日为姑姑节,七月七日为七夕节,九月九日为重阳节。一年 12 个月日重复数中就有 7 个作为民间节日的。

4. 事件发生日和人物生卒日的因素

有些纪念性的节日是以事件发生的日子或人物的生卒日子确定为节日的。如佛教浴佛节是以释迦牟尼诞生的农历四月初八为节日的,涅槃节是以释迦牟尼去世的农历二月十五日为节日的。

(二)节日内容的综合性

在我国民俗文化中,内容最为丰富多彩的是节日民俗事象,表现为特有的数量多、层面多、意蕴多的无所不包的综合性特点。

1. 数量众多

我国的节日到底有多少?至今虽然没有一个准确的数字,但估计有几千个,仅传统的节日就有一千多个。据赵杏根编著的《中华节日风俗全书》统计,汉族民间节日有 150 个;据莫福山主编的《中国民间节日文化大辞典》统计,少数民族的节日有 1572 个(包括同名的),现代的节日和外来的节日还不在统计之中。

2. 内容丰富

节日民俗内容的丰富性是其他类型的民俗事象不可相比的,因为服饰文化在穿戴,饮食文化在吃喝,民居文化在居住,人生礼俗在生存,游艺文化在玩乐,信仰文化在崇拜,生产文化在行为活动,而节日文化可以说几乎包括了所有的民俗文化内容,表现出综合性的特征。不仅每一类的民俗事象都有以节日的形式出现的,而且每一个节日事象中又包含了多种民俗事象的内涵,如传统的春节,吃、穿、住、玩、信仰、生产(生产食品、衣物等),无所不有。从文化的内涵来看也是多层面的,有诗词、戏剧、年画、对联、故事、祝语等。

(三)节日形式的多样性

这种多彩多样不是指种类的多样化,而是指同一个节日的内容表现出多样化的特点。如端午节,除了全国性的吃粽子、划龙船以外,各地的习俗不一样。陕西南部与四川交界的一些地方,端午节有挂钟馗像的习俗;江西与安徽相邻的地方,端午节时家家门前悬挂蒜头,有的挂石榴花,以期赶鬼除菌,因为蒜的气味辛烈,石榴花的盛开是中天五瑞之一;江西南部有些地方流传着迎鬼船的习俗,因为这一带河水浅,不能进行龙船赛,所以端午节这一天就用纸扎成旱船,带着它去登高、游街,谓之"迎鬼船";东北地区在端午节这一天清晨,长者要将煮熟了的鸡蛋在小孩肚皮上来回不断地滚动,然后去壳让孩子吃掉,据说可以避免孩子肚子痛;西南边境有些地方,端午节这一天将未满周岁的孩子带到外婆家躲避,以避不吉,因为五月酷暑将临,瘟疫孳生,被认为是不吉利的月份,便形成了"躲午"的习俗。

(四)社会发展带来的变化性

民俗文化的传承性和变革性的特征,在节日民俗事象中表现得最为明显。节日民俗的传承性最强,最具有稳定性,可以说只有千年不变的节日,而没有千年不变的服饰、饮食。传统的春节、端午节、中秋节等,千百年来一直没有变,还将延续下去,直到永远。同时不断出新的节日民俗,每发生一次重大的历史变革和社会制度的变迁,就会出现一些纪念性的节日。在20世纪前50年中,中国社会发生的变化最大,因而出现的节日也众多,如1919年5月4日爆发了中国人民反对帝国主义和封建主义的伟大运动,出现了一个五四青年节;改革开放的二十多年来,我国又出现不少节日,包括外来的,如教师节、记者节、植树节、情人节、圣诞节、母亲节、父亲节以及各种地方文化节。

(五)文化内涵的人文性

我国节日民俗的文化内涵,最突出的特点是具有丰厚的人文精神,具体表现在四个方面。

1. 重人伦亲情

我国传统节日中有许多活动是直接表现家庭的亲情关系。中秋节的月饼是圆的,晚上的月亮是圆的,这正是家人团聚的象征;正月十五的元宵节,家人要在一起吃元宵,象征一家人的团圆。尤其是春节,简直是专有的亲情活动日。首先一家人要聚集在一起,即使是在外千里迢迢,也要赶回家团圆。其次是吃年夜饭,实际上就是吃团圆饭。过去的大家庭平时就在一起吃饭,给人的感觉还不突出,特别是当今的三口之家,平时兄弟分家而过,与父母也是独立生活的,一年中的除夕年饭一般都是以父母为中心在一起度过的。年夜饭是一家人团圆的高潮,晚辈要向长辈敬酒,表达祝福的心意;长辈也要向晚辈祝酒,同时还要给小字辈红包。平时之间存在的小摩擦,就在这其乐融融的团圆气氛中消解了。其三,所贴的对联和年画,也反映出团圆和睦、家庭兴旺的内容。正因为节日是家人团圆的日子,因而身在外地不能回家团圆,成了人生一大憾事。唐代诗人王维的《九月九日忆山东兄弟》诗典型地表达了人们的这种心声,诗云:"独在异乡为异客,每逢佳节倍思亲。遥知兄弟登高处,遍插茱萸少一人。"

2. 重人际友情

我国有不少节日活动是重在人际交往的。春节期间,朋友同事之间的相互拜访问候、宴请欢乐;中秋时,互相赠送月饼以示友爱。这些增进友情的联络方式,是平时不便进行的,因为平时无缘无故地进行这些活动,不仅使人不好接受,反而会引起种种的疑虑。节日进行的这些交往联络,既能使原来关系不错的双方感情更友好更牢固,又能使关系淡化的双方得到恢复,还能使平时有隔阂的双方获得相互谅解,化解矛盾。可以说传统的节日是感情的纽带、友谊的桥梁。如果在节日中不能正常地礼尚往来,就会被认为无情无义。所以过去有的人经济困难,即使借债也要进行节日的正常交往,所谓的"人情大似债"。正是这个原因,现在出现了节日经济。

3. 重团结协作

我国的节日活动都是群体的活动,在群体成员参加的活动中,相识的或互不相识的都在一起游玩欢乐,彼此交往,团结协作,从而增强了家庭的凝聚力、社团的凝聚力、民族国家的凝聚力。如端午节的民间赛龙船活动,参加的人必须齐心协力,心向一处想、劲往一处使,才能达到目的;春节的舞龙,参与的人少则几十、多则上百,没有默契的配合,龙是不可能舞得好的。在这些集体活动中,参与的人自然地意识到团结协作的重要意义。正是如此,过去家长、族长、村长多利用节日的活动,如祭祀活动、庆祝活动、娱乐活动等方式,增进团结,提高凝聚力。

4. 重调剂生活

节日对生活的调剂,表现在物质生活的调剂和精神生活的调剂。劳逸结合,是人们生活的基本特点,否则就生活得没有质量,甚至是生活的失败。做到劳逸结合,除了个人的调剂和国家制度的调剂以外,节日活动的调剂成了一个重要的方式。因为在这些全民族性的、全国性的节日活动中,人们都融合进去了,即使再忙的人也会参与。

过去,人们的生活比较贫苦,平时没有条件改善生活,就在节日期间集中地花点钱,买点好吃的,改善一下生活,所以在重大的传统节日里,家家户户都备上丰盛的饭菜。同时在衣着上也会焕然一新,所谓"过新年,穿新衣,戴新帽,穿新鞋"。即使是贫苦的人家,一年哪怕364天穿破衣,在新年的那天也要穿上新衣裳。这不仅是改善了生活,同时也给他们的生活带来了希望。当今人们富裕了,物质生活得到了较大的改善,而随着生活节奏的加快,需要在精神生活上得到调剂,节日的生活就是调剂的最好机会。如今的春节长假、五一长假、十一长假,成为全国人民休闲游玩的三大假期,使得紧张工作的人们得到充分的休息,获得有效的调整。

三、多彩的传统节日

我国的传统民俗节日,数以千计,传承千年,逐渐形成全民性、全国性重大节日的,主要有春节、元宵节、清明节、端午节、七夕节、中秋节、重阳节。

(一)春节

春节,是一年里的第一个节日,它标志着新年的开始;春节,是一年中最重要的节日,最受人们重视的节日;春节,是全国性的、各民族都举行庆祝活动的节日;春节,又是象征团结、兴旺而对未来寄托新的希望的佳节。所以春节的文化内涵极其丰富,进行的时间也最长,从农历十二月二十三日到正月十五日,前后将近一个月。北京人过春节的时间更长,老舍在《北京的春节》一文中说,北京的春节从腊月初八开始,一直到正月十九日才结束,前后有 40 多天。春节期间主要有四个重要的时日:小年、除夕、初一、十五(另列元宵节)。

1. 春节的来历

从名称来看,春节是现代命名的,原来叫"元旦"。夏朝用孟春的元月为正月,汉朝规定以农历正月为一岁之首,以正月初一为一年的第一天,就是元旦。此后一直沿用夏历(阴历、农历)纪年。1912 年孙中山宣布中国改用世界通用的公历,也叫"阳历"、"新历";并决定以公元 1912 年 1 月 1 日为民国元年 1 月 1 日。农历一月一日叫"新年",不称"元旦"。1949 年中华人民共和国成立后,把阳历 1 月 1 日称为"元旦",农历正月初一正式改称"春节"。

有关春节的来历有三种传说。

(1)源于原始社会的腊祭,即岁终祭众神。中国是农业国,一年劳动完毕,为报答神的恩赐而举行祭祀活动,所以又成为祝贺丰收的日子。我国甲骨文中的"年"字为"𐡸"、"𐡹",金文为"𐡺",字形为五谷穗长根深,成熟丰收。

(2)传说远古时期,有一种凶猛的怪兽叫"年",形貌狰狞,专食飞禽走兽、鳞介虫豸,一天换一种口味,从磕头虫一直吃到活人,让人谈"年"色变。后来人们慢慢掌握了年的活动规律,

年

它是每隔 365 天窜到人群聚居的地方尝一次口鲜,而且出没

的时间都是在天黑以后,等到鸡鸣破晓,它们便返回山林中去了。百姓把这可怕的一夜视为年关,并且想出了一整套过年关的办法:每到这一天晚上,提前做好晚饭,熄火净灶,再把鸡圈牛栏全部拴牢,把宅院的前后门都封住,躲在屋里吃年夜饭。由于这顿晚餐具有凶吉未卜的意味,所以置办得很丰盛,除了要全家老小围在一起用餐表示和睦团圆外,还须在吃饭前先供祭祖先,祈求祖先的神灵保佑,平安地度过这一夜。吃过晚饭后,谁都不敢睡觉,挤坐在一起闲聊壮胆。这就逐渐形成了除夕熬年守岁的习惯。第二天一早,人们开门时要放爆竹,用爆竹声把年吓走。当初还没有鞭炮,只有燃烧干竹子发出吓人的爆炸声,所以后来有"爆竹"之称。

(3)传说古时候,有个叫万年的青年看到当时节令很乱,就想把节令定准,但是苦于找不到计算时间的方法。一天,他上山砍柴累了,坐在树荫下休息,树影的移动启发了他,便设计了一个测日影计天时的晷仪,来测定一天的时间。后来山崖上的滴泉启发了他,又动手做了一个五层漏壶来计算时间。天长日久,他发现每隔三百六十多天,四季就轮回一次,天时的长短就重复一遍。国君祖乙也常为变幻莫测的天气而感到苦恼,万年知道后,就带着日晷和漏壶去见国君,讲清了日月运行的道理。祖乙听后很高兴,于是把万年留下,在天坛前修建日月阁,筑起日晷台和漏壶亭。并希望能测准日月规律,推算出准确的晨夕时间,创建历法,为天下的黎民百姓造福。有一次,祖乙去了解万年测试历法的进展情况。当他登上日月坛时,看见天坛边的石壁上刻着一首诗:"日出日落三百六,周而复始从头来。草木枯荣分四时,一岁月有十二圆。"于是知道万年创建的历法已成,亲自登上日月阁看望万年。万年指着天象对祖乙说:"现在正是十二个月满,旧岁已完,新春复始,祈请国君定个节吧。"祖乙说:"春为岁首,就叫春节吧。"这就是春节来历的又一传说。

2. 过小年

农历十二月二十三或二十四日为小年,预示开始过年了。过去过小年的一项重要活动就是祭灶神。传说灶神是玉皇大帝派到各家,保一家康泰、察一家善恶的神仙。他每年于腊月二十三日上天向玉皇大帝汇报一次,如果汇报哪家有大错将减寿 200 日,有小错要损寿 100 日。所以人们称灶神为"灶君"、"灶王"、"灶王爷"。在祭祀灶神的时候,有的用糖做祭品,让灶神吃得嘴甜,在玉皇大帝面前多说好话。并在灶神旁贴上对联:"上天言好事,下界保平安。"北京一带的习俗是用灶糖把灶王的嘴粘住,他在玉皇大帝面前就不会报告家中的坏事了。

3. 除夕

除夕亦叫"年三十",这是春节最重要的日子,也是最繁忙的日子。从除夕的前几天开始,必做的几件事情依次如下:

(1)办年货。把春节期间所需的东西备齐,包括吃的、用的、玩的以及礼品等。当今长辈要做的一件事就是准备好红包。

(2)扫尘。这是一年中最为彻底的一次打扫卫生,所有的人家都要打扫得干干净净的,以祈求新年的安福。这反映了我国人民爱清洁、讲卫生的好传统。至今民间还流传着一首民谣:"腊月二十五,扫房又掸土;腊月二十七,里外洗一洗;腊月二十八,家什擦一擦;腊月二十九,脏土都搬走。"

(3)贴春联。一般在大年三十这一天把春联贴好,表示喜庆和祝愿。春联家家贴,年年贴,所以春联是增添春节喜庆气氛的重要形式。过去的春联都是自家人写,或请人写,当今一般都从市场上购买。春联的内容主要是表达一家人在新的一年里的祝愿和愿望。我国最早的春联,有人认为是东晋书法家王羲之写的"福无双至今朝至,祸不单行昨夜行"的春联。此外,还要贴年画,贴"福"字。"福"字要贴倒,"倒"与"到"谐音,这样说出来就是"福到了"。相传这种习俗源于清代的恭亲王府。有一年春节,管家叫人把"福"字贴在大门上,那人不识字把"福"字贴倒了。恭亲王很生气,能言善辩的管家跪着说:"奴才常听人说恭亲王寿高福大,如今福真的到(倒)了,乃吉庆之兆。"恭亲王听了转怒为喜,还赏给管家和贴春联的人银子。后来王府过春节都倒贴"福"字。以后这种做法又渐渐地传到民间。

(4)吃年饭。在吃年夜饭前,要祭祖上坟,表示对先人的一种怀念,这种风俗一直流传到现在。年夜饭是一年中最丰盛的家宴,即使平时省吃俭用的人家也要做上几道好菜。传统的年夜饭,各地都有自己的特色。北京、天津做大米干饭、炖牛羊肉、炖猪肉、炖鸡等;陕西做四大盘、八大碗;皖南有红烧肉、肉圆子、粉蒸肉、炖肉;湖北东部有三蒸、三糕、三丸;哈尔滨要炒8个、10个、16个或20个菜;江西南昌讲究四冷、四热、八大菜、两个汤。此外还有必备的菜,有吉祥的寓意,如苏州有青菜(安乐菜)、黄豆芽(如意菜)、芹菜(勤勤恳恳);安徽有鲢鱼,那是摆在桌上不能动筷子的,象征年年有余;浙江有青鱼,表示清清白白,有吃有余。传统的年夜饭是在家里吃的,现在城市人在饭馆里吃年夜饭已成为时尚。年夜饭快要结束时,长辈要给小字辈们包压岁钱。

关于压岁钱的来历,传说古代有个小妖叫"祟",年三十夜里出来,专门摸小孩脑门,被摸后,小孩就会发高烧说梦话,医好后都成了痴呆的傻子。用红纸包铜钱放在枕边,小孩睡觉时,小妖一旦摸小孩的头,枕边的铜钱就会射出一道金光,把祟吓跑。"祟"与"岁"同音,"压岁"即压小妖祟。

(5)守夜。传统的习俗,年夜饭后开始守岁,就是在旧年的最后一个夜里不睡觉,熬夜迎接新一年的到来。守岁习俗兴起于南北朝,梁朝的不少文人都作有守岁的诗文,"一夜连双岁,五更分二年"。人们点起蜡烛或油灯,通宵守夜,象征着把一切邪瘟病疫都用光亮驱走,期待着新的一年吉祥如意。守岁俗称"熬年",传说是为了防备吃人的怪兽的袭击。现在的守夜已变成观看中央电视台的春节联欢晚会,但夜间灯火通明的习俗仍然存在。

4. 拜年

一般将正月初一到初三,作为走亲访友的拜年日子。拜年首先是在家里由晚辈向长辈拜年,要说"过年好"、"愿健康长寿"等祝福的话。过去要行跪拜磕头礼。之后走亲访友,互相拜年祝福。现在拜年的形式多样化了,有上门拜年的;有寄贺年卡拜年的;有打电话和发短信息拜年的。这是一年中最受人们重视的一种交往方式和联络感情的机会。

5. 各民族的春节习俗

柯尔克孜族,每年第一个月便欢度诺若孜节,晚上当畜群回来时,每家毡房前都用芨芨草生一堆火,人先从上面跳过,接着牲畜从上面跳过,预示消灾解难,新年里人畜两旺。

布依族,大年初一在家里扎彩灯,晚上一齐点燃,挂在大门口。过了初一,人们开始串门拜年,青年男女相约去"起表",以歌声表达爱慕之情;或聚在一起,跳打花包。

土家族,在除夕夜各家燃起一根木柴,大家围坐聆听老人讲故事,守岁到天亮。节日期间吃红曲鱼,以象征富足有余。初三举行摆手舞会、耍龙灯、舞狮子、表演武术等活动。

壮族,正月初一、初二,凡来客必吃粽子,粽子有馅;男女多于此时对歌,或打陀螺、跳舞、赛球、演戏。

哈尼族,每年要过两次年,即十月节和六月节。十月为岁首,即大年,这天人们走亲访友,求亲订婚。六月节期间杀牲祭祖,开展荡秋千、摔跤、唱山歌等文体活动。

普米族,多以腊月初六为岁首,除夕夜各村寨要放火炮三响,并吹海螺。然后家人团聚,吃糯米饭。

仡佬族,每年农历三月初三为过年,即仡佬年。是日,大家团聚在一起,跳芦笙舞,对唱民歌。下午共同祈祷祖宗、山神保佑,诸事如意,五谷丰登。过了年就开始春耕。

朝鲜族,家家户户贴春联,做各式丰盛饭菜,吃八宝饭,除夕全家守岁通宵达旦,弹伽倻琴,吹洞箫。节日期间,男女老少纵情歌舞,压跳板、拔河。

鄂伦春族,除夕吃年饭,青年人给家族及近亲长者敬礼,叩头请安。午夜,人们捧着桦树皮盒或铁盒绕马厩数圈,祈祝六畜兴旺。

赫哲族,正月初一,姑娘、妇女和孩子们穿上绣有云边的新装,去亲朋好友家拜年,用鱼宴款待客人。妇女们玩摸瞎糊等游戏;举行滑雪、射草靶、叉草球等比赛。

蒙古族,除夕要吃手抓肉,以示合家团圆。初一凌晨晚辈向长辈敬辞岁酒,然后青年男女跨上骏马串蒙古包,进行赛马。

藏族,除夕之夜,举行盛大的跳神会,人们戴上假面具载歌载舞,以示除旧迎新,祛邪降福。

彝族,春节期间集会跳阿细跳月舞,有些村寨年初一取水做饭都由男子承担,让妇女休息,这是对她们劳累一年的慰问。

苗族,春节称作"客家年",家家户户杀猪宰羊,烤酒打粑庆丰收,希望来年风调雨顺,五谷丰登。

白族,子夜过后,男女青年争先挑水,以示勤劳。清晨,全家喝泡有米花的糖水,以祝福日子甜美。

东乡族,喜欢在春节期间打土仗,以示对养育自己的土地的热爱之情。

羌族，每家要做各种油炸面粉小牛、小羊、小鸡等祭品，祭祀祖先和天神。过年要喝咂酒，大家围坛而坐，由最长者唱《开坛词》，然后用二尺多长的麦管从左至右，依次咂饮。

达斡尔族，正月初一，烧香拜天地、诸神，祈求神灵恩赐太平丰年。拜完神，向长辈敬酒叩头，接受老人的祝词。之后，吃水饺，穿新衣，男女聚集在一起，进行各种娱乐活动。

瑶族，节日期间观看耕作戏，一人扮牛，一人扮扶犁农夫，一人扮扛锄农民，三人边舞边歌，表示庆丰收；青年男女则聚在草坪上，吹芦笙，弹月琴，唱山歌，寻找意中人。

景颇族，初一早晨，人们纷纷聚到赛场上举行打靶比赛。姑娘们把自己绣的荷包挂在竹竿顶端，射手射中吊荷包的细线算神枪手，姑娘们便奖给神枪手一碗香甜的米酒。

拉祜族，初一至十五为扩塔节。除夕每家要做象征太阳、月亮和星星的糯米粑，祭祀日月星辰，盼望在新年里风调雨顺，五谷丰登。初一至初四，青年男女争先恐后地跑到泉边，迎接象征纯洁幸福的新水，以先得为快。

（二）元宵节

农历正月十五为元宵节，又称"上元节"、"元夜"、"灯节"。起源于何时？一说始于汉代。相传汉文帝为庆祝周勃于正月十五平定诸吕之乱，每逢此夜必出宫游玩，与民同乐。因"夜"同"宵"，正月又称"元月"，汉文帝就将正月十五定为元宵节。隋、唐以来盛极一时，《隋书·音乐志》："每当正月，万国来朝，留至十五日于端门外建国门内，绵亘八里，列戏为戏场。"

在中国传统的习俗中，元宵节是作为春节的最后一个节日，此节一过，就意味着春节的结束。因此元宵节是春节的最后一个高潮，节日的气氛十分浓重，表现出与除夕不同的特点。除夕在家里，追求的是家人团圆；元宵节在外面，追求的是群体热闹。于是就形成了吃汤圆、观灯、猜谜、看舞龙舞狮表演等丰富多彩的活动。

1. 吃汤圆

汤圆又叫"汤团"、"圆子"、"元宵"。吃汤圆的风俗相传始于东晋,兴盛于唐宋,当时叫"浮圆子"、"汤圆子"、"汤丸"、"汤团",生意人称"元宝",文人称"珍品"。如今北方叫"元宵",南方称"汤圆"。汤圆因馅的用料不同,分为有馅和无馅两种。有馅的元宵有咸、甜、荤、素之分;制作方法上有的用手搓制,有的用竹匾水滚,有的是机制元宵;食料有糯米面、高粱米面等。汤圆的文化内涵是象征合家团圆,宋代诗人周必大《元宵煮圆子》诗写道:"今夕是何夕?团圆事事同。"台湾有首民歌唱道:"小二哥的汤圆圆又圆,吃了汤圆好团圆。"

2. 观彩灯

元宵节又叫"灯节",所谓正月十五闹花灯。张灯结彩的习俗,相传源于汉代。汉明帝为了弘扬佛法,下令正月十五夜在宫中和寺院"燃灯表佛"。此后元宵张灯的习俗流传到民间,每到正月十五,从士族到庶民都要挂灯,通宵灯火辉煌。唐代灯市盛况空前,长安灯市规模很大,燃灯五万盏,极为壮观,成为全民的狂欢节。此后,灯节的时间越来越长,唐代3天,宋代5天,明代10天。清代缩短为5天。张灯观灯除了节日的热闹和喜庆以外,还有象征的意蕴。如灯在台湾民间具有"光明"与"添丁"的含义,点燃灯火有照亮前程之意,且台湾语的"灯"与"丁"谐音,代表生男孩,因此往昔元宵节,妇女都会刻意在灯下游走,希望"钻灯脚生卵葩"(好生男孩)。

3. 猜灯谜

猜灯谜是元宵节的一种文字游戏,也叫"灯虎"。将谜面贴在花灯上供人猜射,人们一边观灯一边猜谜语,既热闹又有雅趣,形成了一种独特的民俗文化。谜语有谜面和谜底,谜面是隐喻的话，谜底是谜面所指的事物。如物谜，谜面是：有时像圆盘，有时像小船，白天看不见，夜晚常见面。谜底是：月亮。猜灯谜的活动在宋代就有了，据《东京梦华录》载，"杭人元夕多以谜为猜灯，任人商略"。中国最大的一次灯谜盛会，是1979年在南京举行的"九城市灯谜会猜"，设有灯谜上万条，参加的人次达两万多。

4. 踩高跷

踩高跷为古代百戏之一，是盛行于民间的一种群众性技艺表演。早在春秋时已有，《列子·说符篇》："宋有兰子者，以技干宋元。宋元召而使见其技，以双枝长倍其身，属其胫，并趋并驰，弄七剑迭而跃之，五剑常在空中，元君大惊，立赐金帛。"表演者不但能以长木缚于足行走，还能跳跃和舞剑。高跷分高跷、中跷和跑跷三种，最高者一丈多。古代的高跷皆属木制，在刨好的木棒中部做一支撑点，以便放脚，然后再用绳索缚于腿部。表演者脚踩高跷，可以做舞剑、劈叉、跳凳、过桌子、扭秧歌等动作。北方的高跷秧歌中，扮演的人物有渔翁、媒婆、傻公子、小二哥、道姑、和尚等。表演者扮相滑稽，能唤起观众的极大兴趣。南方的高跷表演中，扮演的多是戏曲中的角色，如：关公、张飞、吕洞宾、何仙姑、张生、红娘、济公、神仙、小丑等。他们边演边唱，生动活泼，逗笑取乐，如履平地。

5. 舞龙

中国人崇拜龙，舞龙成为民间娱乐活动中必不可少的项目，过去在元宵节前后举行，现在不限于元宵节了。舞龙又叫"龙灯舞"，常见的有龙灯、布龙、火龙、草龙、百叶龙、板凳龙等。晚上舞的龙在行头里面插有蜡烛，叫"龙灯"；白天舞的龙不点蜡烛，叫"布龙"。舞龙时表演者每人手握一节龙上的木柄，在锣鼓声中使龙上下翻滚、摇摆、起伏、跳跃等，像真龙飞舞一样。有时一条龙的前面配一个彩球,叫"龙戏球";有时两条龙配一个彩球,叫"双龙戏珠"。

6. 舞狮子

我国民间每逢元宵佳节或集会庆典,都要以舞狮来助兴。这一习俗已有一千多年的历史。据说舞狮子最早是从西域传入的,狮子是文殊菩萨的坐骑,随着佛教传入中国,舞狮子的活动也传入中国。唐代时狮舞已成为宫廷、军旅、民间的一项活动。狮舞根据表演的动作分为文狮和武狮。文狮表演时讲究表情,有搔痒、抖毛、舔毛等动作,舞出各种优美的招式,动作滑稽风趣,逗人喜爱,还有难度较大的吐球等技巧。武狮表演,小狮一人舞,大狮由双人舞,一人站立舞狮头,一人弯腰舞狮身和狮尾。舞狮人上身披狮被,下身穿和狮身相同毛色的绿狮裤和金爪蹄靴,令人们无法辨认舞狮人的形体,它的外形和真狮极为相似。引狮人作古代武士装扮,手握旋转绣球,配以京锣、鼓钹,逗引瑞狮。狮子在狮子郎的引导下,表演腾翻、扑跌、跳跃、登高、朝拜等动作,并有走梅花桩、窜桌子、踩滚球等高难度动作。各地的狮子具有不同的特色,江西是手摇狮和板凳狮,安徽是青狮,山西太原是狮子滚绣球,北京是单狮,而广东各地狮子种类繁多,有鸡公狮、大头狮、鸭嘴狮、麒麟狮等。

(三)清明节

清明节,亦叫"踏青节"、"聪明节"。一般在阳历 4 月 5 日前后(多为 5 日)。清明节有两个含义:节气、节日。清明节前一两天是寒食节,后来这两个节日并为一个节日——清明节。现在的清明节取代了寒食节和拜介子推的习俗,变成清明扫墓的习俗。清明节的传统民俗活动主要有禁火寒食、上坟扫墓、插柳戴柳、踏青、放风筝、荡秋千、蹴鞠、打马球等。

1. 禁火寒食

寒食节是纪念介子推的。相传春秋时晋国公子重耳流亡在外 19 年,生活艰苦,跟随他的介子推不惜从自己的腿上割下一块肉让他充饥。后来重耳回国后成为国君即晋文公,封赏所有跟随他流亡的人,唯独介子推没有得到封赏。介子推就带着母亲隐居绵山。后来晋文公得知此事,请他出山。介子推不肯出山,晋文公无计可施,只好放火烧山,逼迫介子推出来。介子推就抱着一棵柳树被烧死了。为了纪念介子推,晋文公下令在每年的这一天,禁止生火,家家户户只能吃生冷的食物。这就是寒食节的来源。然而这个节日,自明清以来却被淡忘了。

2. 上坟扫墓

清明节上坟扫墓,已成为中国人祭奠祖先和已故亲人的一种重要的方式。唐代诗人高菊涧的清明诗写道:"南北山头多墓田,清明祭扫各纷然。纸灰飞作白蝴蝶,泪血染成红杜鹃。"生动地描绘了扫墓的情景。扫墓时,要摆上祭品,焚香烧纸,磕头祭拜,再给坟上添加些新土。现在扫墓逐渐简化了,子孙们先将先人的坟墓及周围的杂草修整和清理,然后供上食品、鲜花等;有的到骨灰放置处或寺庙的灵位前静默鞠躬。当今的扫墓已扩大到对先烈们的祭奠活动,各地的烈士陵园清明时都有人扫墓。

3. 插柳戴柳

这是纪念介子推的习俗。传说介子推死后的第二年,晋文公带领群臣到绵山祭祀介子推时,发现介子推抱着烧死的那棵柳树死而复活了,枝叶繁茂,于是就折下柳枝编成圆圈戴在头上,随从的人每人头上都戴了一个,表示对介子推的纪念。唐高宗曾赏赐群臣柳圈,说戴在头上可以免去虿毒。后来人们都仿效这种做法,每到清明节都"摘新柳佩戴",以祈求来世幸福。谚语说："清明不戴柳,来生变黄狗","清明不戴柳,红颜成皓首"。过去清明节时,苏州街上有卖柳条的,妇女用柳条结成球挂在鬓边,有首诗歌描绘说:"清明一霎又今朝,听得沿街卖柳条。相约比邻诸姊妹,一枝斜插彩云翘。"而今清明节时,有的门前插柳以避邪,孩子们也喜欢折柳枝编圈戴在头上。

4. 踏青

踏青亦叫"探春"、"寻春"、"春游"、"游春"。三月清明,春回大地,到处呈现一派生机勃勃的景象,正是郊游的大好时光。我国民间长期保持着清明踏青游春的习俗。唐代诗人王涯《游春词》云:"经过柳陌与桃蹊,寻逐春光著处迷。鸟度时时冲絮起,花繁衮衮压枝低。"明清两代的北京,在清明节到郊区踏青的游人数以万计。现在多以集体春游为主。

5. 放风筝

每逢清明时节,放风筝成为一项主要活动。人们不仅白天放,夜间也放。夜晚放风筝时,往往在风筝下端或风筝拉线上挂上一串串彩色的小灯笼,像闪烁的明星,称为"神灯"。过去有人把风筝放上蓝天后,便剪断牵线,任凭清风把它送往天涯海角,据说这样能除病消灾,给自己带来好运。

清明节除了上述活动以外,还有荡秋千、蹴鞠的习俗。秋千,意即揪着皮绳而迁移。古时的秋千多用树枝桠为架,再拴上彩带做成。后来逐步发展为用两根绳索加上踏板的秋千。荡秋千不仅可以增进健康,而且可以培养勇敢精神,至今仍为儿童所喜爱。蹴鞠,就是用足去踢球。鞠是一种皮球,球皮用皮革做成,球内用毛塞紧。这是古代清明节时人们喜爱的一种游戏。相传它是黄帝发明的,最初目的是用来训练武士。

(四)端午节

农历五月初五为端午节,又称"端阳节"、"午日节"、"五月节"、"艾节"、"端五"、"重午"、"夏节"。"端",为开始;"五"与"午"谐音,为避讳唐玄宗八月初五的生日,所以叫"端午"。

1. 端午节的来历

五月五日为什么作为一个节日呢？主要有三种说法。

(1)纪念楚国诗人屈原。公元前278年农历五月初五这一天,被楚国朝廷排挤流放到洞庭湖的屈原,得知秦兵攻打楚国,自己又无力挽救,便投汨罗江而死。人们为了纪念这位爱国忠臣,于是在每一年的端午节向江里投放食物,举行划龙船的活动,以此祭奠屈原。

(2)纪念伍子胥。伍子胥为楚国人,父兄为楚王所杀,他便逃奔吴国,建议吴王应彻底消灭越国。他的建议不被采纳反而遭谗言陷害。他死前说："我死后,将我的眼睛挖出悬挂在吴国东门上,我要看越国军队入城灭吴。"说罢便自刎而死。夫差闻言大怒,下令将伍子胥的尸体装在皮革里,于五月五日投入大江。

(3)纪念东汉孝女曹娥。传说曹娥的父亲溺于江中,数日不见尸体,年仅14岁的孝女曹娥,昼夜沿江号哭。17天后的五月五日,她也投江而死,5日后抱出父尸。

另外还有龙节说、恶日说、夏至说。

2. 赛龙船

赛龙船是端午节一项最受欢迎、最热闹的民间活动。其来历有多种说法,纪念屈原是其主要传说。据南朝梁代吴均《续齐谐记》载："楚大夫屈原遭谗不用,是日投汨罗江死,楚人哀之,乃以舟楫拯救。"《隋书·地理志》记载得更为详尽："屈原以五月望日赴汨罗,士人追至洞庭不见,湖大船小,莫得济者,乃歌曰:'何由得渡湖?'因而鼓棹争归,竟会亭上。习以相传,为竞渡之戏,其迅楫齐驰,棹歌乱响,喧振水陆。诸郡皆然,而南郡尤甚。"

闻一多先生提出了另一种解释,他在《端午考》中说:"端午节本是吴越民族举行图腾祭祀的日子,而赛龙船便是祭仪中半宗教、半娱乐性活动。"

传统的划龙舟分游江、招魂、竞渡、回舟四个程序,有一整套的锣鼓和唱腔,其中招魂最为感人。在屈原故里,乡亲们非常看重龙舟竞渡,而且对夺标尤为重视,素有"宁愿荒废一年田,不愿输掉一年船"之说。他们夺标归来,不仅能使村名大振,而且还会带来一年的丰收和幸福。为什么船头要装饰龙头呢?传说用装有龙头的船运载食物投入江中来祭祀屈原,水中的怪物见是龙王送来的,就不敢吞吃食物了。近年来,龙舟竞渡已由民间的纪念活动,发展成全民游乐活动和体育竞技活动,定期举行全国性的龙舟大赛,已成为世界性的比赛项目。

苗族又有五月十五的大端阳节,也是为了纪念屈原而开展的划船竞赛的娱乐活动。沈从文在《箱子岩》中写道:"那一天正是五月十五,河中人过大端阳节……船只狭而长,船舷描绘有朱红线条,全船坐满了青年桨手,头腰各缠红布。鼓声起处,船便如一支没羽箭,在平静无波的长潭中来去如飞。河身大约一里路宽,两岸皆有人看船,大声呐喊助兴。且有好事者,从后山爬到悬岩顶上去,把'铺地锦'百子鞭炮从高岩上抛下,尽鞭炮在半空中爆裂,形成一团团五彩碎纸云尘。"

3. 吃粽子

端午节吃粽子是屈原故里的民间传统习俗。粽子古称"角黍"。关于粽子的由来,据唐代沈亚之《屈原外传》记载:屈原投江后,人们非常思念他,每到五月初五就用竹筒装上食物,投向水中祭祀。到了东汉,长沙有个人名叫欧回,他白天忽然看见了屈原显灵,说人们祭祀的食物被蛟龙窃走,并告诉他以后再投食物，须裹上蓼叶，再缠上五色线，这些东西令蛟龙害怕，它就不会吃了。欧回把这次奇遇告诉了乡民，乡民们便按屈原的"吩咐"精心制作粽子。这个习俗一直沿袭至今。尤其是屈原故里——秭归的人们做粽子特别讲究，选用上好的糯米，宽宽的蓼叶，把粽子包得有棱有角，然后再缠上细细的五色丝线，最特别的是在糯米中间放颗红枣。棱角分明的外形，象征着屈原刚直不阿的品格；雪白的糯米，意味着屈原廉洁清贫的一生；那颗红枣既是屈原对楚国的一颗火热的心，也是乡亲们对屈原的一颗火热的心。屈原故里还流传着《粽子歌》："有棱有角，有心有肝。一身洁白，半世熬煎。"

粽子是人们纪念屈原的祭祀食品，如今成了端午节最主要的节日食品，全国各地形成了独具特色的粽子品种，诸如：

北京的粽子是北方粽子的代表品种，多以红枣、豆沙做馅，少数也用果脯为馅。个头较大，为斜四角形或三角形。在农村地区，人们仍然习惯吃大黄米粽。

广东粽子是南方粽子的代表品种。与北京粽子相反，它个头较小，外形别致，正面方形，后面隆起一只尖角，状如锥子。品种较多，除鲜肉粽、豆沙粽外，还有用咸蛋黄做成的蛋黄粽以及用鸡肉丁、鸭肉丁、叉烧肉、冬菇、绿豆等调配为馅的什锦粽，风味特佳。

四川粽子因四川人嗜辣，所以有甜辣之分。四川的辣粽，口味独特，成为四川名点小吃之一。

闽南粽子以厦门、泉州的烧肉粽、碱水粽驰名海内外。闽南话"热"与"烧"同义，所谓"烧肉粽"，就是趁热而食的粽子。

苏州粽子呈长而细的四角形，有鲜肉、枣泥、豆沙、猪油夹沙等品种，具有配料讲究、制作精细等特色。如猪油夹沙粽子，选用上等红小豆，煮熟后去皮滤沙，再加入成倍的砂糖和适量的油脂制成馅，裹扎时馅里还夹有一块肥肉，煮熟后晶亮鲜美，油润清香。

浙江嘉兴粽子为长方形，有鲜肉、豆沙、八宝、鸡肉粽等品种。五芳斋素有江南粽子大王之称，它的选料、制作及烹煮都有独到之处，需用上等的糯米、猪后腿精肉。粽子煮熟后，肥肉的油渗入米内，入口鲜美，肥而不腻。

海南粽子与北方的粽子不同，它由芭蕉叶包成方锥形，重约一斤左右，糯米中有咸蛋黄、叉烧肉、腊肉、红烧鸡翅等配料。热粽剥开后，先有芭蕉和糯米的清香，后有肉和蛋的浓香。

山东黄米粽子选用黄黏米夹以红枣，风味独特，食用时可根据食客习惯，佐以白糖，增加甜味。

此外，还有台湾的绿豆粽、贵州的酸菜粽、西安的蜂蜜凉粽、厦门的烧肉粽、苏北的咸蛋粽、上海的咸味粽、云南的火腿粽等，各具特色。

4. 洗端午澡

在湖南汨罗江一带，还沿习着洗端午澡的习俗。传说汨罗江畔有位渔民带着一个体弱多病的孩子，有一年端午节时，他把孩子安置在船舱里，自己去看热闹的龙船竞赛。他走后，孩子爬到船头，一不小心跌入水中。渔民回来不见孩子，就沿着汨罗江寻找，找了三天三夜，在下游找到了儿子的尸体，伤心地号啕大哭。就在这时，孩子睁开眼睛活了过来。他又喜又惊地问孩子："你怎么活过来的呢？"孩子告诉他说："我没有死，是一位戴着高高帽子的人带我去玩的。"原来是屈原的神灵保佑了孩子而使他没有被水淹死。从此以后，形成了洗端午澡的习俗。据说在端午节这一天，汨罗江两岸的民众不论男女老少，只要跳到汨罗江里洗个澡，这一年就会得到屈原神灵的保佑，无病无灾。

此外，端午节还有插艾叶与菖蒲以避邪驱瘟、挂钟馗像以捉鬼、饮雄黄酒以驱虫解毒、外出洗百病、小孩佩香囊以避邪驱瘟等习俗。

端午节画"王"字　　　　端午节各种香包

端午节民间还流传着许多与小孩儿有关的习俗,如用雄黄酒在小孩额头画个"王"字可避邪驱瘟;在孩子脖颈、手腕、足颈上缠绕五色丝线,可长命百岁;缝制香囊、香包,形状如虎,内装雄黄、艾叶、香料,用五色丝线悬系在孩子胸前,可驱恶免疾;给孩子穿上老虎鞋,围上老虎兜,可避五毒之侵害等等。这些习俗原意都是驱邪避祟,经过长期的流传,如今这些风俗又多了一层祝福纳吉、审美娱乐的含义。

(六)七夕节

农历七月七日的夜晚,民间有乞巧的习俗,故又称"乞巧节"。这是地道的中国情人节。

1.七夕节的来历

民间传说,七夕是牛郎织女鹊桥相会的日子。这是一个千古流传的爱情故事,成为我国四大民间爱情传说之一。很早以前,南阳城西牛家庄里有个忠厚的小伙子叫牛郎,父母早亡,跟着哥嫂度日。嫂子马氏为人狠毒,经常虐待他。一年秋天,嫂子逼他去放9头牛,要他等到有了10头牛时才能回家。牛郎独自一人赶着牛进了草深林密的山上,坐在树下伤心:不知何时才有10头牛回家?这时来了一位须发皆白的老人,问他为何伤心。当得知他的遭遇后,老人笑着说:

"别难过,在伏牛山里有一头病倒的老牛,你去好好喂养它,等老牛病好以后,你就可以赶着它回家了。"牛郎翻山越岭,终于找到了那头有病的老牛。他看到老牛病得厉害,用草喂了三天,老牛吃饱了,才抬起头告诉他:自己本是天上的灰牛大仙,因触犯了天规被贬下人间,摔坏了腿,无法动弹,伤处需要用百花的露水洗一个月才能好。牛郎不畏辛苦,细心地照料它一个月。老牛病好后,牛郎高高兴兴地赶着10头牛回了家。

牛郎织女

回家后,嫂子对他仍旧不好,曾几次要加害于他,都被老牛设法相救。最后牛郎被嫂子赶出家门,他只要了那头老牛相随。有一天,天上的织女和诸仙女下凡在河里洗澡,老牛劝牛郎去取织女的衣服,之后,织女做了牛郎的妻子。牛郎和织女结婚后,生了一男一女两个孩子,一家人生活得很幸福。可是这事很快被玉皇大帝知道,王母娘娘亲自下凡,强行把织女带回天上,恩爱夫妻被拆散。牛郎上天无路,这时老牛告诉他:在它死后,可以用它的皮做成鞋,穿着就可以上天。牛郎按照老牛的话做了,穿上用牛皮做的鞋,拉着自己的儿女一起腾云驾雾上天去追织女。眼见就要追到了,王母娘娘拔下头上的金簪一挥,一道波涛汹涌的天河就出现了,牛郎和织女被隔在两岸,只能相对哭泣流泪。他们的忠贞爱情感动了喜鹊,千万只喜鹊飞来,搭成鹊桥,让牛郎织女走上鹊桥相会。王母娘娘对此也无奈,只好允许他们俩在每年七月七日于鹊桥相会。

后来每到农历七月初七牛郎织女鹊桥相会的日子,姑娘们就会来到花前月下,抬头仰望星空,寻找银河两边的牛郎星和织女星,希望能看到他们一年一度的相会,乞求上天能让自己像织女那样心灵手巧,祈祷自己能有称心如意的美满婚姻。这便是七夕节的由来。

2. 七夕节的活动

七夕节是我国女子特有的传统节日。这天晚上,妇女们尤其是未婚姑娘要尽情梳妆打扮,对着天上的明月,摆上时令瓜果,围坐于八仙桌旁,进行各种游戏,吟诗作对、行令猜谜,自奏琴箫,讲述牛郎织女故事等,欢庆至半夜十二点钟。此时为织女下凡之吉时,所有的彩灯、香烛都点燃,五光十色,一片辉煌;姑娘们兴高采烈,穿针引线,喜迎七姐,乞求仙女赋予她们聪慧的心灵和灵巧的双手,乞求爱情婚姻的姻缘巧配。清代诗人汪仑《羊城七夕竹枝词》说:"绣闼瑶扉取次开,花为屏障玉为台。青溪小女蓝桥妹,有约会宵乞巧来。"乞巧活动的内容很多,有乞巧、乞爱、乞子、乞福、乞文、乞巧食、乞寿等。

乞巧图

(1)乞巧。乞巧源于汉代,东晋葛洪《西京杂记》载:"汉彩女常以七月七日穿七孔针于开襟楼,人俱习之。"后来妇女乞巧在民间盛行。宋元之际京城中还设有专卖乞巧物品的市场,称为"乞巧市"。妇女们乞巧方法是"结彩缕穿七孔针",穿得快的自然就手巧了。有的地方还有卜巧、赛巧。陕西有各种乞巧活动的风俗,妇女们要扎起穿花衣的草人谓之"巧姑"(织女),手端一碗清水,剪豆苗、青葱,放入水中,以看月下投物之影来占卜巧拙之命;还有穿针走线,竞争高低,举行剪窗花比巧手的活动。胶东地区拜七姐神,年轻妇女穿上新装,欢聚一堂,于庭中盟结七姐妹,口里唱道:"天皇皇,地皇皇,俺请七姐下天堂。不图你针,不图你线,光学你七十二样好手段。"

(2)乞爱。少女们希望长得漂亮或嫁个如意郎,少妇们希望早生贵子,因而举行拜织女的仪式。她们预先和朋友或邻里们约好,一行五六人,多至十来人,在月光下摆一张桌子,上置茶、酒、水果、五子(桂圆、红枣、榛子、花生、瓜子)等祭品,又将几朵鲜花束上红纸,插在瓶子里,花前置一个小香炉。斋戒一天,沐浴停当,于案前焚香礼拜后,大家一起围坐在桌前,一面吃花生、瓜子,一面朝着织女星默念自己的心愿。

(3)乞子。在七夕前几天,先在小木板上铺一层土,播下粟米种子,让它生出绿油油的嫩苗,再在上面做成田舍人家的模样,称为"壳板"。有的将绿豆、小豆、小麦等浸于瓷碗中,等它长出寸芽,再以红、蓝丝绳扎成一束,称为"种生",又叫"五生盆"、"生花盆"。有的用蜡制成婴儿玩偶,让妇女买回家浮于水上,以为宜子之祥,称为"化生"。

(4)乞文。俗传七月七日是魁星的生日。魁星事文,想取功名的人特别崇敬魁星,一定要在七夕祭拜,祈求保佑自己考运亨通。民间传说魁星爷生前长相奇丑,脸上长满斑点,又是个跛脚。然而这位魁星爷志气奇高,发愤用功,最终中了状元。皇帝殿试时,问他脸上为何全是斑点,他答道:"麻面满天星。"问他的脚为何跛了,他答道:"独脚跳龙门。"皇帝很满意,就录取了他。另一种版本是传说魁星爷生前虽然满腹学问,可惜每考必败,便悲愤地投河自杀了。岂料竟被鳌鱼救起,升天成了魁星。因为魁星能左右文人的考运,所以每逢七月七日他的生日,读书人都郑重地祭拜他。

(5)吃巧食。七夕节的饮食风俗,各地不尽相同,其中多以饺子、面条、油果子、馄饨等为节日的食物。吃云面,此面用露水制成,吃它能获得巧意。还有许多民间糕点铺,喜欢制一些织女形象的酥糖,俗称"巧人"、"巧酥",出售时又称为"送巧人",此风俗在有些地区流传至今。

(6)乞福祥。江苏嘉兴塘汇乡有七夕香桥会,每年七夕,人们都赶来参与,搭制香桥。所谓"香桥",是用粗长不一的裹头香(以纸包着的线香)搭成的长约四五米、宽约半米的桥梁,装上栏杆,在栏杆上扎上用五色线制成的花来装饰。入夜,人们祭祀双星,乞求福祥,然后将香桥焚化,象征着双星已走过香桥,欢喜相会。

七夕节还有许多祭拜活动:

(1)拜七姐。广州西关一带盛行这种活动。姑娘们到七夕时,在厅堂中设八仙桌,摆上各种花果制品及女红巧物,如小罗帐、被单、帘幔、桌裙、小扇子、手帕等;用米粒、芝麻、灯草芯、彩纸制成各种形式的塔楼、桌椅、瓶炉、花果等供品,大显女儿们的巧艺。雏偶(即布娃娃)有牛郎、织女及一对小儿女的形象,庆贺双星相会。

(2)拜床母。床母是儿童的保护神,七月七日是床母的生日。台湾七夕除了拜七娘妈之外,还要到房中拜床母,化解女性在承担母职时的焦虑与恐惧。拜床母的供品有油饭、酒鸡(或麻油鸡),焚烧四方金和床母衣,希望孩子快快长大。但不能拜太久,怕床母会宠孩子赖床。

(3)迎仙。广州的姑娘们预先备好用彩纸、通草、线绳等编制成各种奇巧的小玩意,还将谷种和绿豆放入小盒里用水浸泡,待芽长到二寸多长时用来拜神,称为"拜仙禾"、"拜神菜"。从初六到初七两晚,姑娘们穿上新衣服,戴上新首饰,焚香点烛,对星空跪拜,称为"迎仙"。自三更至五更,要连拜七次。拜仙之后,姑娘们手执彩线将线穿过针孔,如能一口气穿七枚针孔者叫"得巧",穿不到七个针孔的叫"输巧"。七夕之后,姑娘们将所制作的小工艺品、玩具互相赠送,以示友情。

(七)中秋节

农历八月十五为中秋节,因在三秋之中,故称"中秋"。中秋节又称"月夕"、"秋节"、"八月节"、"八月会"、"追月节"、"玩月节"、"拜月节"。八月十五夜,秋高气爽,月亮最圆,格外皎洁明亮,人们由月圆联想到家人的团圆,所以又叫"团圆节"。晚上有拜月、赏月、吃月饼等习俗。

1. 中秋节的起源

中秋节起源很早,开始是对月亮的祭拜活动。《周礼·春官》记载,周代已有"中秋夜迎寒"、"中秋献良裘"的习俗。汉代有敬老养老、赐以雄粗饼的习俗。晋代出现中秋赏月,到了唐代将中秋与嫦娥奔月、吴刚伐桂、玉兔捣药的神话故事结合起来,赏月之风大兴。北宋正式定八月十五为中秋节,并出现了节令食品月饼和拜月的风俗。明清时代的赏月活动盛行不衰,各家都要设月光位,向月供拜。至今各地还遗存着拜月坛、拜月亭的古迹。北京的月坛就是明代嘉靖时皇家为祭月修造的。现在,祭月拜月活动已被规模盛大、多彩多姿的群众赏月游乐活动所替代。

2. 赏月

自古以来,人们为什么要赏月?这不仅是因月圆明亮而引起人们的兴趣,更是因月宫中的神话故事和月圆团圆的文化内涵。

(1)月宫中的神话故事：

嫦娥奔月　传说远古时代,有一年天上同时出现了10个太阳,烤得大地冒烟,河水枯干,百姓无法生存。玉皇大帝派羿来到人间为民解难。他登上昆仑山顶,拉开神弓,射下9个太阳。不久,羿娶了美丽的嫦娥为妻子。一天,羿到昆仑山访友求道,巧遇王母娘娘,便向王母求得不死之药。羿把不死之药交给嫦娥收藏。嫦娥将药藏进

嫦娥奔月

梳妆台的百宝匣里,不料被门徒蓬蒙看到了。三天后,羿率众徒外出狩猎,心怀鬼胎的蓬蒙假装生病,留了下来。待羿走后,蓬蒙手持宝剑闯入内宅,威逼嫦娥交出不死之药。嫦娥在危急之时,将不死之药一口吞了下去。嫦娥吞下药后,身子立时飘离地面,向天上飞去,飞到月宫成了仙。傍晚,羿回到家发现妻子上天了,悲痛欲绝,仰望着夜空呼唤妻子的名字。这时他惊奇地发现,皎洁明亮的月亮中有个晃动的身影酷似嫦娥。羿急忙派人到后花园里,设案放上嫦娥平时最爱吃的蜜食鲜果,遥祭月宫里的嫦娥。百姓们闻知嫦娥奔月成仙的消息后,纷纷在月下摆设香案,向嫦娥祈求吉祥平安。从此,中秋节拜月的风俗在民间传开了。又有传说嫦娥后来变成了癞蛤蟆,在月宫中终日捣不死之药,过着寂寞清苦的生活,李商隐曾有诗感叹"嫦娥应悔偷灵药,碧海青天夜夜心"。

吴刚伐桂　传说吴刚是汉代西河人,修道成仙后到了天界,因犯了天规,被贬谪到月宫,让他砍伐广寒宫前五百多丈高的桂花树,可是每次砍下去之后,砍口又立即合拢了。就这样随砍随合,天天做这种徒劳无功的苦差事,以示惩罚。

玉兔捣药　最早见于屈原《天问》:"厥利维何,而顾菟在

腹?"顾,蟾蜍;菟,白兔。意思是顾、菟在月亮肚子里,对月亮有什么好处呢?晋代傅玄《拟天问》云:"月中何有,白兔捣药。"兔子如何登上月宫的呢?据闻一多先生考证,这"白兔捣药"的说法是由"蟾蜍捣药"变来的。

(2)赏月活动

中秋节的赏月活动丰富多彩,诸如烧斗香、走月、放天灯、点塔灯、舞火龙、曳石、卖兔儿爷等。各地区各民族具有奇异的赏月风俗。

福建的女子过中秋时,要穿行南浦桥以求长寿。挂灯为向月宫求子的吉兆,儿女多在拜月时请月姑。龙岩人吃月饼时,在月饼中间挖出两三寸大的圆饼供长辈食用,意思是秘密事不能让晚辈知道。

广东有"男不圆月,女不祭灶"的习俗。中秋节晚上,妇女们在院子里、阳台上设案摆满佳果和饼食作为祭品,当空祷拜。还有吃芋头的习惯。传说1279年蒙古族灭了南宋,建立元朝,对汉人进行了残酷的统治。马发据守潮州抗元,城破后,百姓惨遭屠杀。为了不忘受胡人统治之苦,后人就取"芋头"与"胡头"谐音,且形似人头,以此来祭奠祖先。历代相传,至今犹存。

南京人过中秋节,除吃月饼外,还必吃金陵名菜桂花鸭。此鸭肥而不腻,味美可口。南京人合家赏月称"庆团圆",团坐聚饮叫"圆月",出游街市称"走月"。走街串巷,拜访亲朋,表示月圆人也圆。

江西吉安在中秋节的傍晚,用稻草烧瓦罐,待瓦罐烧红后,再放醋,有香味飘满全村。新城县自八月十一日夜起就悬挂通草灯,直至八月十七日止。

安徽有摸秋的习俗,中秋节晚上,孩子们到别人家的菜园子里,随便摸点瓜果生吃,俗称"摸秋"。丢了瓜果的人家,不管丢了多少也不叫骂，所谓"八月摸秋不为偷"。巢湖人过中秋节多吃鸭子，因为鸭子下水可捞月救月，吃鸭子表示对月神的崇敬。

四川人过中秋节，除了吃月饼外，还要打粑、杀鸭子、吃麻饼、吃蜜饼。有的地方点桔灯，悬于门口，以示庆祝。有的儿童在柚子上插满香，沿街舞动，叫做"舞流星香球"。

陕西西乡中秋夜，男子泛舟登崖，女子安排佳宴。不论贫富必食西瓜，有吹鼓手沿门吹鼓，讨赏钱。洛川县中秋节时，家长率学生带礼物给先生拜节，午饭多于校内聚餐。

少数民族过中秋节，风俗各异。壮族在河中的竹排房上用米饼拜月，少女在水面放花灯，以测一生的幸福，并演唱优美的《请月姑》民歌。朝鲜族用木杆和松枝高搭望月架，先请老人上架探月，然后点燃望月架，敲长鼓，吹洞箫，一起合跳《农家乐舞》。仡佬族节前全寨合宰一头公牛，将牛心留到中秋夜祭祖灵，迎新谷，称为"八月节"。侗族青年人郊游欢会，称为"赶坪节"，第一天芦笙会，第二天对歌。傣族对空鸣放火枪，然后围坐饮酒，品尝狗肉汤锅、猪肉干巴、腌蛋和干黄鳝，谈笑望月。黎族称中秋节为"八月会"或"调声节"，各集镇举行歌舞聚会，每村由一调声头（即领队）率领男女青年参加，大家互赠月饼、香糕、甜粑、花巾、彩扇和背心。入夜便聚集在火旁，烤食野味，痛饮米酒，对歌演唱，未婚青年挑寻伴侣。

（3）赏月灯谜

中秋节燃灯的风俗仅次于元宵灯节。湖、广两地有用瓦片叠塔燃灯的，江南有制灯船的。周云锦《何湘妃闲情试说时节事》说："广东张灯最盛，各家于节前十几天，就用竹条扎灯笼，作果品、鸟兽、鱼虫形及庆贺中秋等字样，上糊色纸，绘各种颜色。中秋夜灯内燃烛，用绳系于竹竿上，高树于瓦檐或露台上，或用小灯砌成字形或其他形状，挂于家屋高处，俗称'树中秋'或'竖中秋'。富贵之家所悬之灯,高可数丈,家人聚于灯下欢饮为乐,平常百姓则竖一旗杆,灯笼两颗,也自取其乐。满城灯火不啻琉璃世界。"

中秋节谜语分为两类:

一类以月为谜底的谜语,如:明天日全食(打一字);中秋菊盛开(打一成语);蟾宫曲(打一曲牌名);冰轮乍涌(打一电影名)(谜底:月,花好月圆,月儿弯,海上生明月)。

一类以月为谜面的谜语,如:二月平(打一字);月与星相依、日和月共存(打一字);一对明月毫不惨、落在山下左右站(打一字);掬水月在手(打一成语);莫使金樽空对月(打京剧剧目);石头城上月如钩(打《聊斋志异》篇目);月涌大江流(打物理学名词二);二十五弦弹夜月(打现代文艺形式一);云破月来花弄影(打矿业专用语);我寄愁心与明月(打科技名词);李白诗"长安一片月"(打《水浒》人物名);杜甫诗"月是故乡明"(打一自然名词);贾岛诗"僧敲月下门"(打一外国地名);苏轼词"月有阴晴圆缺"(打一经济学名词);明月照我还(打晚明文学家名)(谜底:朋,腥,崩,掌上明珠,夜光杯,金陵乙,冷光,波动,音乐晚会,露天开采,光通讯,秦明,光照,关岛,自负盈亏,归有光)。

"月谜"有出自港、澳、台胞以及海外华侨的,如台湾的"天秋月又满"(打食品名)、"清流映明月"(打生活日常用语);港澳的"残月斜照影成对"(打一字);泰国华侨的"明月几时有"(打《诗经》一句诗)(谜底:桂圆,漂亮,多,三五在东)。

(4)赏月对联

重庆巫峡有一副妙联:"月月月明,八月月明明分外;山山山秀,巫山山秀秀非常。"此联运用叠字,写出了"月到中秋分外明"的特色,与以巫山秀色为内容的下联相对。上海豫园得月楼联:"楼高但任云飞过,池小能将月送来。"联中阐明"尺有所短,寸有所长"的道理,示人以哲理。台湾阿里山古月亭联:"满地花阴风弄影,一亭山色月窥人。"全联对仗既工整且含无穷韵味,"弄"、"窥"两字用得恰到好处,最能传神。杭州西湖水月亭联:"水凭冷暖,溪间休寻何处来源,咏曲驻斜晖,湖边风景随人可;月自圆缺,亭畔莫问当年初照,举杯邀今夕,天上嫦娥认我不?"此联典雅明丽,极富想象力。

更有赏月即兴对对联的。有一年中秋节,苏小妹随哥哥苏东坡及佛印和尚在湖中泛舟赏月,苏小妹吟出上联:"五百罗汉渡江,岸畔波心千佛子。"佛印和尚仰望明月,脱口而出下联:"一个美人映月,人间天上两婵娟。"

(5)赏月诗词

自古以来,描写中秋佳节的诗词很多,其主题情感是望月抒怀。唐代李朴《中秋》:"皓魄当空宝镜升,云间仙籁寂无声。平分秋色一轮满,长伴云衢千里明。狡兔空从弦外落,妖蟆休向眼前生。灵槎拟约同携手,更待银河彻底清。"刘禹锡《八月十五夜玩月》:"天将今夜月,一遍洗寰瀛。暑退九霄净,秋澄万景清。星辰让光彩,风露发晶英。能变人间世,悠然是玉京。"宋代辛弃疾《太常引》:"一轮秋影转金波,飞镜又重磨。把酒问姮娥,被白发欺人奈何!乘风好去,长空万里,直下看山河。斫去桂婆娑,人道是清光更多。"

中秋咏月的千古佳作是苏东坡的《水调歌头》:"明月几时有?把酒问青天。不知天上宫阙,今夕是何年?我欲乘风归去,又恐琼楼玉宇,高处不胜寒!起舞弄清影,何似在人间?转朱阁,低绮户,照无眠。不应有恨,何事长向别时圆?人有悲欢离合,月有阴晴圆缺,此事古难全。但愿人长久,千里共婵娟。"这是一首富有人生哲理的咏月词,每逢中秋佳节,人多咏诵。

(6)赏月最佳地

我国幅员辽阔,赏月的最佳地点很多,诸如:三江口吻月(位于宜宾),长江追月,西湖三潭印月,长沙古城中秋月,石湖串月(太湖支流),洞庭揽月,太清水月(青岛崂山太清宫山顶),峨眉山月半抱秋,天野苍茫月无言(甘肃兰州以南的大草原),二泉映月(无锡二泉池),二十四桥夜月(扬州),象山夜月(广西桂林象山),星湖秋月(肇庆星湖),黄山邀月,庐山邀月,瑶寨邀月,桨声灯影水乡月(绍兴水乡)等。

3.吃月饼

(1)月饼的来历

据《洛中记闻》载,唐僖宗在中秋节吃月饼时,听到新科进士在曲江设开喜宴,便命御厨用红绫包裹月饼赏赐给新科进士们。这是最早的关于月饼的记载。有人认为中秋节吃月饼始于元代。当时元代统治者惧怕汉民反抗,采取每十家派一名士兵监视、十家共用一把菜刀的高压政策,人民忍无可忍,纷纷起义反元。朱元璋在联合各路起义军时,因朝廷官兵搜查严密,传递消息十分困难。军师刘伯温便想出一计策,命令属下把藏有"八月十五夜起义"的纸条藏入月饼里面,再派人分头传送到各地起义军手中,通知在八月十五日晚上响应起义。到了起义的那天,各路义军齐响应,如星火燎原,起义成功了。消息传来,朱元璋高兴得连忙传下命令,将秘密传递信息的月饼作为节令糕点赏赐众将。此后,中秋节吃月饼的习俗便在民间流传开来。

(2)月饼的情感意蕴

中秋节圆月如盘,人们在尽情赏月之时,会自然地想念远游在外、客居异乡的亲人。因此中秋节又有"团圆节"之称。许多古诗词表达了人们此时的思念之情。唐人殷文圭《八月十五夜》:"万里无云境九州,最团圆夜是中秋。"王建

《十五夜望月寄杜郎中》诗云:"今夜月明人尽望,不知秋思落谁家。"中国人历来把家人团圆、亲友团聚、共享天伦之乐,看得极其珍贵,有"花好月圆人团聚"之说,所以民间以月饼作为礼品互相赠送,取团圆之义。

(3)月饼的花色品种

我国月饼的种类越来越多,工艺越来越讲究。咸甜荤素,各具异味;光面花边,各有特色。当今的月饼呈现五大特点。一是名称异彩纷呈,如"嫦娥奔月"、"七星伴月"、"银河夜月"、"三潭印月"、"八仙赏月"、"彩龙戏月"、"冰片莲蓉"等。二是包装精致典雅,表现出"吉祥如意"的情思和"中秋佳节倍思亲"的意蕴,如包装盒上绘有寿星图、嫦娥奔月图、明月图、青松图、仙鹤图等,有的图案还配有古典诗词,增添了节日的文化氛围。三是形成具有地方特色的月饼品牌,如广式月饼(广东)、京式月饼(北京)、苏式月饼(苏州)、宁式月饼(宁波)、潮式月饼(潮州)、滇式月饼(云南)等。四是个重价高,2001年云南制作一块月饼重达600公斤,有的月饼价格高达万元。五是月饼新时尚——电子月饼,即网站上发中秋贺卡和祝福。伤感时可以发:去年元夜时,花市灯如昼,月上柳梢头,人约黄昏后;今年元夜时,月与灯依旧,不见去年人,泪湿春衫袖。快乐时则发:网缘月缘情缘,中秋夜语寄相思,心想事成愿缘圆。

(八)重阳节

农历九月初九,两个九相重,称为"重九"。我国古代以九为阳数,重九又叫"重阳"。重阳节又叫"登高节"、"菊花节"。现在成为中国的老人节。其活动丰富,有登高、赏菊、喝菊花酒、吃重阳糕、插茱萸等。

1.重阳节的来历

重阳节的起源,最早可以追溯到汉初。据说汉代皇宫中每年九月九日都要佩茱萸，食蓬饵，饮菊花酒，以求长寿。汉高祖刘邦时，宫女贾某被逐出宫，将这一习俗传入民间。三国魏曹丕在《九日与钟繇书》中已明确写到重阳饮宴："岁往月来，忽复九月九日。九为阳数，而日月并应，俗嘉其名，以为宜于长久，故以享宴高会。"晋代陶渊明在《九日闲居》诗序中说："余闲居，爱重九之名。秋菊盈园，而持醪靡由，空服九华，寄怀于言。"可见在魏晋时期，重阳日已有了饮酒、赏菊的习俗。到了唐代，重阳被正式定为民间的节日。

2. 登高

民间有登高的风俗，所以重阳节又叫"登高节"。相传此风俗始于东汉，源于一个故事：东汉时期汝河有个瘟魔，只要它一出现，家家就有人病倒，天天有人丧命，一场瘟疫夺走了青年桓景父母的生命，他自己也因病差点儿丧了命。桓景病愈后，辞别了心爱的妻子和父老乡亲，决心出去访仙学艺，为民除掉瘟魔。桓景四处访师寻道，终于打听到东方有一座最古老的山，山上有一个法力无边的仙长。桓景不畏艰险和路途的遥远，在仙鹤指引下，终于找到了那座高山，见到了仙长。仙长为桓景的精神所感动，终于收留了他，并且教给他降妖剑术，还赠他一把降妖宝剑。一天，仙长对桓景说："明天是九月初九，瘟魔又要出来作恶，你已经学成本领，应该回去为民除害了。"仙长送给桓景一包茱萸叶，一盅菊花酒，并且密授避邪用法，让桓景骑着仙鹤赶回家。桓景回到家乡，在九月初九的早晨，按仙长的叮嘱把乡亲们领到了附近的一座山上，发给每人一片茱萸叶和菊花酒，做好了降魔的准备。中午时分，随着几声怪叫，瘟魔冲出汝河。瘟魔刚扑到山下，突然闻到阵阵茱萸奇香和菊花酒气，便戛然止步，面色突变。这时桓景手持降妖宝剑追下山来，把瘟魔刺死了。从此九月初九登高避疫的风俗就流传了下来。

另外，在中原人的传统观念中，双九还有生命长久、健康长寿的意思，所以后来重阳节被定为"老人节"。

3. 赏菊及饮菊花酒

重阳节正是一年的金秋时节，菊花盛开，赏菊及饮菊花酒的风俗盛行。东晋陶渊明隐居后以醉酒赏菊为乐，他在许多诗中都写到菊花，最著名的是《饮酒》诗中的两句："采菊东篱下，悠然见南山。"后人效之，遂有重阳赏菊之俗。北宋开封重阳赏菊之风盛行，民间还把农历九月称为"菊月"，在菊花傲霜开放的重阳节里，观赏菊花成了节日的一项重要内容。清代以后，赏菊的风俗尤盛，且不限于九月九日，但仍然以重阳节前后最为繁盛。

4. 吃重阳糕

重阳糕，又称"花糕"、"菊糕"、"五色糕"。九月九日天明时，以片糕搭儿女头额，口中念念有词，祝愿子女百事俱高。这是九月做糕的本意。讲究的重阳糕要做成九层，像座宝塔，上面还做成两只小羊，以符合重阳（羊）之义。有的还在重阳糕上插一面小红纸旗，并点蜡烛灯。这大概是用"点灯"、"吃糕"代替"登高"的意思，用小红纸旗代替茱萸。当今的重阳糕，仍无固定品种，各地在重阳节吃的松软糕类，都称之为"重阳糕"。

5. 插茱萸

古人认为重阳节插茱萸可以避难消灾。唐代诗人王维《九月九日忆山东兄弟》诗云："独在异乡为异客，每逢佳节倍思亲。遥知兄弟登高处，遍插茱萸少一人。"有的将茱萸佩带于臂，有的做香袋把茱萸放入佩带，还有的插在头上。重阳节佩茱萸，晋代葛洪《西京杂记》中就有记载。重阳节除了佩带茱萸，也插菊花，大多是妇女、儿童佩带，有些地方男子也佩带，历代盛行。宋代还有将彩缯剪成茱萸、菊花来相赠佩带的。清代北京重阳节把菊花枝叶贴在门窗上,"解除凶秽,以招吉祥"。

6. 各地重阳节的风俗

重阳节在陕北,正是收割季节,有首歌唱道:"九月里九重阳,收呀么收秋忙。谷子呀,糜子呀,上呀么上了场。"陕北人过重阳节在晚上,白天收割、打场,晚上月上树梢,人们喜爱享用荞面熬羊肉,待吃过晚饭后,爬上附近的山头,点上火堆,谈天说地,待鸡叫才回家。夜里登山,大人都摘几把野菊花,回家插在女儿的头上,以之避邪。福建莆田、仙游一带的人,要蒸九层的重阳米果。清初诗人宋祖谦《闽酒曲》云:"惊闻佳节近重阳,纤手携篮拾野香。玉杵捣成绿粉湿,明珠颗颗唤郎尝。"近代以来,人们又把米果改制为很有特色的九重米果,有些地方利用重阳登山的机会,祭扫祖墓,纪念先人。

新中国成立后,重阳节的活动又充实了新的内容。1989年,重阳节定为"老人节"。这一天,各地都要组织老年人登山秋游,开阔视野,交流感情,锻炼身体,培养人们回归自然、热爱祖国大好山河的高尚品德。

7. 重阳节的诗词

自古以来,描写重阳节的诗词很多,内容丰富。有的写重阳节菊花插头的风俗。唐代杜牧《九日齐山登高》:"江涵秋影雁初飞,与客携壶上翠微。尘世难逢开口笑,菊花须插满头归。但将酩酊酬佳节,不用登临叹落晖。古往今来只如此,牛山何必泪沾衣。"

有的写登高观景。唐代刘长卿《九日登李明府北楼》:"九日登高望,苍苍远树低。人烟湖草里,山翠县楼西。"唐代劭大震《九日登玄武山旅眺》:"九月九日望遥空,秋水秋天生夕风。寒雁一向南去远,游人几度菊花丛。"

有的写重阳的秋色美。毛泽东《采桑子·重阳》词:"人生易老天难老,岁岁重阳,今又重阳,战地黄花分外香。一年一度秋风劲,不似春光,胜似春光,寥廓江天万里霜。"

有的写游子思乡的。唐代王勃《蜀中九日》:"九月九日望乡台,他席他乡送客杯。人情已厌南中苦,鸿雁那从北地来。"唐代杨衡《九日》:"黄花紫菊傍篱落,摘菊泛酒爱芳新。不堪今日望乡意,强插茱萸随众人。"明代文森《九日》:"三载重阳菊,开时不在家。何期今日酒,忽对故园花。野旷云连树,天寒雁聚沙。登临无限意,何处望京华。"

更多的是借重阳悲秋以抒发情怀。唐代李白《九月十日即事》:"昨日登高罢,今朝再举觞,菊花何太苦,遭此两重阳。"宋代李清照《醉花阴》:"薄雾浓云愁永昼,瑞脑消金兽。佳节又重阳,玉枕纱橱,半夜凉初透。东篱把酒黄昏后,有暗香盈袖。莫道不销魂,帘卷西风,人比黄花瘦。"

四、多情的少数民族节日

我国少数民族的节日,不仅数量多,而且具有奇异的民族风情,以它那独有的内容和形式,充分地反映出他们的思想信仰和对美好幸福生活的追求。这里介绍几个影响大、有特色的节日。

(一)泼水节

云南少数民族的节日约有 400 多个,而影响地域最大、参加人数最多的是傣族泼水节。泼水节,傣族语叫厚南,是傣族一年中最盛大的传统节日。时间在傣历六七月,农历四月十三至十五日。节日期间,傣族男女老少穿上节日盛装,挑着清水,先到佛寺浴佛,然后就开始互相泼水。你泼我,我泼你,一朵朵水花在空中盛开,它象征着吉祥、幸福、健康;大家互相泼,到处是水的洗礼、水的祝福、水的欢歌。人身上的水被泼得越多越好,因为这是吉祥水,泼了可以冲走一年的疾病和灾难。给长辈泼水带来健康长寿,给亲友泼水带来幸福;青年手里明亮晶莹的水珠,还象征着甜蜜的爱情。因此每年到泼水节的时候,数以万计的中外游者纷纷云集西双版纳、瑞丽等傣族地区,泼水节成了欢乐的海洋。泼水节的活动内容,除泼水外,还有赛龙舟、斗鸡、跳孔雀舞、丢包、放高升、放孔明灯等活动。

泼水节

关于泼水节的来历,有个感人的故事:传说魔王已有 11 个妻子,可他仍不满足,又抢来一个美丽聪明的姑娘。这个姑娘心里恨透了魔王,可表面上却不露声色,假装与魔王十分要好。一天夜里,魔王从外面抢回来许多财宝和奴仆,她趁魔王高兴不戒备时,试探问清了用魔王头发可勒死魔王的秘密。夜深人静时,趁魔王睡着的时候,姑娘悄悄地拔下了魔王的一根头发,勒住魔王的脖子。顷刻间,魔王的头便滚落在地上。但是魔王的头滚到哪里,哪里便会发生灾难,抛到河里河水泛滥,埋在地下臭气冲天,只有魔王的妻子抱着才平安无事。为免除灾难,魔王的 12 个妻子便轮流抱着魔王的头,一人抱一天。傣族人民怀着对姑娘们敬佩的心情,每年清明节后第 7 天,给姑娘们泼一次清水,作为洗污净身的一种祝福。泼水节就这样流传下来了。

泼水节起源于印度,曾经是婆罗门教的一种宗教仪式,其后为佛教所吸收,经缅甸传入云南傣族地区。时间约在13世纪末至14世纪初,距今约700年。

(二)芦笙节

芦笙节,又称"芦笙会",是贵州黔东南苗族的传统节日。每年农历九月二十七日举行,为期3天。节日期间,各地苗族男女老幼身穿节日的盛装,手持芦笙、唢呐、笛子、铜鼓等,从四面八方涌向聚会的地方,举行各种活动。

芦笙,一般为六管笙,是由吹气管、气斗、音阶管、簧片、共鸣筒等部分组成的吹奏乐器。分为大、中、小与特小4个种类。大芦笙高达丈余,吹奏时声音洪亮深沉,中芦笙音色圆和流畅,小芦笙音色清亮纤细。芦笙音量高、响度大,所谓"芦震山岳",几十里以外都能听得见。

芦笙舞,苗家人人爱吹芦笙、爱跳芦笙舞。舞蹈有集体舞和单人舞。集体舞是笙领舞,即吹笙者在前头边吹边舞,男女群体随队伍绕圈踏声舞蹈。双人或单人舞指吹笙者用小芦笙表演,亦吹亦舞,舞蹈动作有移、跨、转、立、踢、翻等,轻松明快、活跃敏捷。芦笙舞曲有礼乐曲、叙事曲、进行曲、歌体曲与舞曲等。

芦笙节的由来,有个动人的传说:古时候,苗家寨有个聪明能干、心灵手巧的姑娘叫榜确,她爱上了勇敢的青年猎手茂沙。这时山上有只野鸡精看中了榜确,开始它变成大财主,登门相亲,送财送宝,被榜确的父亲拒绝了。接着它又变成俊俏的后生来求爱,榜确一眼看穿了他的虚情假意,坚决不答应。野鸡精恼羞成怒,骗不了就抢。一天傍晚,它刮起一阵妖风,趁人们忙乱之际,抢走了榜确姑娘,把她带到远处的森林里。茂沙外出打猎,也来到这片森林里,听当地人说起野鸡精经常发出怪叫,人们十分恐惧。茂沙是个大力士、神箭手,他听了以后怒火冲天,拿起宝剑,同野鸡精展开了殊死搏斗,将其杀死在后山上。茂沙杀死野鸡精后又去游猎了。

榜确被解救后,得知杀死野鸡精的人就是她朝思暮想的茂沙。可是茂沙游猎四乡,到哪儿去找他呢?榜确思念茂沙,以至于茶不进,饭不吃,一天天消瘦。老父亲很着急,左思右想,终于想出了寻找茂沙的好办法。老爹砍来翠竹做成芦笙,请乡亲们四处传递消息:古历正月十八到寨上来跳芦笙舞。这个消息传得很远,茂沙也知道了。那天,成千上万的苗族同胞吹起芦笙,载歌载舞来参加芦笙会。茂沙也赶来赴会,榜确很快就发现了他。老父亲把做得最好的芦笙送给了他,榜确把自己织的花带系在芦笙上,表达了自己的爱意。茂沙也把银手镯给她戴在手上。这一对情人在乡亲们的欢呼声中定了亲。茂沙请老父亲吹笙领舞,老人高兴地接受了请求,并且提出了芦笙会的三条宗旨:一是喜迎新春,二是预祝风调雨顺、农业丰收,三是让苗族青年男女寻找称心如意的终身伴侣。大家一致赞成。就这样老父亲吹笙领舞,人们尽情地吹,尽情地跳,连续跳了三天。于是年复一年,芦笙节成为苗族人民的传统节日。

(三)火把节

每年农历六月二十四至二十六日,是彝族传统的火把节。云南彝族支系都有火把山,节日时的三天三夜都要在火把山上度过。节前要准备节日祭牲品和服装,过节不穿破衣,所谓"过节穿破烂,不穷胜过穷"。火把节开始时,由每年轮一个村来掌火,先唱掌火歌,后唱冲门歌,由掌火者村寨里的人围成三道人墙,由客人们去冲。冲开三道人墙就叫冲开三道门,取得胜利。人们就开始饮酒、对歌、跳舞、撒火把,火把节的盛况就开始了。方圆几十公里的人都来参加，人山人海，尽情欢歌狂舞，通宵达旦。活动项目因地而异，各具风采。

都荷舞，彝语"都"即火，"荷"意为唱，"都荷"即唱火把节。这是流传在凉山彝族地区唯一保持古老习俗的女子集体舞。由一人领唱领舞，其余舞者尾随，并朝逆时针方向边歌边走。舞者一手持黄伞，一手牵着前人的荷包带，或前后互牵头巾两端，形成圆圈缓步而舞。由领舞者在前唱，其他人齐唱齐舞，场面非常壮观。

火把节

斗牛，在人们围起的大圆圈中，两头凶悍的牦牛角抵着角，在主人的吆喝下、观众的呐喊声中拼命搏斗。获得胜利的牛将披红挂彩，得到奖品，大家上前称赞这头牛的主人是牧牛好手。

摔跤，不同村寨推选最强壮且有能耐的摔跤能手进行比赛，胜者获奖。同时，他们自己的村寨还另有酒、羊、牛等美食来庆祝和鼓励。

火把节又是彝族青年男女传达情意的好时机，若寻找到心上人，男方可以抢夺女方身上的信物，作为定情之物。

火把节的来历，流传着一个神奇动人的故事：传说天神派了两名大力神到人间搜刮珠宝和粮食，他们仗着天神的权威和自己的力气，把不愿奉献者的房屋推倒，把牛羊摔死。彝族百姓苦不堪言，于是推举了一个智勇双全的英雄阿提拉巴当统帅，率领大家与大力神斗争。阿提拉巴知道不可硬拼,只可智取。一天,他把一个大力神引到山上,跑了九天九夜,直到大力神累得站不住时,才率众人把他摔死在山下。另一个大力神则气急败坏地跑回天庭报信,天神大怒,立即取出一个小盒向人间抛去,盒子一打开,蝗虫便铺天盖地向凉山扑来。聪明的阿提拉巴立即用松枝和箭竹扎成火把,百姓争相仿效,顷刻间熊熊的火把在高山、深谷、平坝各处燃起,把蝗虫全部烧死了。人们战胜了天神,保住了庄稼,获得了丰收。据说这一天正是农历六月二十四日,从此,彝族人在每年的这一天,以点燃火把作为纪念。

(四)三月街

三月街,是白族最盛大的传统节日,每年农历三月十五至二十五日在苍山举行,已有一千多年的历史。它原为佛教节日,又叫"观音街"、"观音节"、"观音市"。1991年大理白族自治州人大常委会正式将三月街确定为大理白族民族节。

节日期间,街上骡马、药材、茶叶、丝棉、毛料、铜器、锡器、生产工具、生活用品、手工艺品等,应有尽有。绚丽多彩的民族歌舞、内容丰富的体育活动,使三月街洋溢着欢乐的气氛。明代旅行家徐霞客在《滇游日记》中描述说:俱结棚为市,环错纷纭,千骑交集,男女杂沓,交臂不辨,十三省物无不至,滇中诸彝物亦无不至。当代作家王蒙赞叹道:"苍山洱海哺育出多么聪慧美丽的民族!多么灿烂多彩的文化!"艾煊赞不绝口地说:"真是太美、太精彩了!在我们江苏绝对看不到这么多瑰丽奇妙的民族服饰,这么多独具风姿的民族歌舞!三月街让我们看到了祖国边疆万紫千红的春天!"

三月街表演中最吸引人的是赛马。滇西的白族、彝族、纳西族、藏族、苗族等各民族剽悍的骑手云集苍山脚下,一声号令,骏马倏忽若飞,狂逸奔突,骑手在疾奔的马上或翻身摸地,或突然站立,或弯腰拔起地上的小旗,骑手以手着地,一路的小旗都被拔去，令人叹为观止。那真是"一年一度三月街，四面八方有人来。各族人民齐欢唱，赛马唱歌做买卖"。

三月街来源于一个感人的传说：古代有一个勤劳勇敢的小伙子，与洱海里的龙王三公主结成夫妻，在海边打鱼为生。农历三月十五日，龙王三公主带着丈夫，骑龙飞进月宫，去赶天上一年一度的月街。月街非常热闹，各种货物琳琅满目，却只准他们看，不准买了带回人间。俩人闷闷不乐地转回地面，同邻居和各个村寨的乡亲们商量后，决定每年农历三月十五日也像天上月街那样，敲锣打鼓、唱歌跳舞、骑马射箭，吸引四面八方的人来到苍山下赶街，使人间的月街比天上的月街更热闹。从此，就有了一年一度的越赶越大的人间三月街。

（五）那达慕大会

那达慕，亦称"那雅尔"，蒙语意为娱乐、欢聚、游戏。这是蒙古族传统节日。流行于内蒙古、甘肃、青海、新疆等地。一般在夏历七八月举行，为期5~7天。过去的那达慕是兼有草原祭祖和群众娱乐的活动，摔跤、射箭和赛马是必有的3项游戏，俗称"男子三项那达慕"。此外还有棋艺、拔河、歌舞、体育，并交换各种农牧土特产、砖茶、布匹、绸缎、日用百货等产品。近代的那达慕大会增加了读书、唱歌、跳舞、射击、马球、马术、田径等活动项目。男女青年还可以借机谈情说爱，即所谓的"敖包相会"。现在那达慕已成为集民族体育、文化艺术、集市贸易、产品展销、招商引资、旅游观光等为一体的综合性节庆活动。1991年内蒙古自治区政府决定每年8月15~25日定期举行。

摔跤比赛，是那达慕大会最引人注目的活动。摔跤手，蒙语叫"布赫沁"。他们多是身材魁梧的小伙子，上身穿镶有铜钉的卓铎格，下身穿肥大的摔跤裤，足蹬传统的布利阿耳靴,头缠红、蓝、黄三色头巾。比赛开始,几名有威望的长者带领摔跤健儿举行入场式。此时场上唱起浑厚雄壮的摔跤歌,摔跤手模仿雄鹰的动作,跳着鹰舞,象征鹰一样威武,跃入场内。两个摔跤手相遇,慢慢地接近,俯身前视,沿着摔跤场转动着,忽而向前进攻,忽而又躲闪一旁,警惕地寻觅着时机,突然间一下扭斗起来。只要一招得手,摔跤比赛瞬间便可结束。不过,有时两个摔跤手相互扭摔,身高力大的抓住矮小身轻的腰带,抡起来不停地旋转,想转得对方失去控制时,猛一下把对方摔倒。岂料到这位矮小身轻的任凭你怎么抡转,待你往地上一摔,他就会立即脚下生根,站得结结实实,甚至等对方转得筋疲力尽时,他用脚轻轻一绊,就将身强力大的对手摔倒。蒙古族摔跤不分等级,采取依次淘汰的方法,最后决出布盔(即冠军)、二布盔(亚军)等。

赛马,也是一项很吸引人的活动。蒙古族人是在马背上长大的,对马有着特殊的感情。赛马,不仅需要平日把马驯得十分熟练,得心应手,而且还要有娴熟、高超的骑术和顽强勇猛的精神。比赛时,骑手们身着蒙古袍,足蹬蒙古靴,头扎彩巾,腰束彩带,生气勃勃,英姿飒爽。数十匹马站在起跑线上,令枪一响,如同离弦的箭,向前飞奔,赛场顿时沸腾起来。当第一匹马冲到终点时,人们立刻唱起优美的赞歌。

那达慕大会由来已久。据铭刻在石崖上的《成吉思汗石文》载,早在1225年成吉思汗西征战败花剌子模后,就在布哈苏齐海地方举行过盛大的那达慕大会。自那以后,每逢庆祝战功、祭旗点将、军民欢聚、盟旗聚会以及敖包祭祀等重要活动,都要举行那达慕大会。蒙古族是个尚武的民族。成吉思汗非常注重培养人勇敢、机智、顽强的精神,于是把骑马、射箭、摔跤统称为"男儿三艺",作为士兵和民众素质训练的内容。在那达慕大会上,这"男儿三艺"也就成为民族体育比赛的主要项目。

(六)姊妹节

姊妹节,又称"吃姊妹饭",为苗族民间节日,流行于贵州台江、施洞一带。各地时间有农历二月十三日、二月十五日、三月十三日不等。节日礼仪古朴独特,节日以青年女子为中心邀约情人相聚,同吃姊妹饭,跳踩鼓舞,游方对歌,互赠信物,订立婚约。这是最为古老的东方情人节。传说苗族从前居住在遥远的东方,后来由于人口的增多和灾荒战乱的频发,被迫向西方迁徙。而每到一个地方居住一段时间,就有一部分姊妹要嫁出去,再次迁徙时,嫁出去的姊妹就回不了家了。于是她们决定在春暖花开的时节里,到田里捉来鱼虾,相邀已嫁出去的姊妹们回来和未嫁的姊妹们相聚一起,吃一顿姊妹饭,互诉衷肠,然后依依惜别。这样相袭而成了一年一度的姊妹节,俗语说:"吃了一顿姊妹饭,了却一年相思情。"

(七)藏历年

藏历年,藏语称"洛萨尔",是藏族传统的新年节日。时间一般在藏历年正月一日(基本与夏历同)。过年的准备从藏历十二月初开始,各家都要把屋子打扫干净,备好油炸果子、青稞酒、酥油、茶叶、参果、糌粑、炸蚕豆、灌肠、牛羊肉等食品。在大门外、房梁上、灶壁上撒面粉,并在门外画上象征吉祥的八吉祥徽,在室内茶几上摆好卓索切玛的五谷斗,内装糌粑、人参果、炒青稞花,上面插上各色青稞穗、鸡冠花和酥油供品,标志过去一年的收成,预祝新的一年农业丰收。

除夕前一天,各户人家在太阳快落山时,把一切污水脏物倒掉,表示人丁兴旺、万物生长。初一天没亮,妇女们便到河边或井旁打吉祥水,谁家能第一个将新水背回,不仅表示全家吉祥,而且预示新的一年风调雨顺。然后将牲畜喂饱,叫醒全家人。初一进食前,必须在自己嘴上沾一点糌粑,以示自己是吃糌粑的子孙。节日期间,全家男女老少都穿上节日的盛装,先在家中互相祝福。有的人先到寺庙拜佛,求菩萨保佑平安,然后参加各种文体活动。无论男女老幼,见面都要互相祝"扎西德勒"(藏语吉祥如意)。晚间,青年男女在篝火周围跳着舞姿雄健的锅庄舞、踢踏舞。初一全家人闭门欢聚,互不拜访。从初二开始互相拜年,持续三五天。姑娘们常结伴成行,采取各种方式抢男人的食物,而男人不得有任何反抗。通过这种抢食活动,一些青年男女交流了感情,增进了友谊。

藏历年期间,各地都要演藏戏,还要举行角力、投掷、拔河、赛马和射箭等各种比赛活动。拉萨藏族居民一大早就在房顶上树起新的经幡,祈求在新的一年里五谷丰登、吉祥如意。经幡由蓝、白、红、绿、黄五色布连接而成,寓有蓝天、白云、红火、绿水、黄土之意,上面印有藏经经文。树经幡时,一般先将五色经文布披挂在树枝上,而后将挂满五色布的树枝插于房顶。树好经幡后,还要在房顶上摆上青稞酒、炸面果等供品,燃起香草,然后边舞边歌,祝愿一年风调雨顺,好运不断。

少数民族流传至今的传统节日非常多,还有白族的绕三灵(绕山林)、鄂伦春族的篝火节、哈尼族的苦扎杂节、水族的铜鼓节、阿昌族的会街节、苗族的四月八、瑶族的达努节和赶鸟节等。

五、多神的宗教节日

我国传统的宗教节日是丰富多彩的,除了本土的道教节日外,还有外来的佛教节日和伊斯兰教节日。这些宗教节日,已经融入了我国民众的生活之中,成为中国民俗文化的重要组成部分,它不仅体现了中国民俗文化融合性的特征,也反映了中国民俗文化的多样性。

(一)佛教节日

佛教自东汉传入中国以后,很快就与中国的民俗文化相融,极大地影响了中国人的生活,民间盛行信佛出家,拜佛求福,而且在日常俗语中也渗透了佛教文化,诸如:比喻混日子的"做一天和尚撞一天钟",比喻改行的"半路出家",劝人改过自新的"苦海无边,回头是岸",比喻讲个情面的"不看僧面看佛面",比喻胡作非为的"和尚打伞无法无天",比喻改恶从善的"放下屠刀,立地成佛"等。佛教节日成了中国民俗节庆的重要组成部分。佛教节日主要有佛诞节、盂兰盆会、成道节等。

1. 佛诞节

佛诞节,又叫"浴佛节"。每年农历四月八日,为佛祖释迦牟尼的诞生日。这是佛教最大的节日。南北朝以后成为民间普遍性的宗教节庆,各寺院都要举行大型法会。主要活动是浴佛,仪式是在大殿或寺内露天下,设一水盆供奉释迦牟尼诞生像。浴佛前,供上各种香花、灯烛、茶果珍馐等,住持先上堂诵祝词,僧尼信众口诵佛号,由僧尼用天然香料和净水煎制而成的香汤浴释迦牟尼像。浴佛毕,还要用净水洗淋。凡参加浴佛者,均各取少许洗像水倒在自己头上。这一习俗一直沿袭至今。

浴佛的来历有个传说:三千多年前,印度北方迦毗罗国净饭王王后多年不育,祈福求子后,王后梦见天上降下一轮红日,有一男孩乘坐一匹六牙白象进入自己的身体,于右肋下生出。不久,王后就在宫园无忧树下生出释迦牟尼。佛祖一落地就会行走,步步生莲花。他一手指天,一手指地,宣称:"天上地下,唯我独尊。"此时空中出现飞天仙女散花奏乐,九条神龙吐水为佛祖沐浴。因此,佛门弟子为纪念佛诞,便在这天为佛像洗浴祭祀。

浴佛后,还有其他的活动:

放生　佛教认为万物皆在轮回中,各种动物均为生命转轮的一种存在,乃是前世犯了罪孽的人变化而来。因此佛教不杀生。自宋代以来,佛教信徒逐渐形成浴佛节的放生习俗,买来龟、鱼等生物,口诵往生咒,将其放入水中,为来世求得善报。

食结缘豆　这在明朝以来成为风俗。浴佛节前拈豆念佛,然后在节日那天,将煮熟的青、黄豆施舍于人,以结善缘。凡接此豆者,也同样念一声佛便食一粒豆。

举办善会　又叫"善斋",是僧人募捐的一种手段。节日前寺庙住持便向善男信女发送红帖,邀请届时来寺内吃斋。居士善人在斋席间都要发愿施财,为寺庙的佛事提供赞助,如塑佛像、修缮建筑等。一般小户人家也要凑份子,所缴善款称为"会印钱",交款人称为"善台"或"猴头"。

吃乌饭　乌饭是用乌叶(南烛树叶)染煮而成的米饭。乌饭首创于南北朝时期,本来是道家炼丹服食的一种食物。关于食乌饭缘由,佛教传说与目莲救母的故事有关。目莲是佛祖释迦牟尼的弟子。一日,目莲的母亲青提夫人托梦给他,向他讲述死后在地狱里受到了百般折磨,尤其令她难以忍受的是饥饿,所以她企求儿子送些食物给她充饥。为了避过阿鼻地狱里守门鬼卒的搜查,目莲将米饭用乌叶盖住,送到母亲手中,白米饭被乌叶染成了乌饭。由此便相沿成习,以浴佛节食乌饭来纪念目莲救母的行为。

2. 盂兰盆会

盂兰盆会,亦称"盂兰盆节"、"盂兰盆斋"、"盂兰盆供",又称"中元节"。每年农历七月十五日,佛教徒为追荐祖先而举行。盂兰盆,梵语 Ullambanad 的音译,意思是"救倒悬"。原本是印度一种佛教仪式,民间普遍流传目莲救母的故事:"有目莲僧者,法力宏大。其母堕落饿鬼道中,食物入口,即化为烈焰,饥苦太甚。目莲无法解救母厄,于是求教于佛,为说盂兰盆经,教于七月十五日作盂兰盆以救其母。"

中国从南北朝梁代开始相沿成中元节,后又叫"鬼节"。节日期间,除设斋供僧外,还举行诵经法会以及举办水陆法场、拜忏、放焰口、放水灯等宗教活动。这一天,事先在街口村前搭起法师座和施孤台。法师座跟前供着超度地狱鬼魂的地藏王菩萨,下面供奉着一盘盘面制桃子、大米,施孤台上立着三块灵牌和招魂幡。过了中午,各家各户纷纷把全猪、全羊、鸡、鸭、鹅及各式发糕、果品、瓜果等摆到施孤台上。主事者分别在每件祭品上插上一把蓝、红、绿等颜色的三角纸旗,上书"盂兰盆会"、"甘露门开"等字样。紧接着法师敲响引钟,带领座下众僧诵念各种咒语和真言,然后施食,将一盘盘面制桃子和大米撒向四方,反复三次。这种仪式叫"放焰口"。晚上家家户户还要在自己家门口焚香,把香插在地上,越多越好,象征着五谷丰登,这叫做"布田"。有些地方有放水灯的活动。水灯是一块小木板上扎一盏灯,大多数都用彩纸做成荷花状。传说水灯是为了给那些冤死鬼引路的,灯灭了,水灯也就完成了把冤魂引过奈何桥的任务。

3. 成道节

农历腊月初八,简称"腊八",从周代以来就成为我国重要的祭日。佛教传入中国后,就把释迦牟尼成道日推算为腊八,融中国传统民俗于佛教节日中,以扩大佛教的影响,并把献牲改为不杀生的献粥。传说释迦牟尼修行时,饿倒在地,一位牧女给他吃了一餐黏米和糯米混合的杂烩饭。食毕,他跳到河里洗了澡,在菩提树下静坐沉思,于十二月初八日得道成佛。为纪念此事,汉语系佛教在这天举行法会,由住持率众僧向释迦牟尼像上香献花,供腊八粥,也有信众以腊八粥斋僧。如今在民间吃腊八粥已成为过小年的习俗,但完全失去了原有的宗教色彩。

(二)道教节日

道教是我国本土的宗教,在中国历史上曾经起过特殊的作用,农民起义往往利用道教信仰来组织群众、号召群众。道教的节日是以各路神主的诞生日为节日的。

1. 张天师圣诞

张天师即张道陵,东汉人。诞辰为农历正月十五日。张道陵七岁读《老子》,即解其义,年长后,通晓五经、坟典、天文地理,创立五斗米教。往来吴越,从学者千余人。不久隐居北邙山,后与弟子入鄱阳、云锦山,炼九天神丹,三年丹成,改云锦山为龙虎山。因闻巴蜀疹气为害,遂往治之,居鹤鸣山,感太上授以正一盟威之道,权治蜀地八部鬼神,六天魔王,被誉为"人间天师",封为"太玄都正一平气大法师"。传说他能飞行远听,分形散影,人皆莫测其神妙。

2. 三茅真君圣诞

三茅即茅盈、茅固、茅衷三兄弟,汉代人。茅盈诞辰为农历十月初三,茅固诞辰为农历六月二十五日,茅衷诞辰为农历腊月初二。茅盈18岁弃家入恒山,往拜西域王远为师,学道20年,后于家乡显灵神化,往隐句曲山(江苏茅山)。茅固、茅衷闻其兄修道有成,均辞官从兄学道。茅盈后被封"东岳上卿",二弟留治茅山。宋代封茅盈为东岳上卿九天司命太元妙道冲虚圣佑真应真君、茅固为地仙上真定录右禁至道冲静德佑妙应真君、茅衷为地仙至真三官保命微妙冲慧神应真君。晋代茅山兴起道教著名的道派,三茅兄弟被奉为该道派祖师。

3. 吕祖圣诞

吕祖即吕洞宾,号纯阳,唐代人,八仙之一。诞辰为农历四月十四日。吕洞宾常游湘潭、岳鄂及两浙汴谯间,隐显不一,行化度人。曾传道于全真教宗师王重阳,对全真教的创立有贡献,全真派奉其为祖师,称为"吕祖"。每当他的诞辰日,道教都要举行道场,日设诞生斋醮。宋徽宗封他为"妙通真人",元世祖封他为"纯阳演正警化真君"。

4. 关圣帝圣诞

关圣帝即三国时关羽,山西人。诞辰为农历六月十三日,俗称"关老爷磨刀日"。关羽麦城被擒,誓不屈节而不幸被害。蜀后主追谥壮缪侯,宋哲宗赐玉泉祠额曰"显烈庙",清顺治元年敕封为忠义神武关圣大帝,每年关羽圣诞日设坛祭祀。人们尊称他为"关公"或"关帝"。关羽得到社会的崇仰,主要是因为他对蜀汉政权忠贞不二,为国捐躯。道教认为忠贞有灵,正直为神。

5. 妈祖节

妈祖,也称"天妃"、"天后"、"天后圣母"。原名林默娘,生于宋建隆元年(960)农历三月二十三日。福建兴化莆田人,为都巡检林愿的第六女。她生而神异,兄弟出海每遇风暴,她就瞑目出神前去搭救。她生前经常在岛上为人治病,并能预报天气变化,使渔民常避过台风等灾害带来的危险。成年后,居家不嫁,28岁那年的农历九月初九去世。去世后化成神灵,常在海上救人于危难之中。渔民中广为流传,每当出海遭遇风浪危急时,只要向这位神灵呼救,她往往会派遣红灯或神鸟前来搭救,使人免遭海难。人们感其德,称为"神姑"、"圣母",并在湄州岛上建造妈祖庙奉祀她。在人们的心目中,她已成了能带来大吉大利的海神。福建、广东、台湾一带呼之为"妈祖",民间常称为"海神娘娘"。

据文献记载,宋徽宗宣和年间(1119—1125年),给事中路允迪出使高丽,途中遇到风暴,因得妈祖神相救,才幸免于难。于是朝廷敕令立祀,南宋封为灵惠夫人,后又晋封为灵惠妃,元代加封为护国明著天妃,清代康熙年间更加封为天后。因此,人们纷纷建庙立祠,定期举行祭祀。自明清以来,妈祖逐渐取代龙王的地位,独享航海者的香火。对她的崇奉不仅在我国沿海地区长盛不衰,而且还传到南洋及海外的侨胞之中。农历三月二十三日和九月九日,为海神妈祖的生日和忌日。每逢这两日,数以万计的当地民众和台胞都来到湄州岛妈祖庙朝圣。节日期间有拜妈祖、妈祖文化研讨、工艺品展销活动。还可观赏富有特色的民间歌舞,品尝闽菜。

(三)伊斯兰教节日

伊斯兰教是从唐代开始传入中国的,目前是我国回族、维吾尔族、哈萨克族、塔吉克族、乌孜别克族、塔塔尔族、东乡族、撒拉族、保安族、柯尔克孜族等民族信仰的宗教。

1. 开斋节

开斋节,亦称"肉孜节",因阿拉伯语尔德·菲图尔的音译,也称"尔德节"。与古尔邦节、圣纪节并称为伊斯兰教三大节日。每年伊斯兰教历九月是教徒斋戒的月份,称为"斋月"。斋戒日的早晨,穆斯林群众沐浴、着盛装,前往清真寺会礼,听教长讲经布道,并按规定交纳开斋捐,藉以完善全月斋功,周济贫穷,共度佳节。会礼结束时,互相表示祝贺,并依礼俗宴请宾客,互赠节日食品。有的在家诵读《古兰经》,祈求真主赐福;有的游坟诵经,悼念亡人。此间还依照民族习俗欢歌载舞,举行叼羊、赛马、摔跤等活动,以示庆贺。新中国成立后在开斋节期间,政府为这些民族的职工放假1~3天,以示尊重。

2. 古尔邦节

古尔邦,阿拉伯语意为牺牲、献牲,亦称"宰牲节"。伊斯兰教历十二月二日定为古尔邦节。我国公历与伊斯兰教历每年有 11 天的日差,故每年古尔邦节的公历日期不固定。回族称为"古尔邦节",维吾尔、哈萨克、柯尔克孜、塔吉克等民族称为"库尔班节",东乡、保安、撒拉等民族称为"尔代"。

在阿拉伯半岛有宰牲献祭的风俗。节日期间,世界各地穆斯林都要举行宗教祈祷、宰牲献祭。此日,各族穆斯林要到清真寺集中,彼此握手拥抱,互相祝福;然后由教长带领,边诵读赞词边步入寺内大殿,举行节日会礼,观看宰牲仪式,听阿訇朗诵《古兰经》。有的则成群结队,走亲访友,互致问候。到亲友家拜访,主人要按照传统的礼节,摆上丰盛的筵席,大家一边食羊肉、糕点和瓜果,一边亲密畅谈。盛装的青年男女尽情地唱歌跳舞,从白天到黑夜,沉浸在无比的欢乐之中。哈萨克、柯尔克孜和塔吉克等民族,还有叼羊、赛马、摔跤等体育活动。

3. 圣纪节

阿拉伯语茂鲁德节的意译,亦称"圣纪"。据传阿拉伯太阴历元年(象年)三月十二日(公元 571 年 4 月 20 日),为伊斯兰教创始人穆罕默德诞生之日。希伯来历十一年三月十二日(公元 632 年 6 月 8 日),又是先知穆罕默德归真之日,故称"圣忌"。穆斯林习惯上把生日和归真日合并纪念,亦称"圣会"。届时大多数穆斯林聚众举行纪念活动,诵经、赞主赞圣,宣讲穆圣传教历史和圣训以及个人生平事迹等。还要宰牛羊,集体设宴庆贺,表示对穆圣的怀念。

第八章　生产民俗古朴悠久

我国是传统的农业国,除了生产五谷以外,还有渔业生产、畜牧业生产、林业生产、茶叶生产、手工业生产等。由于气候和地域条件的因素,生产民俗文化事象形成了多样化的特征。这不仅表现为农业生产民俗、渔牧生产民俗、手工业生产民俗等不同类型的民俗文化特征,更表现为同一类型民俗文化中多彩多异的特点。

一、以食为本的农业民俗

我国农业生产的类型很多,有水稻生产、麦子玉米生产、蚕桑生产等,这些不同的农业生产类型,受到地域环境、季节条件、土壤水利等因素的制约,形成了各自不同的民俗事象。

(一)水稻生产民俗

水稻是靠水生长的,所以水稻生产民俗主要形成在南方。水稻生产不仅表现为很强的季节性,而且生产的每个环节都很精细,其民俗的事象显得丰富多彩。

1. 生产季节习俗

每年的农业生产环节基本上是春耕、夏播、秋收、冬藏,每一个生产环节都有不同的习俗,而最为隆重的是春耕和夏播两个生产环节的习俗。

(1)春耕习俗

每年的立春(公历2月4日左右)之后,天气转暖,大地回春,农村的备耕劳动就开始了,于是形成了立春的习俗。从周代开始,就有天子亲自率领百官到东郊迎春的惯制。千百年来,在民间形成了鞭打春牛、送小春牛、迎土牛、迎农祥、贴春联、喝春茶等习俗。

全国各地都有各种迎春备耕活动。浙江宁波农村,有手持青铜小牛的人唱门投春,挨家挨户地送木刻的春牛图,上面印有十二生肖、二十四节气,贴在门庭或房内,并手握青铜小牛在人家的米缸、谷仓上左右各绕三圈,边绕边唱:"黄龙盘谷仓,青龙盘米缸",以示五谷丰收。嘉兴农村有甩火把的风俗,用稻草扎成火把,半夜时点燃后在田埂上奔跑,持火把甩上落下,高唱歌谣:"火把掼得高,三担六斗稳牢牢。火把掼到东,家里堆个大米囤。火把掼到南,国泰民安人心欢。火把掼到西,风调雨顺笑嘻嘻。火把掼到北,五谷丰登全家乐。"台湾农村有一首民谣《牛犁歌》唱道:"头戴竹笠遮日头啊,手牵犁兄唉行到水田头,奈哎唷犁兄唉日曝汗愈流,大家合力啊来打拼哎唷,奈哎唷犁兄唉日曝汗愈流,大家合力来打拼。"

少数民族也同样有开始春耕的习俗。白族有催春节。侗族在立春的这天有扮演春牛舞等活动。广西仡佬族还举行隆重的立春开土仪式:立春前一天,各村寨的人云集县城东郊的春牛亭,敲锣打鼓,载歌载舞。村民把县太爷抬来,县太爷在三拜(拜神仙、拜天地、拜公民)之后,脱下鞋袜,捞起裤脚,下田接过牛犁和长鞭,向百姓高喊:"立春已到,农夫下田。"向牛身上打三鞭,打第一鞭时说"风调雨顺",第二鞭时说"物阜民安",第三鞭时说"天下太平"。然后犁田三下,族长跟在后面,向田里撒些谷种,表示耕种开始。第二天立春日,族长把剩下的谷种给每户分一点,各家举行立春开土仪式,把谷种、酒肉一起放在香火台上祭祖先,然后牵牛到自己的田里犁三犁,把谷种撒到田里。族长检查后,如果发现谁家不举行开土仪式,当年全村的收成不好则由他负责。举行此仪式后,从事其他行业的人都得回家,全力投入春耕生产。

(2)撒种习俗

清明节前后,水稻区的农民开始把秧田做好,撒下谷种。下谷种前先要在缸里浸泡谷种,叫"催芽"。为了镇邪,在缸上放一张红纸,压一把镰刀。等谷种浸泡到快要发芽时,在下午把谷种播撒到秧田里,俗话说:"太阳下山不再走,谷粒下田不会漂。"撒稻种时有许多禁忌习俗。一是撒稻种人的饮食禁忌风俗。撒种子由男人承担,肚子要吃饱,这样种子才撒得均匀,秧苗才长得好,稻子才能丰收。有的是吃一碗发糕和三个鸡蛋,预示种子芽壮根发;有的要吃豆芽菜,寓意种子下田后有根有芽。二是挑稻种的禁忌风俗。稻种装在箩筐里要浅于箩头,意为"浅出满进"。男子挑稻种出门时,女的要口念祝辞:"一担出,万担进。"在路上不能碰见女人,如碰见女人须回头重新开始,以避不吉。三是撒稻种的禁忌风俗。撒种时,在种子箩里插一枝新柳,撒完种子后,再把柳条插在秧田的进水口,一直到插秧时才拔去。有的在田埂上插桃枝以驱邪;有的插三炷香、三根黄荆柴,外包草纸,以祭五谷神保佑秧苗长得好;有的还将稻草人插在秧苗田里,以吓唬鸟雀,使之不敢来吃种子。

(3)插秧风俗

插秧是水稻生产中最忙的一个环节,因为季节性强,插迟了会影响秧苗的发棵生长。所以插秧时,一般都是左邻右舍、亲戚朋友自愿合伙,互相帮忙,这样"合得来,伴得来,亦省工夫亦省饭"。插秧的整个过程有三个程序。

开秧门　第一天插秧为开秧门,由家长主持,焚香烛,放鞭炮,祭祀土地神。祭毕,饮起秧酒,而后由家长到水田里插第一棵秧苗,晚辈子孙接着插秧。唱插秧歌,年轻人互相撩秧田泥水泼洒,虽被泼得浑身泥水,谁也不恼怒,反而认为是吉利的象征。浙江西部一带在插秧的第一天,主妇备好点心、饭菜,让家人会餐一顿。所吃的食品具有象征的寓意,如:吃鸡蛋,以示彩头;吃笋,以示稻子像笋子一样快长;吃粽子和年糕,以示"粒粒种,年年高"。

下田插秧 拔秧苗时,有的户主绕秧田走一圈后,拔一把秧苗带回家,扔在门墙上,谓之"秧苗认得家门,丰收由此入门";有的下田后双手向后甩三下,用秧根擦手,或先拔一丛秧压在田中,可防手疯病。在插秧时,有的互相比赛唱歌,江苏的插秧歌唱道:"动秧把,要赛秧。鸟叫一声六棵秧,莳得好的头手师傅吃肉圆。眼红气胀、争而未胜的却要挨包麦团。"广西插秧姑娘唱道:"手巧姑娘赶插秧,两手分插密连连,一秧一曲步步退,退后原来是向前。"秧苗插得好的比赛标准是快和直,所谓"竖望一条线,横望也是一条线"。

关秧门 插秧结束时,主人要带几把秧苗回家,抛到自家瓦背上,称为关秧门。主人家要备好酒好菜,款待插秧的人们。插秧完毕后就进入水稻生长的管理了。

(4)秋收风俗

秋收的方式,一般是把稻谷在田间脱粒挑回家,晒干入仓;有的把稻禾挑到打谷场上脱粒,晒干入仓。侗族农村收割稻子的方法特别,不是脱粒而是禾晾,亦叫禾廊。流行在广西各族自治县的地灵、三江等地区特有的禾晾架,晚秋糯禾成熟后,人们将稻穗一穗一穗地剪摘,剥去外叶,留下1尺多长的禾秆,约10斤捆为一把,然后放在禾晾架上让风吹日晒,待禾谷干透后再入仓。禾晾架的结构是:由两边竖立圆柱和上下两块穿方构成的牌坊式,顶部两边盖上各一尺宽的人字形杉木皮挡雨,中间横穿10多根圆木的活动桁条。通常建于寨旁、溪边,一排接着一排,十分壮观。

秋收的庆祝活动,是指通过一年辛苦的劳动,到了秋割的时候,迎来的是丰收年景,因而各地都会举行欢庆的活动。如浙江东阳有"拜斗会",在农历七月中旬举行,仪式是:在晒谷场上设立祭坛,祭坛由几张八仙桌拼合而成,上置彩斗六尊,一大五小,大的代表五谷之神,小的代表谷、稷、麦、黍、菽各神。参加祭祀仪式的大多数是壮年妇女,男人只是在一边做些放鞭炮、敲锣鼓的杂事。坛前供桌上的供品有百谷、百果、百花,祭坛左右分别栽两枝摇钱树,再左栽柏树,右种竹子,寓意为百祥富足。仪式开始时,妇女们结队在点燃的稻草堆上跨过,俗称"熏火浴",以除身上秽气。主持者点燃第一根蜡烛,男人们便放鞭炮,敲锣打鼓。这时一壮年妇女扮为谷神,在坛前尽情跳舞。其他妇女列队持香跪拜,然后唱《四季调》、《十二花名》等民歌。接着善舞者双手拿着插有鲜花的橘子和梨子,成双成对地跳舞,作插秧、收获之状。舞毕就串戏文,一直到半夜。最后燃烧彩树,大家齐声喝彩,欢送谷神回天庭,拜斗结束。

2. 生产工具

我国传统的农业生产工具的种类和名称很多,这是千百年来流传下来的有形农业民俗文化的载体。这些生产工具至今仍然使用着,具有考察和观赏的价值,在不少地方的农业民俗博物馆里,所陈列的主要都是劳动工具。农业生产工具主要有五种类型。

(1)耕田用具

我国传统的灌溉工具和舂米工具已经被现代化的工具所代替,它们进了历史的博物馆,而手工耕田工具一直沿用到现在,虽然在平原地区逐渐地被机械所替代,但在山区农村仍然是主要的农田劳动工具。

犁　这是耕田的主要农具。它由11个部件构成,用铁铸造的有犁镜、犁壁,用木凿成的有犁底、压镜、策领、犁箭、犁辕、犁梢、犁建、犁评、犁槃。

犁

耙　这是平整土地的农具。有方耙、人字耙、圆耙等多种。耙齿有铁、木两种。在木梁上装齿,人站在木耙上驱牛,可以把土地耙平整。黎族耙田的工具叫刺树耙,用七根左右截成同样长短的刺树并列在一起,以刺树上的刺为耙齿,做耙田用。也有用毛竹的竹枝为耙齿的竹耙。

平板　平整秧田的工具。在长宽相称的光滑面板上面安两耳,系绳索,用牛力或人力拉动摩平秧田,然后下种,秧苗出得才齐全。

(2)灌溉用具

水车,是灌溉农田工具的统称,是用管、筒、槽等机件,以人力、畜力、水力将水提上的灌溉工具。包括踏车、水转翻车、牛转翻车、驴转翻车、筒车、水转筒车、驴转筒车、高转筒车等。

龙骨水车　俗称踏车、翻车。这是灌溉农田的主要工具。车身用板作槽,长2丈左右,高约1尺,宽4～7寸。槽中架行道板一条,两头置大小轮轴;槽内置若干横隔板(龙骨板)用以挡水,隔板间联结处为活动关键,这样来回转动,抽水入田。

水转翻车　结构与踏车相同,是用水力来带动的。在流水

龙骨水车

岸边掘一狭堑,置车于内,车的踏轴外端做一竖轮,竖轮之旁架木立轴,置两卧轮。其上轴轮适与车头竖轮辐支相间,乃擗水旁,激下轮既转,则上轮随拨车头竖轮,而翻车随转,倒水于岸上。此为卧轮之制。此水车日月不止,绝胜踏车。

牛转翻车 与水转翻车的结构、原理相同,只是去水力冲动的轮,置于车旁岸上,用牛拽转轮轴,则翻车随转。

牛转翻车

筒车

筒车 这是灌溉高处农田的工具。在河面上搭高木架,竖大轮于其上,轮的下部没入水中1~2尺,沿大轮靠岸侧边缘斜装方形水筒若干。筒口均朝下游方向,以便乘势取水。水车本身靠河流水力转动,水筒转至顶部则自然倒置,将所盛之水倾入架与轮侧之平行短水槽中,再从短水槽里流到与之垂直的长水槽中,沿着长水槽流向高处的农田里。最大的轮直径7~8米,灌溉农田达200亩。

辘轳 提水设施,由辘轳头、支架、井绳、水斗组成,提井水灌溉农田。

(3)舂米用具

杵臼 舂米工具。杵,木槌;臼,石臼。把谷物放在石臼里,用木杵不断地舂捣,即可将谷壳脱掉。

碾 一种粮食去皮、破碎的畜力工具。

水碓 用水力舂米的工具。民间一般是在沿着山涧溪水急流处或河流水旁,建一碓亭,内装木制转轮,用水力带动,轮轴处安装若干个碓梢,碓头下置一碓臼。

砻 一种脱谷壳的工具,类似磨子,用竹子制成的。

汪对 瑶族民间舂米的方法。以一根长约2~3米的树干制成,一端装以石杵,用以舂米,另一端树干上挖成匙

水碓

形,然后用水笕引来溪水,在树干凹进去的匙中注满水后,因重量增加而倾折,将另一端的石杵举起。匙中的水倾倒干净后,又因石杵一端显得较重而落下,自动舂打下方石臼里的稻谷。待另一端匙形中注满水后,石杵又自动举起。如此往返不停,可以将石臼中的稻谷脱壳。

(4)播种工具

耧车 盛行于北方的下种农器。它由耧脚、耧斗、扶手、拖板构成。两柄上弯,高三尺。两脚中空,宽合一垄。横桄四匝,中置耧斗盛种粒,下通脚窍。用牛牵引,一人执耧,边行边摇,种子顺着空脚入土。可播种高粱、麦类、大豆等。有的还装有耧铃。

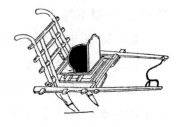

耧车

日蒙 亦叫"宋姆",汉语称"点播棒"。独龙族的农业用具。用一根长3尺多、一端削尖的竹竿做成。点种玉米时,用日蒙在地上戳孔后,投入种子,用脚将土盖好即成。

苦让 独龙族的播种工具,用树木的枝杈制成。柄长约

半米,由枝杈砍成的叉齿长15～20厘米,种小米或鸡脚稗时,一人在前面撒种,一人在后手持苦让耙土覆盖。

挖掘棒　布朗族传统的播种工具。用一根3尺多长的竹子、木棒,一端削尖,有的装上小铁铲,在山坡上凿穴,以供播种之用。

(5)其他用具

仓　贮藏粮食的设施,这是总称。

囷　圆形的粮仓。

连枷　手工脱粒工具。用木条或竹片4根左右,编成敲杆,长约3尺、宽约4寸。用长木柄或竹竿一根,柄头造为摆轴。工作时,操作者持柄使敲杆绕短轴旋转,敲击铺在地上的禾穗,使之脱粒。这种劳动称为"打连枷"。

阿俄魁　怒族的原始工具,用龙竹制成的锄头。

砍土曼　亦作"砍土镘"、"坎土曼"。维吾尔族锄地、挖地的工具,类似板锄。

连枷

铁钯　亦叫"铁搭"、"钉耙"。挖土刨地的齿形工具,齿数有2～6根不等。

铲　除草、铲土的农具。古代用铜制的,现在用铁制成。

(二)麦黍生产民俗

麦子是旱地植物,主要生长在北方。麦子的生产与水稻生产主要有三个方面的不同。

1.耕作方式的不同

种水稻耕田的方式主要是犁耕,而种麦子耕地的方式除了犁耕以外,还有耦耕和刨耕。耦耕,犁架下只放镜头,两两结合,配偶而耕,一人扶犁,一人牵引前进。刨耕是用镢刨挖土地。

麦绰

2.生产工具的不同

水稻生产的工具比较复杂,种类很多,相对而言,旱地麦子的生产工具要简单一些。麦子播种时,常常用耧车。还有用手点播种和瓠种。瓠种麦子时,用一个长瓠子,两头凿空,中间横穿一木,一端用手握住,一端用于泄种。

3.收割方法的不同

传统的收割方法,水稻是就田脱粒,把稻谷挑回家,放在晒谷场上晒干;而麦子是在地里收割后,挑到打谷场集中脱粒。收割水稻时,用一把镰刀、一只打稻桶;而麦子的收割,一般是一人一套麦钹、麦绰、麦笼三种工具。麦钹,即割麦子的刀,似镰而长;麦绰是用竹篾编成形如箕的抄麦器,割下的麦子由绰抄入麦笼内,麦笼满后再撒于堆积处。这样可以边走边割,节约人力。

（三）蚕桑生产民俗

我国的蚕桑生产,虽然不是粮食生产,但与民众的生活密切相关,民间将其视如粮食生产一样的重要。俗话说："上半年靠蚕,下半年靠田;蚕好用一年,田好吃一年。"可见农民的生活是一半靠田、一半靠蚕,而经济收入主要是依靠蚕桑生产。

蚕桑生产与其他农业生产的性质完全不同。蚕是动物,吃的是桑叶,在屋内饲养,一年有四季的蚕。一季蚕的生长周期很短,前后只有25天,而且要四次蜕皮,所以养蚕是最为精心的事。由此而形成了许多独特的蚕桑生产民俗事象,出现了许多崇拜蚕神的传说故事和禁忌。

1.神奇的蚕花姑娘

民间称呼蚕为"蚕花姑娘",因为传说蚕是一位美丽姑娘的化身。据晋代干宝《搜神记》载:很久以前,有户人家,女主人很早去世,男主人又在很远的地方做生意,家里只有一个小姑娘，喂着一匹白马。小姑娘天天盼望爸爸回来，可总是盼不到。有一天，小姑娘摸着白马的耳朵开玩笑地说："马儿呵马儿，你要是能马上去把我爸爸接回来，我就嫁给你。"白马听了，高兴地点了点头，朝天一声长嘶，就向外飞奔而去。白马很快找到了小姑娘的爸爸，把他接了回来。以后，白马一见小姑娘就高兴地嘶叫起来，跑到她的身边不肯离开。小姑娘担忧起来，虽是

蚕神（蚕姑）

当时承诺过，但人怎么能嫁给马呢？她整天心神不安，一天天地消瘦。小姑娘的父亲知道这件事后，趁女儿不在家时，一箭把白马射死了，剥下马皮晾在院子里。

小姑娘回来后，看见院子里晾着白马的皮，知道出了事，连忙上前抚摸马皮，簌簌地流眼泪。这时马皮忽然从竹竿上滑落下来，正好裹在姑娘身上，一阵旋风把裹着马皮的姑娘卷出了门外。姑娘的爸爸回来一看，不见女儿踪影。几天以后，人们在树林里发现了姑娘，可是她已变成了一条小虫，头变成了马头的样子，身上紧紧地贴着雪白的马皮，趴在树上，扭动着身子，嘴里不停地吐出亮晶晶的细丝，把自己的身体缠绕起来。从此世界上就有了这种小生物。因为它是用丝来缠住自己，人们就把它叫做"蚕"（缠）；又因为她是在树上丧失了性命，人们就把那种树叫做"桑"（丧）。人们尊奉她为"蚕神"，有的称她为"马头神"、"马头娘"，所以蚕神的塑像通常是一个女子骑在一匹白马上。

2.虔诚的祭祀祈求

蚕业生产区,过去都有祭拜蚕神的习俗,祈求蚕神保佑蚕茧丰收。浙江海宁一带的祭拜蚕神的仪式是:由歌手将预先准备好的一杆秤、一块红手帕、一张蚕花纸、一张蚕马幛(纸做的神位,印有蚕花娘娘神像),交给女主人,并唱道:"蚕花马,蚕花纸,头蚕势,二蚕丝。采得好蚕子,踏得好细丝,卖得好银子,造介几埭新房子。"祝辞唱完后,女主人将蚕花纸、蚕马幛恭恭敬敬地收藏起来,等待蚕茧丰收、缫成的丝出售后,再行谢蚕花,即供一块肉,拿出久藏的蚕花纸、蚕马幛,祈祷一番,然后焚化掉。

3.神秘的禁忌避讳

养蚕比较难,所以禁忌特别的多。

(1)行为的禁忌。忌生人入蚕房,如有人冒昧进入,则向来客泼一盆水;忌在蚕房附近割草、舂捣、挖土;忌在蚕屋哭泣;忌燃皮毛乱发;忌用热汤泼洒灶灰。到养蚕的农历四月,人们就用红纸写着"育蚕"、"蚕月知礼"的条幅贴在门上,或在门口打上桃树桩,缚上用左手搓的草绳子,张成网状,作为标志,禁止生人登门。

(2)语言的禁忌。忌说"亮"字,因"亮蚕"是种蚕病,天亮了则要说"天开眼了";"酱油"要说成"颜色",因"酱"音同"僵",忌僵蚕;"笋子"要说成"萝卜",因"笋"音近"伸",忌蚕死伸直;"爬"要说成"行",因"爬"音同"扒",忌蚕死扒掉。

(四)农业信仰民俗

民间农业信仰,除了对蚕神的崇拜外,主要集中在对谷神的崇拜。

1.五谷来历的传说

关于五谷的来历,在少数民族有许多传说故事,如藏族的"种子的起源"、布依族的"谷种的来源"、水族的"谷子的传说"、瑶族的"稻谷的由来"等。而流传比较广泛的传说是五谷的神——稷,五谷是他创造出来的。民间传说,远古时代,天下还没有谷子,稷决心走遍九州,为民众寻找五谷主粮。部落的首领女娲叫自己的五个儿子稻、麦、黍、菽、麻,随同稷一道去寻找。他们出发时,女娲拿出五条不同颜色的袋子,白的给稻,黄的给黍,红的给麦,绿的给菽,黑的给麻。他们一路走一路采集草籽,五条袋子都装满了。有一天,他们登上了山顶,只见五条山谷土肥草绿,山清水秀。稷对五兄弟说,你们各选一条山谷,开荒耕种。他们一共劳动了三年,种出了丰收的谷子,并教人学会了耕种。于是人们就把"稷"种的谷子叫"稷",把"稻"种的谷子叫"稻","麦"种的谷子叫"麦","黍"种的谷子叫"黍","菽"种的谷子叫"菽","麻"种的谷子叫"麻"。天下五谷粮食就这样产生了出来。

据文献记载,播种五谷是炎帝神农发明的。《管子·轻重篇》:"神农种五谷于淇山之阳,九州之人乃知谷食……神农教耕生谷以致民利。"

2. 祭祀谷神

我国民间都有祭祀谷神的传统习俗,各地建有社稷坛,春秋季节要举行两次祭祀社稷的活动。"社"是土地神,"稷"是五谷神。传说农历八月二十四日是稻神生日,这一天,浙江宁波一带都要举行稻花会,祭祀稻神。尤其是少数民族,对谷神祭祀的方式各有不同。

德昂族用火牙欧(装谷粮的小屋)祭祀谷神。他们认为谷有谷娘,若失去谷娘,谷物收成就不会好。因而每年的谷子收割季节,每家都要用竹篾精心编扎一间小竹屋,奉献给谷娘。这种风俗也在傣族、佤族中流行。

布朗族有叫"谷魂"的祭祀仪式。他们认为谷物有灵魂,所以每年在薅草、收割时举行两次祭祀活动,以祈求五谷丰收。祭祀时主人要念道:"谷魂,你在哪里?你快回来吧!"据说叫过谷魂,谷粒就会饱满肥大。

拉祜族有甲哈夸的祭祀习俗。甲哈夸意为"叫谷魂"。他们在收谷时,放一只鸡在路边叫谷魂,并使鸡用双脚将秕谷扒入口袋里,然后将口袋背回,沿途撒谷回家,边撒边念咒,意思是把打谷时被惊走的谷魂叫回来。

黎族有祭祀稻公、稻母的习俗,独龙族有护谷魂的习俗。

二、以生为本的渔业民俗

我国渔业生产地域很广泛,有海上渔业、湖泊渔业、江河渔业;有专门从事渔业生产的,也有亦农亦渔的。由于地理条件的不同,渔业生产民俗也呈现出多样化的特点。

1. 各具特色的捕鱼方式

人们最早的捕鱼方法是用手直接摸捉,到旧石器时代后期,人们开始发明了弓箭、叉和钩等工具,捕鱼的手段越来越多了。千百年来,民间积累了很多的捕鱼方法。按捕鱼的工具来分类,主要的有以下几种。

(1)网具捕鱼。网具有拦江网、丝网、抬网、旋网等,这是在江河湖海中捕鱼的主要方法。

(2)鱼叉捕鱼。达斡尔族叉鱼的渔具叫"司热",一种钢制的三尖四倒钩鱼叉。捕鱼通常在夜间进行,至少需2人合作,一人用火把在河边把鱼引来,另一人投叉叉鱼。云南独龙族的叉鱼叫"兰赫柔",其捕鱼方法很特别:把铁丝做成的鱼叉绑在竹竿的一端,用麻绳拴连在竹竿的中段,叉中鱼后,鱼叉自行脱竿,有麻绳与竹竿相连,顺水势拖鱼上岸。

(3)钓鱼。东北三江地区的钓鱼多用假鱼饵,如用老鼠皮、獾子毛、麻线做的假飞蛾为鱼饵。钓鱼,现在成了人们娱乐休闲的方式，民间还有钓鱼协会，组织钓鱼比赛等活动。

(4)排拦兜鱼。将柳条用细绳绑成帘状，用两片并列横在河中，并斜插河底，在两片帘中间放柳编鱼兜，游鱼受帘子阻挡后，渐渐向帘间鱼兜游去，被迫游入兜内。这种捕鱼的方法，达斡尔族人叫"卡底"，汉语称"挡帘子"。

(5)围栏捉鱼。用秫秸编排围栏鱼群，进行捕捉。

(6)鱼篓捕鱼。用竹篾编制长约1米，形似葫芦，两头大，中间有窄孔相通的鱼篓。独龙族称为"日桑"。将鱼篓放在激流下冲的地方，口朝下游，两侧用石块塞紧固定。鱼喜逆游，窜入篓内，不复再出。

(7)围养捕鱼。赫哲族叫"挡簌子"。用柳条编成箔，每块箔宽3丈2尺，高1丈2尺，将几块箔连接在一起，垂直沉下江底，鱼进入箔内，有进无出，隔几天看一次，等到冬至，簌子所围的鱼已长大，即可捕捞。

(8)药鱼。海南岛黎族捕鱼方法。用牛鼻藤根、柴呼歹和柴呼艾皮舂烂，和以草木灰浸泡数天，待毒质浸出后倒进河里或溪里，毒药随水漂流，数里内的鱼都被毒死。这种捕鱼方法不可取，鱼儿鱼孙全被毒死。

(9)架竹篓捕鱼。流行于海南岛的黎族。在瀑布急流下面离水面处架竹篓，鱼群逆水而游，遇到瀑布冲击就往上乱跳，跳进竹篓里就被捉。

(10)射鱼。流行于台湾高山族，用弓箭或镖枪捕鱼。

(11)罩鱼。流行于淮河、长江流域及东北部分地区。用竹篾或柳条以麻绳编成桶状的罩子，高3尺左右，上口小，下口大，一般的在浅水里，看见鱼儿就把鱼罩罩下去，罩中了就将手从上口伸进去把鱼捉住。

鱼罩

2. 捕鱼礼俗

在长江、黄河、淮河等流域都流行开网的礼俗。一年之中,第一天撒网捕鱼,称为"开网"。开网时,渔家有一定的规矩,如祭祀天地、龙神,祭祀祖宗,祈求保佑渔业丰收、捕鱼平安等。开网的时令各地不一。安徽长江北岸的巢湖一带,在立夏前后,长江鲥鱼鱼汛到来时,一般在农历四月初一开网。第一网捕来的鱼,渔家多拿来当祭品;从第二网开始,捕来的鱼才出去卖或自己食用。

3. 渔民禁忌习俗

由于渔民整天在水上作业,随时都会遭到风浪的侵袭,危险性很大,俗话说:"半寸板内是娘房,半尺板外是阎王。"所以渔民们处处都图吉利,凡是忌讳的事不做、忌讳的话不说,形成了许多的禁忌习俗。

(1)乘船忌。在船上,顾客不能同船师傅生事吵骂,要风雨同舟,而不能风雨同仇,争吵为仇是不吉利的。传说有一个人同一个道士坐船,那个人同船师傅争吵起来,道士在一旁叹息说:"命在须臾,尚计较数文钱邪?"不一会儿,那个人被帆脚所扣,坠江而死。船家对船头十分虔诚,逢年过节设香案,平时不许妇女在船头上走动。船行停泊,不能正面对着港口水口和路口,以免被人称为"拦路船"。

(2)出海忌。出海前,船上之物只准进,不许出。船上不能坐七男一女,因为与八仙过海有关。传说八仙有一次要到海上蓬莱仙岛,铁拐李把拐杖变成一条大船让大家坐着,八仙们高兴地欢唱起来,惊动了龙王第七十二子"花龙太子",他见何仙姑色美艺绝,就兴风作浪,把何仙姑抱入龙宫。七位大仙一起杀向龙宫,救出了何仙姑。从此"花龙公子"怀恨在心,每当见到有七男一女同船出海,就寻机肇事,所以东海渔民忌七男一女同船出海。

(3)行为忌。船头上摆供品要三天后才能收供。家里死了人,须下网滩上架一堆火,从火上跨越过去,以熏晦气。《海州民俗志》说:"晾家具,晒鱼筐,只准口朝上,不准翻过来底朝上……睡觉只准侧身或仰面睡,不准趴着睡,因为男人在水里淹死,漂尸脸朝下屁股向上。"

(4)饮食忌。在船上过年,做菜不能数,越数越少;桌子上的菜不能吃光,要有余;煎鱼、吃鱼时不能翻面。饭后不能把筷子架在碗上,认为碗犹船,筷即箸,"箸"与"住"同音,住船意为无生意可做。"盛饭"要说成"装饭"、"添饭",不能说"盛",因为"盛"与"沉"同音。

(5)语言忌。乘船要说"搭船",因"乘"同"沉"谐音。船主不能称"老板",要称"管船的"、"舵手",因"老板"同"捞板"音近,只有船被打碎成一块一块的木板,才被人打捞。起航升帆不能叫帆,而要叫篷,因"帆"谐音"翻"。看到怪鱼怪兽时,不能问"这东西吃不吃人",也不能问"会不会掀起大浪"。斧子、刀子、剪子等,都要说成"快家伙"。鱼死了,要改说鱼条来了。对联也很讲究,船头是"龙头破浪行千里",桅杆是"元帅出征走天下",对联是"生意兴隆通四海,财源茂盛达三江"。

三、以业为本的手工业民俗

我国手工业是个非常特殊的行业,涉及的社会范围很广泛,从业的人员多而杂,工作的地点不固定,大凡各人凭自己的一技之长,走南闯北,干百家活。而人们的生活又少不了这些人,正是他们的存在,人们在生活上的某种需求才能得到满足。随着社会生产的不断发展、人们生活需求的不断增加,手工业行业也在不断地发展,不断出现新的行业。手工业的存在和发展,完全是受人们生活需求所决定的,因而形成了这个行业独特的民俗文化。

(一)行业的名称繁多

我国传统的手工业号称 360 行,这虽然是一个习惯的称法,也说明手工业的行业之多。这些手工业行业都有各自的标志行业特点的名称。这些行业的名称,随着分工的精细,显得非常具体。这样就形成了在大的行业名称之下,又分成若干种小的行业名称。如木匠,相对于石匠、铁匠、砖匠、皮匠而言,它是个总的分工名称,是从事木工手艺人的总称。现在民间的木工又分成细木匠和粗木匠两大类,细木匠主要从事精细小件木器的制造,如门、窗、箱家具的制造及木器雕刻等作业;粗木匠从事大件木器的制造,如农具、车船、梁柱子等作业。还可以再分成许多不同的专业性强的具体名称,据《周礼·考工记》记载,当时的木匠就有七种细分行业的名称:舆人,造车辕、车厢的工匠。轮人,造车轮的工匠。弓人,专制弓的工匠。庐人,专制戈戟木柄的工匠。车人,专造木犁的工匠。梓人,专造古代钟磬木架的工匠。匠人,专盖宫室房屋并制作室内木器的工匠。

这些精细的行业分工,提高了工匠的手工技艺,使得行业分工越来越专业化,技术越来越精湛,从而促进了手工业的发展。但是,这种精细的分工,又造成了技术上的隔绝,会造房子的人,不会制家具,正如俗语所说的"隔行如隔山"。从民间的生活来看,手工业的精细分工,为民众带来了极大的方便,因为分工细,工匠的名称具体,从事的性质很明确,民众需要哪种工匠,呼之即来。如传统的小炉匠,是以锔补铁锅为主要职业的,挑着小炉担子,走街串巷。现在为人换钢铝锅壶底的人,就属于这类工匠。扎彩匠,为办丧事人家扎制各种陪葬纸彩为业的民间匠人,家里若不死人是不会找他的,而一旦有死人则必须找到他。这种匠人行业一直延续到现在。

(二)行业的祖师崇拜

我国的手工业者,各行各业都有自己行业所崇拜的祖师爷,主要是作为行业的保护神来崇拜供奉的。手工业的种类多,因而行业的祖师爷也多。有人统计我国手工业的行业神有 108 个,可以说行行都有祖师神。

土木建筑业神、石匠神是鲁班;泥瓦匠神、漆匠神是鲁班妻;造纸业神是蔡伦;造酒业神是杜康;制陶业神是范蠡;染纺业神是葛洪;制笔业神是蒙恬;冶铁业神是尉迟恭;玉器业神是邱处机;医疗业神是扁鹊;戏曲梨园神是唐明皇;茶神是陆羽;药王是孙思邈;航海守护神是妈祖;船神是孟公、孟母;造字神是仓

鲁班

颉;篾匠神是张班;鞋匠神是孙膑;画匠神是吴道子;理发业神是罗祖;补锅匠神是女娲、老君;豆腐匠神是孙膑、庞涓;屠宰匠神是张飞;鞭炮匠神是祝融等。

手工行业所供奉的祖师神,有三个特点。

1. 祖师爷的身份不一

有的是本行业的发明者,如蔡伦发明了纸、杜康制造了美酒而成为本行业的祖师爷。有的虽然不是本行业的发明者,但他是本行业的技术高明者,如研究茶叶的专家陆羽写了一部《茶经》,这是我国最早研究茶的专著,后人称陆羽为"茶圣"。有的祖师神竟然是神话传说中的人物或宗教人物。

2. 神主数量不一

多数是一个行业供奉一个神主,也有的是一个行业因地区性而有几个神主,如药物神,山西供奉孙思邈,河南供奉扁

鹊，河北供奉当地人邴彤，北京供奉黄帝、神农。又有的一个神被几个行业所供奉，最突出的是春秋时代的工匠鲁班，木匠、瓦匠、石匠、漆匠、铁匠、银匠等多种行业，都拜他为本行业的祖师爷。传说鲁班一生从事土木建筑事业，成为天下的能工巧匠，他会制造攻城的云梯，制作的木鸢能上天飞翔。所以全国各地的建筑有许多与鲁班有关的传说故事，建了许多祭祀鲁班的庙宇。现在建筑业设立的最高奖为"鲁班奖"。

3. 假托行业神以突出本行业的神圣性和权威性

有的行业神，看来与本行业没有多大的关系，而是利用这些人物的声誉来抬高本行业的地位。泥匠和漆匠的祖师神怎么是鲁班的妻子呢？古代女子是根本不出门做手艺活的。这是因为鲁班是名匠，名匠的妻子也自然是行业能手了。关于鲁班的妻子成为泥匠和漆匠祖师神的原由，还有个生动的故事：传说有一年，鲁班带着几个徒弟给人家盖房子，房主嫌房子不好看，就去找鲁班要求修饰好一点。可是鲁班不在家，鲁班的妻子就叫小徒弟去用稀泥把石头缝糊住抹干净就行了。小徒弟担心弄不直，鲁班妻子说："把我纳鞋底的绳儿拿去，吊上线就行了。"她又叫另一个小徒弟去修饰梁檩，小徒弟又担心梁檩修不好，鲁班妻子说："你用水和点胶泥、红土抹到木头上就行啦。"小徒弟又问："木头不黏水怎么办？"鲁班妻子说："那就把我打袼褙用的糨糊拿去抹上就可以了。"于是两个小徒弟按照她说的去做了，房主看了很满意，重赏了两个徒弟。鲁班回来知道了此事十分高兴，就让那两个徒弟正式拜师娘为师。就这样鲁班妻子成了泥土匠和漆匠的祖师爷了。

（三）行业的组织集会

手工业的生产方式，主要是分散的个体劳作方式，为了保护行业利益、解决内部纠纷、交流经验、推广物资等，每个行业都有自己的行业组织集会。诸如:孙祖会是皮革、制鞋行业的组织集会。轩辕会是纺织行业的集会,相传农历九月十六日是轩辕氏的诞辰日,纺织业于此日进行推"会首"的组织活动,以求轩辕氏保佑本行业兴旺发达,同时各行各业也来赶会交流物资。张爷会是屠宰行业的盛会,据说张飞在未跟从刘备时,以屠宰为业,故明清时代供奉张飞为屠宰行业神,每年农历七月十三日举行,到时屠宰行业集会活动,供奉张飞,请戏班子演戏,商人前来交流贸易。药王会是医药行业的集会,时间是每年的农历四月二十八日。蔡伦会是造纸行业的集会,流传于全国大部分地区,同行业的人互相交流造纸的经验,其集会的时间不一,陕西是农历三月十七日,四川等地是农历七月初八或九月二十三日。梅葛会是染织行业的集会,于每年的农历三月十六日举行。

(四)行业的严格规矩

手工业的行业规矩是严格周密的,各行各业都有自己行业的规矩。如拜师学徒的规矩,民间各种手艺工匠,必须通过拜师而获得一门专业职能,才被允许外出做活,一般需要3年才具有独立的工作能力,称"出师"。出师后,如果想再进一步地学点高超的技术,再拜名师深造,叫"参师"。若未满师者,或根本没有师傅传授的,单独出去做工,同业的其他师傅都会出面干涉,禁止他做工。有的地方徒弟拜师,还有白心(即发誓)的风俗,在除夕的晚上,学徒要跪地向老板发誓说:"我叫×××,今年若拿了老板一文钱,坏船淹死我,跌破老壳(脑袋),打断脚杆。"发誓后,老板赐给学徒一点压岁钱,以示恩赐。浙江等地还有伴作的风俗,民间诸匠均收学徒,3年期满,师傅要送徒弟半副工具,徒弟还要为师傅做3年或4年工活,可得一半工钱,方可出师,民间叫"伴作"。民间有"三年学徒,四年伴作"的俗语。

(五)行业的行话隐语

手工行业还有一种特殊的习俗,那就是行话和隐语,这是行业内部通行的传播密码,外行业的人听不懂,这样既可以有效地组织生产和交流经营情况,又可以很好地起到对外的保密作用。韦述《西京新记》中说长安"杂糅货卖之所,记言反说,不可解识"。唐代诗人李商隐在《杂纂》中写道:诸行市语会不得,经纪人市语难理会,牙郎说咒无凭语,市井秽语不忍闻。《辍耕录》也说:"乃今三百六十行,各有市语,不相通用。全粹聆人,竟不知为何等语。"

行语又称为"切口",商界用的 1~10 自然数,一般用"切口"。江浙裁缝铺用"口、人、工、比、木、回、寸、本、金"代表1~9,"口人"指 1 元 2 角,"工本"指 3 元 8 角。常州木行代表 1~10 的数字是"信、南、罗、香、湾、同、进、海、底、天"。上海商界的 1~10 数字为"旦底、挖工、横川、侧目、缺丑、断大、皂底、公头、未丸、田心",意为:"旦底"是旦字的底部,即一;"挖工"是挖去工字中部,即二;"横川"是川字横过来,即三。下面的数以此类推。

(六)行业的神秘信仰

手工业的信仰表现出一种神秘的色彩。一是对行业祖师爷的神圣祭祀。各种行业都有自己本行业的祖师爷,在每年的行业集会时,少不了对祖师爷的祭祀活动。最为突出的是祭祀鲁班的活动,祭祀的日子各地不一:北京是农历五月初七,香港是六月十六日,青海等地是三月初五。每年是日,各地的木匠、铁匠、石匠、银匠、画匠等工匠都举行集会祭祀,以求祖师爷保佑行业兴旺、生意兴隆。事前各地工匠共筹资金,购香、油、烛及羊、猪等供品。到时供奉用木雕成的鲁班先师牌位,牌位前陈列巨灯 8 盏,空悬纱灯 4 台,象征四象八卦。摆上祭品后,由主祭官主祭,陪祭官行三拜九叩礼,伏读祀文。祭毕,众匠人欢聚一堂,进酒食,并表示各献技艺,携手并进。尔后各出祭祀份子而散。

二是匠人的神秘魇胜。所谓"魇胜",就是利用巫蛊、诅咒的手段来报复或惩治富户雇主。据传说:有莫姓大户,每到半夜房子里便有摔跤的声音不停地传出。家里人经过多次的驱邪禳灾都不生效。后来就把房子卖给了他人,拆了以后才发现,梁间有木刻的两个小人,裸体披发地正在摔跤。这个故事当然是虚构的,但民间工匠是信仰魇胜的,古今不乏其例。据《西墅杂记》载:韩氏建房后,死丧不绝。四十多年后,风雨把院墙毁坏了,发现在墙里藏着一块孝巾,以砖弁之。这是瓦匠咒韩氏死丧的做法。

乌丙安先生在辽北调查民间文学时,从木工口中也听到了关于魇胜的故事:新中国成立前一家财主大兴土木盖院宅,因为财主太刻毒了,木工、瓦匠都偷下镇物,诅咒他快点家破人亡。可是过了好多年,这家不仅没有败落,反而传了好几代,发了大财。工匠们的后代都暗自纳闷,埋怨祖上的镇物不灵验。据说土改时,这家地主逃亡到黑龙江一带。农会翻修他家房子时发现,正房梁间秘密安放着一个小木人,赶着一辆小马车向大门外走的样子,大门楼墙里砖上刻有一个小人手拿弓箭向房中做射箭的姿势。原因是这两种镇物相克了,赶车的人想让财主家破财,而车出不了大门,射箭人把箭头指向木人,不让他出门,所以财主家得以保全。这类故事往往是为自圆其说而编造的。

(七)行业的禁忌习俗

手工业者在外劳作,进百家门,做百家事,所图的除了挣钱以外,就是吉利平安了。因而各行业忌讳的事象很多。如屠宰业,屠夫逢亥日不杀猪,因为十二地支的"亥"是人的属相"猪"。宰杀时要一刀杀死,忌杀两刀,否则预示来年养猪不旺。刺穿猪喉后，扔刀于地，刀尖忌朝主人家大门，否则该家将有凶事。开猪膛时，不能把猪挂在正对神位的地方，以免得罪神灵。

石匠打钻眼时忌打空锤，否则不利。据说，凿石时，任何人不准讲话，开口讲话容易出工伤事故，俗规谁开口讲话出了事故就由谁负责。石匠为人刻完石碑后，在立碑的早晨忌说不吉利的话。在为人家凿水磨时，忌有手持鞭子的人在一旁观看，否则会惊跑了老君的坐骑，水磨子无法完工。这是因为水磨房供奉的是老君，老君的坐骑是青牛，所以凿青石时有凿青牛之忌。

古代做裁缝的人有裁衣求吉的习俗。一是忌日，据敦煌文献载：春三月中的申日不裁衣，夏三月中的酉日裁衣为凶，秋裁衣忌日为八月六日、十六日、二十二日。二是正月不动针，俗话说："初一不忌针，当年国库空；初二不忌针，天下百姓穷；初三不忌针，三孤三寡兴；初四不忌针，朝中轶事生；初五不忌针，五月五雷轰。"

陶匠在烧窑时，不能随意讲话，更不能随意开玩笑。据湖南陶匠说，这时说不正经的话就会招煞引鬼，触怒窑神，烧窑就不利，烧的窑货不是开坼，就是歪嘴瘪肚。

然而这些禁忌习俗往往带有一定的迷信色彩。

第九章 游艺民俗五彩纷呈

游艺民俗,是指民众在生产、生活中为了娱乐消遣而创作的各种文化娱乐事象。由于我国历史悠久、地域广袤、民族众多,因而形成的游艺民俗文化事象空前的富有,其类型的众多、内容的丰富、意蕴的丰厚,是其他的民俗文化所不可相比的。主要包括民间文学、民间歌舞、民间游戏、民间工艺。游艺民俗是非常珍贵的文化遗产,联合国教科文组织非常重视保护这类民俗文化,并于2001年5月18日首次颁布了《人类口述和非物质文化遗产代表名录》。目前我国已有"昆曲"、"古琴艺术"、"木卡姆艺术"、"蒙古族长调民歌"四项被列入这类遗产名录。现在正在申报此类遗产的还有"梁祝文化"、"女书"、"台湾苗族文化"等。我国于2006年6月公布了第一批国家级非物质文化遗产名录518项。

一、多彩的民间文学

民间文学,是流传于民间的各种文学样式,有吟咏的诗歌、讲述的故事、对唱的民歌、表演的戏剧、说唱的曲艺,还有表情达意的对联、幽默的谚语和风趣的谜语。我国20世纪关于民俗文化的巨大工程,就是编纂出版了《中国歌谣集成》、《中国民间故事集成》、《中国谚语集成》。

(一)民间歌谣

民间歌谣是民歌和民谣的合称,形式上前者是歌唱的,后者只说不唱;还有一种形式是劳动号子。我国的民间歌谣历史非常悠久,最早的两言诗《弹歌》就是反映原始时代打猎生活的情景:"断竹,续竹,飞土,逐宍(古'肉'字)。"最早形成的诗歌集《诗经》,是以民歌为主体的。直到今天,民歌仍然是民众表达心声的口头文学方式。

我国民歌根据不同的民族文化背景,可以分为七种不同的类型。

(1)北方草原民歌。以蒙古族民歌为代表。蒙古族历来有"音乐民族"、"诗歌民族"之称。民歌可分长调、短调两大类,著名的曲目有《辽阔的草原》、《牧歌》、《森吉德马》、《小黄马》等。这些民歌表现出草原牧民的质朴爽朗、热情豪放的情感与性格。蒙古族长调民歌已被纳入世界《人类口头与非物质文化遗产代表名录》。

(2)新疆民歌。以维吾尔族、哈萨克族民歌为代表。维吾尔族是一个能歌善舞的民族,民歌种类有爱情歌、劳动歌、历史歌、生活习俗歌四大类。著名的民歌有《阿拉木罕》、《半个月亮爬上来》、《达坂城的姑娘》、《送我一朵玫瑰花》、《玛依拉》、《等我到天明》等。

(3)藏族民歌。包括山歌(牧歌)、劳动歌、爱情歌、风俗歌、颂经调五大类。著名的民歌有《吉祥的月亮》、《逛新城》、《北京的金山上》等。《北京的金山上》原来是一首箭歌(即狩猎歌),最初流传在西藏的东南部林区,如今成了流传全国的新民歌。

(4)西南多民族民歌。指云南、贵州、广西等地二十几个不同民族的民歌。民歌有着不同层次的古老文化特征,大多为诗、歌、舞相结合的演唱形式。男声歌一般节奏性较强,曲调明快;女声歌节奏较自由,旋律细腻、柔和。歌曲内容以爱情为主。著名的民歌如《桂花开放贵人来》、《阿细跳月歌》等。

（5）东北狩猎民歌。以鄂伦春族民歌为代表（包括鄂温克族、赫哲族、达斡尔族、满族）。鄂伦春族在1949年前还保留着原始社会的痕迹，每当狩猎归来或者节日，都要进行歌舞狂欢。歌舞曲大多为一领众和的形式。著名的民歌有《额呼兰·德呼兰》，这是一首歌颂大自然的歌。此外《鄂伦春族小唱》在全国也很闻名。

（6）西北高原半农半牧民歌。甘肃、青海、宁夏的黄河上游地区，是汉、回、土、撒拉、保安、东乡、藏、裕固等民族聚居的区域，产生了八个民族并有的歌种"花儿"，曲调高亢悠长，格调深沉婉转，气质粗犷、淳朴。中外闻名的曲目有《上去高山望平川》。

（7）汉族民歌。汉族民歌流传的区域最广，从寒冷的北方到亚热带的南方，从西北高原到东南沿海。汉族民歌种类繁多，以题材分有劳动号子、山歌、小调、田歌、渔歌、茶歌、秧歌、风俗歌、儿歌等。著名的民歌很多，诸如：西北高原的民歌《走西口》、《赶牲灵》、《兰花花》、《五哥放羊》、《绣金匾》等；江淮民歌有《凤阳花鼓》、《王三姐赶集》、《打麦歌》等；闽、台民歌有《采茶扑蝶》、《茶童歌》、《天乌乌》等；江汉平原民歌有《黄四姐》、《洪湖渔歌》等；赣地民歌有《杜鹃花开》、《摘茶籽》、《送郎当红军》等。

我国这些丰富多彩的民歌，具有鲜明的三个特征。

（1）民歌最能体现民众的劳动生活。最有代表性的是各种劳动号子，诸如搬运号子、工程号子、农活号子、渔船号子、作坊号子等。这是与劳动节奏紧密配合、用以协调劳动动作、消除疲劳的民歌形式。唱法有独唱、对唱和一领众和等形式。《长江号子》，号子头根据江河的水势水性不同，编出不同节奏、不同情绪的号子。如船行下水或平水时，唱《莫约号子》《桡号子》《二流摇橹号子》《龙船号子》等,此类号子音调悠扬,节奏不快,适合扳桡的慢动作,也是船工在过滩礁的紧张劳动后,以之做体力、精力上的劳逸调剂。闯滩时,唱《懒大桡号子》《起复桡号子》《鸡啄米号子》,此类号子音调雄壮激烈,具有强烈的劳动节奏特点,以适应闯滩的行船需要,船工号子词是:"船过西陵峡呀,人心寒。最怕是崆岭呀,鬼门关!一声的号子,我一身的汗!一声的号子,我一身的胆!""一条纤绳九丈三,父子代代肩上拴,纤夫尸骨埋江底,老板年年添新船。"现在船工有了新的劳动号子:"如今三峡建大坝,千秋伟业兴中华。万里长江归主人,前程似锦美如画。"

(2)民歌最能反映民众的智慧。西南地区的对歌盛行,人人会唱山歌,人人会对歌,对歌成了交流感情的重要方式。同时还有赛歌的传统风俗,两人一问一答,答不出来者为输。比赛一般在两个村乡之间进行,由村乡推选出对歌能手,如果一方输了,不仅本人没面子,全村乡的人都感到不光彩;赢了则全村乡人都为之感到骄傲。流传最为广泛的是刘三姐对歌的传说故事:广西壮族宜山下枧村,有女子刘三姐聪明伶俐,喜唱山歌。远近青年与她对歌,无能胜者。莫村财主莫仁怀见刘三姐貌美善歌,欲纳为妾,找来广东三人与三姐对歌,为三姐所败。此时涧村勤劳朴实的青年李示田向刘三姐学得一口好歌,常与三姐对唱。莫仁怀对刘三姐处处刁难,设计陷害三姐,使她坠入河中。三姐漂至柳州,与李示田在柳州鲤鱼峰对歌,连唱三天三夜,飘然逸去。后俩人又在桂林七星岩对歌,连唱七天七夜,变为一对黄莺飞去。

(3)民歌最能体现真挚淳朴的爱情。最为动人的是西北民歌《走西口》:"正月里娶过奴,二月里走西口,提起你走西口,两眼儿泪长流。哥哥走西口,小妹子实难留,手拉着哥哥的手,送你到大门口。送到大门口,妹妹不丢手,有两句知心话,哥哥你记心头。走路你走大路,千万不要走小路,大路上人儿多,拉话解忧愁。住店住大店,万不可住小店,大店里人马多,小店里怕贼口。歇脚你歇小崖,万不可歇大崖,操心千年石,单等仇人来。睡觉你睡当中,万不可睡两边,操心贼挖墙,挖到你跟前。坐船你坐船后,万不要坐船头,船头上风浪大,怕掉在水里头。随人过沙河,万不要独自走,沙河里水长流,让人家走前头。喝水要喝长流水,万不要喝泉眼水,怕的是泉眼水,泉眼水上蛇摆尾。吃烟你自打火,万不要对人家的火,操心绿林响马,吹入了蒙汗药。哥呀你走西口,万不要交朋友,交下的朋友多,生怕忘了我。有钱的是朋友,没钱的两眼瞅。唯有那小妹妹,天长又日久。"

(二)民间故事

中国民间故事所包括的内容十分广泛,从题材上来看,有人物故事、神仙故事、动物故事、植物故事等。从特性上来分类,主要有神话故事、传说故事、寓言故事、笑话故事、地方风物故事等。

1. 神话故事

神话故事是最古老的民间故事,它产生于远古时代,那时由于生产力的低下,人们对自然和社会现象的解释,只能以幻想的故事来表达。诸如:天地开辟神话、宇宙起源神话、人类起源神话、洪水神话、自然变化神话、图腾神话、族源神话、文化起源神话、英雄神话等。人类是怎样产生的?于是就有"女娲造人"的神话故事;人是怎样战胜旱灾的?便编造出"羿射九日"和"夸父逐日"的故事;天地是如何形成的?就编出了"盘古开天地"的神话故事:"天地混沌如鸡子,盘古生其中。万八千岁,天地开辟,阳清为天,阴浊为地。盘古在其中,一日九变,神于天、圣于地;天日高一丈,地日厚一丈,盘古日长一丈,如此万八千岁。天数极高,地数极深,盘古极长。"(《艺文类聚》引徐整《三五历纪》)。

2. 传说故事

我国民间传说故事的类型很多。有人物传说故事,如英雄传说、名人传说、文人传说、艺人传说、历史人物传说、宗教人物传说、革命先烈传说等。有鬼怪传说故事,如鬼的故事、狐的故事、精怪的故事等。有生活传说故事,如工匠斗智故事、爱情婚姻故事、巧女故事、笨人故事、学艺故事、持家故事、处世故事、公益义行故事、民与官的故事等。还有民间智者传说故事,如机智文人故事、游侠智者故事、聪慧少年故事。其中最为著名的是四大民间传说故事:梁山伯与祝英台、牛郎与织女、孟姜女、白蛇传。

3. 寓言故事

寓言故事是富有寓意的,它通过生动的故事情节,给人以某种道理的启示。诸如:"守株待兔",讽刺因循守旧的保守思想;"刻舟求剑",说明客观情况在不断地发生变化,人的思想若保守不变,就不能适应变化了的情况而失败;"掩耳盗铃",讽刺那些自欺欺人的人。我国古今民间寓言故事非常丰富,特别是春秋战国时期,可谓是寓言故事的黄金时代。

4. 地方风物故事

风物故事是说明物产的神奇来历或特征。风物传说有:山川传说、名物传说、风俗传说、特产传说、工艺传说、动物传说、植物传说等。具体的风物如茶、酒、豆腐、茶干、纸、笔、砚、墨、画、竹席、扇子等,都赋予美丽的传说。这些故事既丰富了地方景物的文化内涵,又增添了景物的审美价值。杭州西湖飞来峰的来历、河北赵州桥的建造、台湾日月潭的形成、安徽巢湖的出现等,一旦赋予传说故事,便产生令人神往的魅力。山海关城门上的"山海關"三字,远看成了"山海門",

传说"山海"二字是王羲之的真迹,而"關"字则是王羲之的儿子王献之题写的,因王献之的书法笔力不如其父,所以远看其"門"内笔画似有若无。

5. 笑话故事

民间笑话故事是一种短小幽默的故事,通过引人发笑的故事情节,达到讽刺的效果。引人发笑的方法有误会法、矛盾法、谐音法、隐语法、拟人法、巧合法等。如"读别字"的笑话故事:有个不用功的人爱读别字,有一天,他在读《水浒》时,正巧一个朋友来看他,见面后问他:"你在看什么书啊?"他回答说:"《木许》。"朋友感到非常奇怪,说:"天下书这么多,《木许》这本书还没听说过。请问书中都写了些什么人呐?"他说:"有一个李达(逵),他手使两把大爷(斧),有万夫不当之男(勇),真了不起!"这位别字先生犯了形近而误的读字错误。

(三)民间谚语

谚语,是熟语的一种,是流传于民间的简练通俗而富有意义的语句,它是人们对生产和生活经验的总结,具有启示教育的意义。其内容可分为以下几类。

1. 事理谚语

"竹篮打水一场空"、"芝麻开花节节高"、"一斧子砍不倒一棵树"、"树大荫死草"、"十个指头有长短"、"什么钥匙开什么锁"、"浪花永远盛开在激流和风浪中"等。

2. 修养谚语

"别把善良当愚蠢,别把谦虚当懦弱"、"不怕人笑话,但怕自己夸"、"不要为美的容貌陶醉,要为正直的心灵歌唱"、"处世让一步为高,待人宽一分是福"等。

3. 社交谚语

"不听好人的话,要吃坏人的亏"、"背信弃义,等于刺人致命一刀"、"多一个朋友多一条路,多一个仇人多一堵墙"、"黄金易买,人情难求"、"没有诚心就不要帮助人"等。

4. 亲情谚语

"母亲的心是儿子的天堂"、"乌鸦总是把自己的雏儿想成凤凰"、"千年勿断娘家路"、"情人眼里出西施"、"严父出孝子,慈母生巧女"、"要知父母恩,怀里抱儿孙"等。

5. 生活谚语

"百事宜早不宜迟"、"不图便宜不上当"、"吃饭防噎,走路防跌"、"平时不准备,临时跑断腿"、"细心不会耽误工夫"、"小病不治成大病,漏眼不塞大堤崩"等。

6. 学习谚语

"边学边问,才有学问"、"不求知识的少年,就像没有翅膀的鹰"、"不学不问稀里糊涂,既学又问清清楚楚"、"聪明靠学习,天才靠积累"、"读书不知义,等于嚼树皮"等。

7. 自然谚语

"百花畏暴雨,万木怕深秋"、"车行半坡停不得"、"秤砣虽小压千斤,雨打沙滩万点坑"、"船无水难行,鸟无翅难飞"、"大海哪能没有浪"、"独木不成林,独花不是春"等。

8. 养身谚语

"安逸不一定是快乐,劳动不一定是痛苦"、"百病不如一防"、"不吸烟,不喝酒,病魔见了绕道走"、"吃饭少一口,活到九十九"、"从小爱活动,老来药不用"等。

9. 气象谚语

"八月中秋夜,一夜凉一夜"、"冬至不过不寒,夏至不过不暖"、"冷在三九,热在中伏"、"早西风,夜东风,日日好天空"、"早霞不出门,晚霞行千里"等。

(四) 歇后语

歇后语是民众的口头用语,由近似谜面、谜底两部分组成。前一部分是比喻或是一个事物,像谜语的谜面;后一部分像谜底,是用意所在。所谓"歇后语",就是歇去(省去)后一部分,让人通过前部分的形象联想,来领略后部分的含义,显得幽默风趣,耐人寻味。有的研究者将歇后语分成四大类①。

1. 谐音类歇后语

谐音类歇后语,即利用同音字或近音字相谐,由原来的意思外引申出所需要的另一个意思。领会这类歇后语,要善于联想,发挥想象力。从双关语的修辞方法去领略,较为简明。诸如:"一二三五六——没事(四)"、"一个墨斗弹出两条线——思(丝)路不对"、"三九天穿单衣——威(畏)风"、"马背上打掌子——离题(蹄)太远"、"妈妈的众姐妹——多疑(姨)"。

2. 喻事类歇后语

喻事类歇后语,即用存在的或想象的事情做比方。如果对这事情的状况有所了解,也容易领悟后部分的谜底含义。诸如:"一人一把号——各吹各的调"、"八十岁学吹打——出息不大"、"三岁小孩贴对联——不知上下"、"飞机上钓鱼——差远了"、"飞机上聊天——空谈"、"叫花子夸祖业——自己没出息"、"老大懒汉老二勤——一不做二不休"。

3. 喻物类歇后语

喻物类歇后语,即以某物来比方。诸如:"煮烂的鸭子——嘴硬"、"断了线的风筝——无影无踪"、"浸了水的爆竹——一声不响"、"荷叶上的水珠——沾不着边"、"烂鱼的肚子——坏心肠"、"草上露水瓦上霜——不久长"、"出了芽的蒜头——多心"。

---

① 孙治平、王土均:《歇后语四千条》,上海文艺出版社,2004。

4. 故事类歇后语

故事类歇后语,即引用典故、寓言、神话人物、人物故事做比方。用典故的如:"孔明给周瑜看病——自有妙方"、"鲁班门前耍大斧——不识高低(献丑)"。用寓言的如:"亡羊补牢——为期不晚"、"中山狼出了布袋——凶相毕露"、"画蛇添足——多此一举"。用人物故事的:"王羲之写字——入木三分"。用神话人物的如:"八仙过海——各显神通"、"猪八戒进了女儿国——看花了眼"、"牛魔王请客——净是妖"、"张果老倒骑毛驴——往后看"。

(五)谜语

谜语,起源于古代的隐语,古称"廋辞"、"隐语"。它是以某一事物或某一诗句、成语、俗语或文字为谜底,用隐喻、形似、暗示或描写其特征的方法作出谜面,供人猜测。谜语原为民间口头文学,后来也成为文人的游戏。民间谜语的内容主要有八类。

1. 字谜

"人有它大,天无它大"(字一)、"一叶障目,有己无人"(字一)、"劈去朽木,加工就好"(字一)、"一半白天,一半晚上"(字一)、"瞪着眼睛瞧,个个都不少"(字一)、"一人二人,治病救人"(字二)、"画时圆,写时方,冬时短,夏时长"(字一)。

2. 人体谜

"有人说奇,其实不奇。脊背朝向前,后面鼓肚皮"、"左一片,右一片,相隔不远,永不见面"、"无底洞里一座桥,一头着地一头摇。百样东西桥上过,一过桥头无处捞"、"妈妈生的娃娃多,先生弟弟后生哥。弟弟门口站,哥哥屋里躲。小事弟弟办,大事靠哥哥"。

3. 食品谜

"有人拿叉来救起,瘦子变得胖又黄"、"生在山上嫩又青,被人捏死用火熏,熏后还要沸水泡,汁汁汤汤任人品"、"腹内香甜如蜜,心中花红柳绿,白沙滩上打个滚,清水池里去沐浴"、"土里长出来,磨里转出来,布里重脱胎,挑到街上卖"。

4. 文体用具谜

"老师不说话,肚里学问大。有字不认识,就去请教它"、"有山不见山,有水不见水,短短一截路,叫你跑断腿"、"像糖不是糖,有圆也有方,帮你改错字,自己不怕脏"、"有位好朋友,天天来握手,漫谈天下事,从来不开口"。

5. 生活用品谜

"兄弟双双,身子细长,只爱吃菜,不爱喝汤"、"十个加十个,还是十个;十个减十个,还是十个"、"大胆小阿哥,驼背牙齿多,敢在百官头上过,敢把皇帝头来摸"。

6. 动物谜

"出生就会跑,胡子一大把,不管见了谁,总要喊妈妈"、"古怪古怪真古怪,骨头长在皮肉外。磨磨蹭蹭走得慢,没长腿儿上墙来"、"小小诸葛亮,稳坐军中帐,摆下八卦阵,专捉飞来将"。

7. 植物谜

"看着是绿的,破开是红的,吃它是甜的,吐出是黑的"、"水上长个铃,摇摇没有声,仔细看一看,满脸大眼睛"、"一个娃娃绿莹莹,衣服穿了六七层,怀中揣着金豆豆,头上长着红缨缨"、"年轻时候绿葱葱,待到老来红彤彤。剖开肚皮看一看,满满一包小白饼"。

8. 自然气象谜

"天样大,地样阔,门缝里,钻得过"、"水见它皱眉,树见它摇头,花见它弯腰,云见它溜走"、"一片一片又一片,天上撒下梅花瓣,太阳出来就不见"。

（谜底：1.一，自，巧，明，目，大夫，日。2.小腿，耳朵，舌，牙齿。3.油条，茶，元宵，豆腐。4.字典，地图，橡皮，报纸。5.筷子，手套，梳子。6.山羊，蜗牛，蜘蛛。7.西瓜，莲蓬，玉米，辣椒。8.光，风，雪）

（六）民间对联

对联，又叫"联语"、"联句"，题刻柱上的叫"楹联"，因上下两联对仗工整，故又称"对子"。对联是中国方块汉字所形成的一种特殊的文学形式，为广大群众所喜闻乐见，在民间广为流传。每逢新春佳节、结婚寿日、乔迁新居、商店开业、逝世悼念等，无不以对联来表示庆贺或哀悼之意。因此，我国民间对联的内容非常丰富，有春节联、婚联、寿联、宅联、挽联、行业店铺联、农业联、文化界联、修养治学联、景观联等。

对联的长短差别极大，短的每副只有8个字，长的一副竟达1612个字。最负盛名的是昆明西郊大观楼的长联，为清代孙髯所题，全副为180个字：

上联：五百里滇池，奔来眼底。披襟岸帻，喜茫茫空阔无边！看东骧神骏，西翥灵仪，北走蜿蜒，南翔缟素；高人韵士，何妨选胜登临。趁蟹屿螺州，梳裹就风鬟雾鬓。更苹天苇地，点缀些翠羽丹霞。莫辜负四围香稻，万顷晴沙，九夏芙蓉，三春杨柳。

下联：数千年往事，注到心头。把酒凌虚，叹滚滚英雄谁在？想汉习楼船，唐标铁柱，宋挥玉斧，元跨革囊；伟烈丰功，费尽移山心力。尽珠帘画栋，卷不及暮雨朝云。便断碣残碑，都付与苍烟落照。只赢得几杵疏钟，半江渔火，两行秋雁，一枕清霜。

对联的上下两联，在格律上有严格的要求，即上下联字数相等、节奏对称、平仄协调、词性相同、句型相对；在修辞上，除了一般的顶针、反语、疑问、比喻、夸张手法以外，还有特殊的修辞,形成妙趣横生的效果。

1. 拆合联

拆合联是指化整为零和合零为整。"岳麓山,山山出小大尖峰,四维罗绕;汉阳口,口口回上下卡道,千里重关。"全副对联有6个拆合字:"山山"为"出","小大"为"尖","四维"为"罗","口口"为"回","上下"为"卡","千里"为"重"。

2. 绕口联

绕口联是把两个音近的字放在一联中交错反复,使人读起来容易搅舌头。成都望江楼对联:"望江楼下望江流,江楼千古,江流千古;赛诗台上赛诗才,诗台绝世,诗才绝世。"传说上联是清代一位名士游览望江楼时所题,此后一直没有人对出下联。直到1964年,望江楼举办赛诗会时,一位青年工人才对出下联。这副对联中的"楼"与"流"、"台"与"才",两字音近交错重复,读快了就容易搅舌头。

3. 叠字联

安徽齐云山对联:"山奇奇山山山奇,石怪怪石石石怪;山秀秀水水水秀,洞幽幽洞洞洞幽。"苏州网师园的对联:"风风雨雨,暖暖寒寒,处处寻寻觅觅;莺莺燕燕,花花叶叶,卿卿暮暮朝朝。"有的竟是一字重叠,如:"长长长长长长长;行行行行行行行。"上联中第2、4、7字的"长"是"生长"的"长",其余是"长短"的"长";下联中第2、4、7字的"行"是"能行"的"行",其余是"行业"的"行"。

4. 回文联

回文联就是利用词序的往复,形成顺读和倒读皆成文句。厦门鼓浪屿有副对联云:"雾锁山头山锁雾;天连水尾水连天。"此上联以"头"字为中心,"山""山"对称,"锁""锁"对称,"雾""雾"对称;下联以"尾"字为中心,"水""水"对称,"连""连"对称,"天""天"对称。这样顺读反读字句始终不变。杭州孤山有副亭联也巧妙地用叠字构成回文联:"水水山山处处明明秀秀;晴晴雨雨时时好好奇奇。"

5. 谐音联

谐音对联就是运用双关语的修辞手法。"莲子心中苦,梨儿腹中酸。"上联中的"莲"字谐音"怜",下联中的"梨"字谐音"离"。相传明代有个人倚老卖老,用谐音出上联以嘲笑解缙:"二猿断木深山中,小猴子也敢对锯?"解缙用谐音巧对下联予以还击:"一马陷足污泥内,老畜生怎能出蹄?"上联的"锯"谐音"句",下联的"蹄"谐音"题"。

6. 隐语联

隐语联是有意将所要表达意思的字省去,让人联想生意。"一二三四五六七;孝悌忠信礼义廉。"这副对联的上联没有"八"字,即"忘掉八"了,谐音"王八";下联没有"耻"字,即"无耻"。将联尾省去的字连起来就成了骂人的"王八无耻"。

7. 同旁联

同旁联是将偏旁相同的字按一定的规则组合成联。"寂寞守寒窗,寡室宁容客寄寓;逍遥过远道,迷途邂逅遇逢迎。"这副对联是横同的,上联 12 个字同"宀"旁,下联 12 个字同"辶"旁。也有竖同的,即偏旁相同的字分别处于上下两联相同的位置上,如广州虎门的一副对联:"烟锁河堤柳;炮镇海城楼。"上下两联"烟""炮"同"火"旁,"锁""镇"同"金"旁,"河""海"同"水"旁,"堤""城"同"土"旁,"柳""楼"同"木"旁。

(七)民间曲艺

民间曲艺,据调查全国流行的曲种约有 400 多个,按艺术风格来分,主要有评书、相声、小品、快板、鼓曲等。

1. 评书

北方称"评书",南方叫"评话",亦称"评词",俗称"说书"。形成于北京,相传是明末清初说书艺人柳敬亭至北京时所传。评书表演为一人,只说不唱,以醒木为道具,渲染气氛;说时辅以表情动作,所讲述的多以历史题材的长篇故事为主,流传至今。

2. 相声

这是民众喜闻乐见的一种曲艺形式。起源于北京,流行于全国各地。一般是两人对话的"对口相声",也有一人说的"单口相声"、几人合说的"群口相声"。相声兼有"说、学、逗、唱"的艺术。相声最大的特点就是逗笑,不逗笑就不称其为相声。逗笑的技巧主要是幽默的语言和喜剧性的动作。过去的相声流行在民间聚集地,现在已走上了艺术舞台,登上了大雅之堂。

3. 快板

流行全国各地。有些地方叫"数来宝"、"顺口溜"、"练子嘴",伴以锣鼓等打击乐的叫"锣鼓快板"。快板起源于山东西部农村,当时是敲打两块瓦片,后来出现了竹板、钢板。表演者通常自击竹板和节子,按较快的节奏念诵唱词。唱词基本为七言韵文,或间以说白。快板有单口(一人)、对口(二人)、快板群(三人以上)之分。

4. 鼓曲

鼓曲包括大鼓、弹词、时调、小曲、道情、牌子曲、琴书、走唱。演员多在打击乐、弦乐伴奏下歌唱,或半说半唱。鼓曲在各地民间流传,用的是方言,具有浓厚的地方特色。所以全国各地的名称不一,有山东的大鼓、苏州的弹词、天津的时调、湖北的小曲、四川的清音、江西的道情、北京的琴书等。20世纪80年代末期,电视剧《四世同堂》的主题歌《重整山河待后生》,由京韵大鼓表现的高亢悲壮的歌曲,响彻大江南北。

(八)地方戏剧

我国地方的剧种不仅繁多,而且体现了地方特征。北京有京剧、曲剧,天津有评剧,河北有梆子、老调、哈哈腔、唐剧,山西有晋剧、北路梆子、蒲剧,内蒙古有二人台、漫瀚剧,辽宁有喇叭戏、辽剧,吉林有吉剧、新城戏、黄龙戏,黑龙江有龙江剧,陕西有秦腔、眉户,甘肃有陇剧,宁夏有花儿剧,青海有平弦戏,新疆有曲子戏,山东有吕剧、山东梆子、柳子戏,河南有豫剧、越调、曲剧,江苏有昆剧、淮剧、扬剧、锡剧、苏剧,安徽有黄梅戏、徽剧、庐剧、泗州戏、坠子戏、花鼓戏,上海有沪剧、滑稽戏,浙江有越剧、婺剧、绍剧、瓯剧,江西有赣剧、弋阳腔、采茶戏,福建有莆仙戏、梨园戏、闽剧、芗剧,广东有粤剧、潮剧、广东汉剧,台湾有歌子戏,海南有琼剧、木偶剧,广西有桂剧、彩剧、壮剧,湖南有湘剧、祁剧、巴陵戏,湖北有汉剧、楚剧,四川有川剧,云南有滇剧、花灯戏、傣剧、白剧、彝剧,贵州有黔剧、花灯戏,西藏有藏剧。

民间文化"活化石"傩戏、傩舞

地方上的小戏则更多,各省自有几十种,如河南被人们称为"戏曲之乡",曾经流行的剧种有 45 种之多,主要有豫剧、曲剧、越调、大平调、宛梆、怀梆、怀调、落腔、道情戏、四平调、柳琴戏、坠剧、豫南花鼓戏、蒲剧、大弦戏、京剧、二夹弦等。

从艺术形式上看,还有傩戏、皮影戏、木偶戏等。

二、多姿的民间乐舞

我国民间乐舞,历史非常悠久,传说在远古时代就有操牛尾的歌舞,《吕氏春秋·古乐》载有"昔葛天氏之乐,三人操牛尾,投足以歌八阕"。可见在原始部落时代,人们就手拿牛尾在歌舞了。

(一)民间乐器

1. 民间乐器的种类

我国早在先秦时代,据文献记载,民间乐器就有近70种。我国民间乐器的种类可以分为四大类型。

(1)吹奏乐器。汉族有唢呐、管、笙、篪、埙、竹筒哨、笛、箫、排箫、招军,侗族有木叶、纸片、竹膜管、侗笛,壮族有田螺笛,景颇族有吐良,哈萨克族有斯布斯,苗族有树皮拉管、展尖、姊妹箫、芒筒、芦笙(瑶族侗族亦有),土家族有冬冬奎,黎族有荜达、口唎咧,怒族有竹号,高山族有鼻箫,哈尼族有确索、巴乌,鄂伦春族有哨,藏族有贝。

(2)弹拨乐器。汉族有琵琶、阮、月琴、秦琴、柳琴、三弦、古琴、筝,苗族有金属口弦,彝族有竹制口弦,朝鲜族有伽耶琴,藏族有扎木聂,哈萨克族有冬不拉。

(3)打击乐器。汉族有扬琴、拨浪鼓、腰鼓、京堂鼓、渔鼓、梆子、梨花片、编磬、钹、锣、钟、木鱼、花盆鼓,高山族有杵,黎族有叮咚,傣族有象脚鼓,佤族有木鼓,基诺族有切克、塞吐,藏族有铃、额,满族有腰铃、太平鼓,维吾尔族有萨巴依、达卜、纳格拉鼓,瑶族有竹筒琴,朝鲜族有长鼓,还有多民族有铜鼓(壮族、布依族、侗族、水族、苗族、仡佬族)。

(4)拉弦乐器。汉族有二胡、高胡、三胡、板胡、京胡、坠琴、坠胡、奚琴、大筒、二弦、擂琴,俄罗斯族有乐锯,藏族有拉线口弦、根卡,佤族有独拉琴,侗族有牛腿琴,维吾尔族有萨它尔、艾捷克、热瓦甫,壮族有马骨琴,蒙古族有马头琴。

2. 神奇的民族乐器

我国的民间乐器,不仅种类繁多,而且富有神奇的传说,从而增添了乐器的动人魅力。

(1)马头琴。蒙古族称为"莫琳胡儿",是蒙古民族的代表性乐器。马头琴具有构造简单、携带方便的特点。一个高昂的马头挺立在上方,细长的琴杆连着梯形的共鸣箱,两支弦轴分立在马头的左右,紧拉着两根琴弦,还有一把与琴体分离的琴弓。正面看去,琴体犹如一匹变了形的马的半身像。

马头琴

相传马头琴是小牧童苏和制作的:一天傍晚,苏和放羊归来,在路上看见一匹没有主人的小马驹,苏和怕狼把它吃掉就带回家来。在苏和的精心照料下,小马驹很快长大。有一年举行赛马,王爷的女儿要选一名最好的骑手做丈夫。苏和在比赛中得了第一名。王爷一看,第一名原来是个穷牧人,便不提招亲的事,对苏和说:"我给你三个大元宝,把马留下,赶快回去吧。"苏和气愤地说:"我是来赛马,不是来卖马。"王爷恼羞成怒地喊道:"小白马是我家马群里的马驹,一个穷小子哪有这样的好马。"就这样无耻地从苏和手里抢走了小白马。王爷得到了小白马,欣喜若狂。有一天,王爷想骑这匹小白马,谁知还没有坐稳,小白马猛地把王爷摔在地上,他趴在地上大叫:"给我抓住,抓不住活的就射死。"在乱箭中小白马身受重伤,还坚持跑回家,死在主人面前。一天,苏和在梦中看见小白马回来了,非常高兴。小白马轻轻地对他说:"亲爱的主人,我也不愿意离开你,但还得走,为了解除你的寂寞,就用我的筋骨做一把琴吧。"苏和醒来之后,按照小白马的话,用腿骨做柱,头骨做筒,尾毛做弓弦,在琴柱顶部按小白马的模样雕刻了一个马头,每天带在身边。

(2)冬不拉。也称作"东不拉"。用红松木或桦木制成,长约 70 厘米,琴股呈半梨形,颈细而长,其上缠丝弦以分隔音位,2 弦。用右手弹奏,音量较轻。这是新疆哈萨克族心爱的乐器,它的来历有个传说故事:

冬不拉

很早以前,草原上有个残暴的可汗,他的儿子在一次狩猎中失踪,可汗命令王宫里的仆役在三天之内必须找到他的儿子,谁要是带来一点不吉祥的消息,就要用鼎沸的铝水灌满他的嘴。一个年轻的骑手后来发现了可汗儿子的尸体,可怎么向可汗说这可怕的事?他来到老牧人的毡房,请他帮助出主意。老人苦思良久,说:"有办法了,如果能够不用我们的嘴去讲述这件可怕的事,那我们不是都可以逃脱这次残酷的惩罚吗?"说罢,他就从自己房前的树上据下两块薄薄的木板,又宰杀了自己的马,从马的腿上抽出两条长长的筋。老人动手把木板和马筋放在细石头上耐心地磨搓。

第二天,一个神奇的乐器做成了,老人兴奋地说:"现在可以到可汗那儿去了!"他们到了王宫,宫殿中央摆着一口装满鼎沸铝水的锅。可汗坐在宝座上冲着老人狂吼道:"你给我带来了王子的消息吗?"老人冷静说:"威严的陛下,我什么也没有给你带来,只给你带来一件奇妙的乐器——冬不拉。"接着就弹起乐器,乐声如实地讲述了发现可汗儿子尸体的经过。可汗从王位上暴跳起来,说:"好呀!这就是你给我带来的消息吗?我要用鼎沸的铝水灌你的嘴巴!"老人沉静地说:"可汗陛下,可是我什么也没有说。发出声音的是我手里的冬不拉。如果你认为它有罪的话,请您处罚它吧!"失去理智的可汗命令武士把冬不拉砸烂,接着又狂叫一声:"来呀,把这个狡猾的老骨头给我绑起来杀了!"老牧人没有屈服可汗的淫威,他大喝一声:"站住!"抢过冬不拉,愤怒地弹唱起来。听了老人的歌,仆役们一个个抬起了头,宫廷武士也挺直了胸膛,他们伴着冬不拉唱出心底埋藏已久的积愤。歌声像火山爆发,可汗顿时失去了往日的威严,他被愤怒的歌声吓得瘫痪了,从高高的王位上摔下来,摔进那鼎沸的铝水锅里。从此以后,冬不拉便在草原上流行起来。

(3)葫芦丝。这是傣族的传统乐器,声音悠扬动听,现在广为流传。葫芦丝以竹子做管身,以音斗、金属簧片镶于管身一侧,插入葫芦尾端。葫芦首端开一吹口,作细竹吹嘴,气息由此吹入音斗,使簧片震动而发音。主管身开有六个指法孔,其音域为九度,左侧并列一个固定音为"咪"的附管。它的来历流传着一个动人的故事:远古时候,有个姑娘名叫朗慕,江边有个划渡筏的小伙子叫二保。朗慕过江去赶街,这天坐二保的渡筏,两人一见钟情,约定再次相会。一天,从江上飘来一个小葫芦,里面装着朗慕的信:因家父

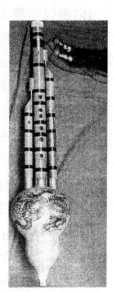

葫芦丝

管教很严,不能与你对歌谈情,你若心中有我,就在葫芦下面插上竹管,待夜深人静时来到我家墙外,吹起我们用葫芦和苦竹合制的筚朗叨,畅述衷肠。二保每晚到郎慕家墙外去吹,都被其家人赶走。朗慕被禁深宅,听乐声怀念情侣,不久含恨而死。二保悲痛欲绝,每天夜里走村串寨吹着心爱的筚朗叨,把这悲惨的爱情故事讲述给傣家儿女听。从此筚朗叨在傣族人家世代相传。

(二)民间乐舞

1. 汉族乐舞

我国民间乐舞丰富多彩,仅汉族民间舞蹈就有700多种,流行最广泛的有秧歌舞、绸舞、腰鼓舞、花鼓舞、龙舞、狮舞、旱船、小车等十余种。

(1)秧歌舞。秧歌起源于农民插秧、耕田的劳动。初为歌唱形式,后来增加了舞蹈和戏剧形式,歌舞乐三位一体,但以乐舞为主。这种歌舞流行全国各地,著名的有东北秧歌、山东秧歌、河北秧歌、陕北秧歌。各地秧歌舞的扮相、舞姿、鼓乐都不同。北京的秧歌穿戏装,角色有农夫、渔夫、樵夫、傻

汉族扭秧歌

公子等。脚踩高跷的叫"高跷秧歌",无高跷的叫"地秧歌"。山东的秧歌依地区又分为几种,有名的是鲁北鼓子秧歌,扮演的有各种人物角色,有扮武生的,左手持扁鼓,右手持鼓槌,边敲边舞;有扮男青年的,手拿系有五彩条的木棒,边敲边舞;有扮女青年的,左手拿绸巾,右手拿彩扇;还有扮丑角的,穿插在男女青年之间逗趣取乐。

(2)绸舞。因舞者手拿绸缎而得名。这种舞蹈在汉代的画像石砖上已有表现。舞者手中的绸带,长的有4~6米,为"长绸舞";短的为二三尺,叫"短绸舞"。多有男女青年集体表演,人数多少不限。起舞时脚踩鼓点,彩绸随手上下左右舞动,挥出"∞"字、波浪花、跳圈花、对花等几十种图形。

(3)腰鼓舞。是从陕北流传到全国各地的。表演者每人腰间挎秧歌木帮小鼓,为长圆形,两头小,中间大,鼓帮全为红色,两手各拿一根小木鼓槌。敲鼓的方法变化多端,敲击鼓面或鼓帮、两个鼓槌相敲、两手交替敲、两手同时敲鼓面、

两手分开各敲前后鼓面等。技巧高的表演者还会转身敲鼓、踢脚敲鼓、翻身敲鼓、飞脚敲鼓、矮步敲鼓等。

（4）花鼓舞。与秧歌舞、腰鼓舞不同，它不是以舞为主，而是边歌边舞。表演者通常为1~3人。各地的花鼓别有特色。安徽凤阳的花鼓最为有名。凤阳在历史上多灾荒，每到荒年，农民背起花鼓流落四方，以打花鼓谋生，唱曲悲伤哀戚。山东的花鼓则表现得欢快活泼，表演的内容多为民间故事。湖南、湖北的花鼓多反映百姓的生活，欢快热烈。陕西、山西的花鼓以敲鼓为主，分高鼓、低鼓和多鼓三种。

2. 少数民族的乐舞

我国少数民族的乐舞更是显示出各自的独特风采，诸如：维吾尔族的刀郎舞，藏族的踢踏舞、野牛舞，布朗族的二则舞、圆圈舞，白族的西山打歌，赫哲族的天鹅舞，瑶族的长鼓舞、铜鼓舞，壮族的春堂舞、横鼓舞，水族的斗角舞，傣族的孔雀舞、吁拉荷舞，黎族的平安舞、打碗舞、逗娘舞，朝鲜族的长鼓舞、农乐舞，哈尼族的农作舞、扇子舞，佤族的春臼舞，畲族的猎捕舞，高山族的甩发舞、杵舞，蒙古族的安代舞、绕树舞，苗族的踩鼓舞、芦笙舞，京族的花棍舞，达斡尔族的罕伯舞，彝族的阿细跳月舞等。影响较大的乐舞有以下几种。

孔雀舞　傣族民间舞蹈。此舞原来主要用于佛教祭祀活动，后逐渐流传到民间。傣族人把孔雀当作吉祥的象征，以跳舞来表达他们良好的愿望。原先舞蹈时，有一两个男子

孔雀舞

头戴菩萨金冠,脸覆金刚面具,腰间绑有彩纸或花布扎成的孔雀,两手用线牵住孔雀的翅膀和尾巴,随着象脚鼓、铓鼓的节奏,模仿孔雀的各种优美的动作。现在的孔雀舞,男女都参加,不戴面具。

安代舞 蒙古族民间舞蹈,流行于内蒙古地区。此舞以歌为主,动作简单。跳舞时人数可多可少,每人手持一条手巾或彩绸,由一位歌手领唱,众人相和,边唱边舞。唱词即兴编出,动作朴实奔放,节奏强烈。此舞的来源有多种说法。一说从前有一位贫苦的老牧民,他心爱的女儿得了重病,久治不愈,于是他套起马车,载着女儿四方求医。途中车陷轴断,老人哭诉自己的不幸,边唱边舞。女儿听见歌声,心情舒畅,病情好转,所以形成了此舞。一说有个叫安代的姑娘,爱上了一个叫登代的小伙子。可是安代被迫嫁给了别人,婚后不遂心,忧郁成病。登代得知后,经常到安代门前唱歌安慰她,乡亲们非常同情他们的不幸,于是就和登代边唱边舞。

安代舞　　　　　　　芦笙舞

芦笙舞 苗族民间舞蹈。舞步跳跃旋转,以芦笙穿过腿下,翻个筋斗,再穿越腹部,翻数次筋斗,表演者手脚敏捷。又有在跑跳进行中的,一人跳在另一人的背上横伏着,背者仍轻松愉快地跑跳不停,表示他们的斗争胜利、骑马而归的喜悦。舞者围成圆圈,由两名男子吹笙而舞,其他的人随舞者而舞;两个芦笙队轮流作集体或个人表演,边吹笙边做快速旋转,做矮步、倒立等技巧动作,带有竞赛性质。

长鼓舞 朝鲜族民间舞蹈。多为女子表演。舞者将长鼓系在身上,左手拍击鼓面,右手持细竹鼓鞭击鼓面,边击边舞,动作优美。瑶族民间也流传长鼓舞。瑶族的长鼓与朝鲜族的长鼓不同,形态细长,有大小两种。小者长约3尺,鼓面直径3.5寸;大者长约7尺,鼓面直径7.5寸。舞者一般左手横握小长鼓中间,上下翻转舞动,右手随即拍击鼓面。也有男舞者将大长鼓系在身前,双手边击鼓边舞的。每逢喜庆佳节,必挎长鼓而舞。

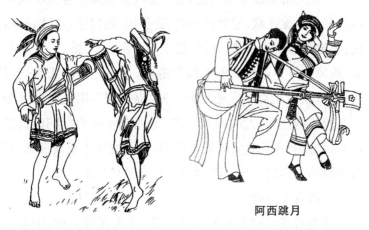

瑶族长鼓舞

阿西跳月

阿西跳月舞 亦称"阿细跳月"、"阿细跳乐"。这是彝族民间舞蹈,多在夜间进行。舞时,男舞者弹大三弦、吹笛子,同女舞者对舞。主要动作有三步一踹脚、拍掌、跳转等。节奏鲜明,情绪欢快。

三、激情的民间游戏

我国民间的游戏活动多姿多彩,总体上可以分为民间游戏、民间杂耍、民间竞技三大类型。在西汉时代就已盛况空前,汉代张衡在《西京赋》中对"百戏"作了生动的描绘,游戏的内容丰富繁多,表演技巧高超,场面盛大热闹。

(一)民间游戏

民间游戏,有的从参加人员的年龄分为儿童游戏和成人游戏。其实也不尽然,所以依游戏的内容来分类为好。

1. 玩耍类游戏

玩耍类游戏以儿童为主,也多有成人参加。这类游戏名目繁多,如:捉迷藏、老鹰捉小鸡、丢手帕、跳房子、滑冰、打雪仗、游泳、轧墙壁、摸瞎鱼、猫捉老鼠、踢毽子、抓石子、堆雪人、跑风车等。这些简单活泼的游戏,适应儿童的天真烂漫的性格,能让儿童尽兴地玩耍。如"捉迷藏",用毛巾或手帕一类的布物,把一人的双眼蒙住,令他在一定的范围内捉摸他人,被摸的人见状要迅速地躲闪,如果被捉住或被摸到,就与捉摸的人角色互换,继续捉摸,直到尽兴为止。

2. 智力类游戏

这类游戏是较雅致的娱乐活动,让人在游玩中,引起思考,启发智力。民间传统的活动有:猜谜语、从枚、绕口令、填字、积木、下棋、射覆等。节日期间的智力娱乐主要的是灯谜活动。这类游戏多以口头语言表达的形式,如绕口令,又称"急口令"、"吃口令"、"拗口令"。将若干双声、叠韵词汇或者发音相同、相近的语词有意集中在一起,组合成简单、有趣的韵语,要求朗诵者快速地念出来。念的人如果吐字不清楚、念错,就要受罚。绕口令的结构方式有两种。(1)对偶式。

两句对偶,平行迭进,如"东洞庭,西洞庭,洞庭山上一根藤,藤条头上挂铜铃。风吹藤动铜铃响,风停藤定铜铃静。"(2)一贯式。一气呵成,环环相扣,句句深入,如"墙上一根钉,钉上挂条绳,绳下吊个瓶,瓶下放盏灯,灯下有只盆。掉下墙上灯,脱掉钉上绳,滑落绳下瓶,打碎瓶下灯,砸破灯下盆。瓶打灯,灯打盆,盆骂灯,灯骂瓶,瓶骂绳,绳骂钉,钉怪绳,绳怪瓶,瓶怪灯,灯怪盆。叮叮当当当当叮,乒乒乓乓乓乓乒。"

3. 博戏

这类娱乐活动有两种。一是赌博,方式较多,战国时代有"六博",后来有骨牌、掷骰子、叶子戏(纸牌)、象棋、麻将等。有些地方赌博成风,形成一种有害于社会、家庭,有害于心身健康的不良风气。二是以动物相斗来赌输赢。常有斗鸡、斗鹌鹑、斗鸭、斗牛、斗羊、斗狗、斗蟋蟀等。这种博戏,现在多表现为杂耍的性质。

(二)民间杂耍

我国民间的杂耍主要是杂技性的玩耍活动,诸如民间杂技、斗动物、放风筝、玩猴、抬阁、叠罗汉、叼羊、上刀梯、爬坡竿等。

1. 民间杂技

杂技是表演艺术的一种。包括蹬技、手技、顶技、踩技、口技、车技、武术、爬竿、走索以及各种民间杂耍等,通常也把戏法、魔术、马戏、驯兽包括在内。我国民间杂技最著名的是河北吴桥杂技,吴桥被称为"天下杂技第一乡"。这里的男女老少,个个都有一手玩杂技的本领,不论是田间地头,还是庭院场地,随处都可以表演;也不管是用杂技道具,还是家庭用具,拿来就可以表演一番。

2. 斗动物

这类杂耍有斗兽和斗禽两类。斗兽主要有斗马、斗牛、斗羊等。

斗牛活动，在我国各地比较普遍，有的成为传统的习俗，如浙江金华，从宋代开始就有斗牛的习俗了。1986年金华市集资建成6500平方米的斗牛场，斗牛成为经常性的比赛娱乐活动。

斗羊活动，特别有趣，因为羊生性温顺，而角斗起来别有一番角劲。常有几十只或上百只公羊参战，有互斗和轮流相斗两种。斗羊时，两羊先用舌头舔对方的脸，随后炸毛，扒地，突然愤怒，互相对峙，而后双方急速后退，相距二三十米时，猛然冲击，直抵对方，只听"咔"的一声巨响，四角触在一起。然后又各自后退，再次决斗。四角相触一次为一个回合，如果两羊相斗二十多个回合仍不能分胜负，裁判就宣布："自由抵斗结束，再进行拉开赛。"

斗禽有斗鸟、斗鸡、斗鸭、斗鹌鹑的。山东梁山有斗鸡、斗鹌鹑的传统，从宋代就开始了。相传梁山好汉阮小七有一次打鱼归来，偶然发现两只鹌鹑相斗，很有兴趣，就捕捉了几只雄鹌鹑，精心驯化相斗，供乡民取乐，从此流传在民间。斗鹌鹑要选用重量、体态相当的雄性鹌鹑。双方在斗前，让鹌鹑隔笼相对，增加敌意，准备应战。双方主人觉得情况适宜，便各自执笼进入比赛场地。裁判喝令"开斗"，鹌鹑冲出笼子，或用嘴啄击对方，或用翅扑爪挠对方，蹿蹦跳跃，上下翻飞。有经验的鹌鹑不急于进攻，先是"叽叽喳喳"地观视，待对方防备不严时，来一个饿虎扑食，狠啄两口，一举制服对方。

3. 攀援玩耍

这类活动有惊险的动作，令人惊奇而赞叹。如傈僳族、苗族等民族流行的上刀梯，也叫"上刀山"、"上刀杆"。通常每年农历正月初六至十五举行。用两根高约10米的木柱为梯形架,以36把或72把刀刃向上的利刀,作为横档固定在两柱之间,形成刀梯,竖立在地中央。上刀梯前鞭炮和鼓声齐鸣,参加表演者身穿大红袍,头裹红巾,先将满杯白酒一饮而尽,然后赤脚踩在下层刀刃上,双手紧握上层刀刃,迅速上爬,直至梯顶,略作停留后,翻身至刀梯的另一面,踩刀刃而下,要求手脚毫无损伤。表演以上下迅速、动作干净利落者为佳。

4. 叠人玩耍

叠罗汉,是流行在江南的杂耍活动。安徽歙县的叠罗汉已有几百年的历史。表演者表演时,下穿红色长裤,腰系黄色丝带,上身赤膊光膀,脚穿白色半长布袜,面部绘有脸谱,显得威猛粗犷。表演时,表演者不说不唱,在一阵锣鼓声中依次登场,由人叠人,上下有三四层,形成牌坊形状。叠罗汉节目,传统的有72套,现在只排练30多套。每套名称根据造型而定,诸如"童子拜观音"、"斜角旗"、"石猴出山"、"仙人桥"、"六柱牌坊"等。

叠人玩耍

5. 放风筝

风筝起源于中国。最早的风筝,传说是春秋时墨翟制造的。《韩非子·外储说》载:墨翟居鲁山,"斫木为鹞,三年而成,飞一日而败"。这只木鹞就是中国最早的风筝。唐宋时风筝改由纸糊,很快传入民间,成为人们娱乐的玩具。随着国际交往的增加,中国的风筝流传到世界各地,先后传到日本、朝鲜、缅甸、马来西亚、印度尼西亚、新西兰等。明代已出现扎制风筝的艺人,清代风筝艺术已达到鼎盛阶段。

山东潍坊是我国著名的风筝产地。潍坊风筝主要有三种基本造型：串、硬翅和筒形。其中以龙头蜈蚣最突出，据说是受了龙骨水车的启发而制造的。现在已发展成许多品种，小的可放在手掌上，只有3厘米长，大的有几百米长。造型、色彩也各不相同，从简单的白纸糊身、红纸糊头、不画一笔、不染一色的蜈蚣风筝，到色彩缤纷、绘金描银的九头神龙风筝；从构思奇妙的二龙戏珠到三条巨龙在空中呈"Y"字形飞行的"哪吒闹海"，千变万化，奇巧百出。1984年4月，潍坊放起了一只全国最大的巨型龙头蜈蚣风筝，全长320米，头高4米、长4米，腰节直径1.2米。现在潍坊已成为国际风筝节的固定举办地。

(三)民间竞技

民间的竞技活动，是指各种娱乐性的比赛活动。从比赛的性质可以分成竞体力、竞技巧、竞技艺三大类别。

1. 竞体力

竞体力的比赛常见的项目有摔跤、拔河、举重、扳腕子、投掷、爬竿、爬绳、扔沙袋等。如摔跤活动，是流行最为广泛的群众性的娱乐活动，往往在劳动间歇中举行，随意性很大，可以一对一，也可以二三人对一人。我国最负盛名的摔跤活动是在蒙古族举行的。蒙古族摔跤有其独特的服装、规则和方法。摔跤服用驼皮制作，皮坎肩上有镶包，亦称"泡钉"，以铜或银制作，便于对方抓紧。最引人注目的是，摔跤手的皮坎肩中央部分饰有精美的图案，给人以古朴庄重之感。摔跤手身着的套裤用十五六尺长的白绸子或各色绸料做成。其坎肩多用香牛皮或鹿皮制作，裤套前面双膝部位绣有别致的图案。其足蹬马靴，腰缠一宽皮带或绸腰带。著名摔跤手的脖子上缀有各色彩条——江嘎，这是摔跤手在比赛时获奖的标志。蒙古族摔跤技巧很多，可以用捉、拉、扯、推、压等13个基本技巧，演变出100多个动作。可互捉对方肩膀，也可互相搂腰,还可以钻入对方的腋下进攻等。其规则是不许抱腿,不准打脸,不准突然从后背把人拉倒,不准触及眼睛和耳朵,不许拉头发、踢肚子及膝部以上的任何部位。

2.竞技巧

民间竞技巧的比赛,有单一的技巧比赛,如踢毽子、踢鞠(球)、跳绳、跳马、跳牛、荡秋千、射箭、打毽;也有综合的技巧比赛,如赛马和各种马术。

(1)荡秋千。这是我国古老的民间习俗。《古今艺术图》云:"秋千,北方山戎之戏,以习轻趫者。齐桓公伐山戎,此戏始传中国。"如今荡秋千已成为民间常见的体育活动。古时多用树枝桠为架,再拴上彩带做成。南朝时秋千已发展为用两根绳子加上一块横板,悬于木架或大树上,人或坐或站,双手握绳,前后起伏晃动。现代秋千分单人秋千和双人秋千两种,比赛时决定胜负的方法是:有的以能用脚触及或用牙咬掉悬于高处的树叶或鲜花为胜;有的在踏板上系一绳,测量其高度,以高者为胜;有的以触及悬于高处的铃铛次数多者为胜。由秋千演变而来的"秋千飞人"、"花样秋千"等高难度杂技节目,令世界各国为之称绝。

荡秋千是朝鲜族妇女喜爱的民间游戏,每逢节日聚会,成群结队的朝鲜族妇女聚集在参天大树下,或高耸的秋千架旁,荡起秋千。她们一会儿腾空而起,一会儿俯冲而下,尽情地欢乐,长长的裙子随风飘舞,大有飘飘欲仙之感。

(2)赛马。节令赛马,早已成为各族人民的娱乐和民间体育运动项目之一。由于民族不同、地区不同、风俗不同,就有各式各样的比赛形式,正如民谚所说:"赛马多异俗,各自有千秋。"赛马技艺分为四大类:

第一类,既要求马的驰骋脚力完全符合"走马"奔跑训练标准,又要求骤驰飘逸,快速领先。比赛必须以此二项兼优为准则。这种比赛,对马的要求严格,无论跑道多长,参赛的马必须"步趋不乱"地跑到尽头,如中途步子略有参差,虽速度惊人,早于群马跑到也不能取胜。同时,这类赛马非常讲究马的鞍鞴配备,如景泰鞍、镶银辔、梅花镫之类,正所谓"人要衣装,马要鞍装"。

第二类,培养马的疾驰力。要求参赛之马个大体壮,性子骏烈,驰骋飞跃,能够捷足先登,有一股"良骏逸足,跷悍凌越"的桀骜气概,却不讲求驰骋术的高超与否。此类赛马,有些地区的参赛之马不备鞍鞴,赛马者乘跨净身,争夺冠军。

第三类,以马的驰速和骑手的马上技巧相结合而进行赛马,是马术运动之一。这类赛马大都属于单项比赛,有规定动作和自选动作。项目以单人单马为主,进行马上射击、马上射箭、马上投掷等。一般以一个赛程鸣枪 20 响为准,最多一次达 70 响。凡参赛骑手既要跑马争得第一名,又要把规定的火枪打完,才能名列前茅。

第四类,马上技巧比赛。项目有单人单马、单人双马、双人双马等。有快速跃蹬、马背前迎、镫里藏身、鞍心倒立、左右侧横躺等技法,花样繁多。这类赛马以马的驰速领先、技巧纯熟、按规定时间做完为评分标准。

3. 竞技艺

我国竞技艺比赛,主要是象棋和围棋。象棋在战国时期已有记载。当今下象棋已成为人们消遣的一种方式,在城市大街小巷的树荫下,常常见到一群群下棋和看棋的人们。围棋在春秋时期叫"弈",围棋比赛叫"对弈"。当今民间下围棋,远不如下象棋普遍。下棋时,观战者要遵循"观棋不语"的原则,多嘴多舌被认为是不懂规矩的表现。

四、精湛的民间工艺

我国民间工艺不仅具有娱乐性，而且具有观赏性，富有独特的民俗文化价值。中国民间工艺从艺术形式上来分，有年画、剪纸、雕塑、雕刻、中国结、编织品、皮影等。

(一)民间年画

年画是过年(春节)时装点屋室环境的一种绘画。其中门画起源最早，它是由古代的门神画演变而来的。宋代出现了木板年画。明末清初出现了天津杨柳青、苏州桃花坞、山东潍县杨家埠"三大民间木板年画"中心。传统的年画题材多以五谷丰登、春牛、婴儿、风景、花鸟、民间故事等为内容，主要题材有灶神、门神、财神、关公、钟馗、土地神等。自抗日战争以来，新年画的题材大都以爱国主义、劳动生产、移风易俗为内容。

闹春凤图

虎形

(二)民间剪纸

剪纸，亦叫"铰花"、"窗花"、"花儿"、"窗染花"、"剪彩"。流传全国各地，北方尤为盛行。剪纸起源很早，南朝梁代宗懔《荆楚岁时记》载："正月七日为人日……剪彩为人，或镂金簿为人，以贴屏风，亦戴之头鬓……立春之日，悉剪彩为燕戴之。"从用途上来看，剪纸可分为窗花、墙花、门笺、顶棚花、灯笼花、喜庆花、衣饰绣样、供欣赏的戏文人物和花鸟鱼虫等种类。从艺术形式来看，可分为折叠剪纸、单色剪纸、分色剪纸、衬色剪纸、点色剪纸、拼色剪纸、勾画剪纸、木印剪纸等。

（三）民间雕刻

我国民间的雕刻最具有艺术性，类型非常多。从材料上来分，有石雕、玉雕、牙雕、木雕、贝雕、竹雕、砖雕、果核雕、根雕、角雕、冰雕、椰雕、瓷雕、煤雕、蛋雕、料器雕刻等。民间雕刻艺术，最具有地方特色的是徽州的木、石、砖三雕。

1. 石雕

主要用于建筑物的装饰。具有特色的有福建的寿山石雕和广西的叶腊石雕。寿山石晶莹温润，色彩艳丽，民间传说为女娲补天石。艺人能雕成各式人物、山水、花鸟等。徽州的石雕，主要选用当地出产的质地坚韧、纹理细腻的石材，雕刻各种形态图案，用来装饰民居的门罩、漏窗、天井、石柱、石坊以及庭院的石桌石凳等。

2. 玉雕

我国的玉雕历史悠久，早在新石器时代就有玉刀、玉斧等工具及玉璜装饰品。原材料主要有黄玉、白玉、碧玉、翡翠、珊瑚、松石、玛瑙、芙蓉石、水晶、绿晶、茶晶、碧玺、宝石、猫儿眼、钻石等。

3. 牙雕

我国民间的牙雕工艺最具特色的是微雕。北京等地有"牙雕一粒米"的工艺品，牙雕艺人武玉清曾于1959年在约三分之一米粒大小的象牙面上，给英国女王伊丽莎白二世刻像，连眼皮、冠冕珠饰均真切毕肖。后来，他又在芝麻粒大小的象牙面上，刻出鲁迅、李时珍、萧伯纳、莫扎特、张衡、易卜生、居里夫人、迦梨陀娑、高尔基、普希金十大文化名人肖像。

4. 木雕

木雕能雕刻出各种花纹图案，用于建筑的装饰。从木质材料的产地可分为浙江东阳木雕、福建木雕、湖北木雕、广东潮州木雕、苏州木雕、徽州木雕、曲阜木雕等,最著名的是东阳木雕和潮州木雕。

5. 贝雕

贝雕主要产于广西等地。是指用有色贝壳雕刻、镶嵌而成的工艺品。多以人物、山水、花卉、鸟兽为题材。

6. 砖雕

徽州的砖雕最为著名,用青石雕刻各种建筑装饰品,题材广泛,有人物、故事、动植物、几何图案等,多以组画形式,把内容类似的故事置于同一部位。每幅画面多有近景、中景、远景三层,深度有一寸。镶嵌在门楼、门罩、屋檐、窗格、墙面等处。

7. 竹雕

是以竹为原材料的雕刻工艺品。经过多道工序和药物处理,制成竹簧粗坯后,再磨光、增色,制成拉屏、座屏、茶具、烟具、礼品盒、文具盒等产品。

8. 果核雕

在桃核、橄榄核、缅茄核、山核桃等果核上,利用其外形特点,雕刻成人物、山水、走兽、亭台楼阁等。

9. 根雕

以树根为材料,巧依木势,随弯就直,顺其自然,制成各种形态的工艺品。

10. 角雕

以水牛角为材料,经过琢磨而雕刻成灯座、花瓶、烟嘴等工艺品。

11. 冰雕

以冰为材料的雕刻品。哈尔滨市的

根雕

冰雕最为著名。根据需要先用各种容器制成各种冰材,或利用天然的冰块,雕刻成亭台楼阁、花鸟虫鱼、各色花灯、人物、动物等。

12. 椰雕

椰雕主要产于海南岛。用椰壳雕刻成实用的工艺品。产品有餐具、茶具、酒具、花瓶等。

13. 瓷雕

在瓷器上雕刻成人物、动物、花草、树木、山川等图案。

14. 煤雕

以煤精为材料的雕刻品。煤精是特殊的煤种,具有晶莹滑润、坚韧耐磨的特点,又称为"煤玉"。据考古发现,我国早在新石器时代已有煤雕装饰品。

15. 蛋雕

在禽蛋壳上雕刻的工艺品。

16. 料器雕

料器雕主产于山东博山等地。以深浅两层不同的色料紧密融合制成器形,再按不同器形设计画面,精心雕磨,剔去外层画面以外的外套,以内层洁白的色料衬出外层深色的图案花纹,使花纹有浮雕的艺术效果。

(四)民间刺绣

刺绣,又名"针绣",俗称"绣花",古代称"黹"、"针黹"。以绣针引彩线,按设计的花样,在织物(丝绸、布帛)上刺缀运针,以绣迹构成纹样或文字。后因刺绣多为妇女所做,故又名"女红"。据《尚书》载,早在商代就有"衣画而裳绣"。周代有"绣缋共职"的记载。唐宋时刺绣施针匀细,设色丰富,盛行用刺绣作书画、饰件等。明清时刺绣得到进一步发展,先后产生了苏绣、粤绣、湘绣、蜀绣,号称"四大名绣"。此外尚有顾绣、京绣、瓯绣、鲁绣、闽绣、汴绣、汉绣和苗绣等。刺绣的针法有齐针、套针、扎针、长短针、打子针、戳纱等几十种。绣品的用途有生活服装、歌舞或戏曲服饰以及台布、枕套、靠垫等生活日用品和屏风、壁挂等陈设品。

1. 苏绣

苏绣历史悠久,宋代苏州就有绣衣坊、绣花弄、滚绣坊、绣线巷等。清末沈寿首创"仿真绣",享誉中外。20 世纪 30 年代,杨守玉始创"乱针绣",丰富了苏绣针法。苏州刺绣素以精细、雅洁著称。技巧特点为"平、光、齐、匀、和、顺、细、密"八个字。针法有几十种,常用的有齐针、抢针、套针、网绣、纱绣等。绣品分为两大类:一类是实用品,有被面、枕套、绣衣、戏衣、台毯、靠垫等;一类是欣赏品,有台屏、挂轴、屏风等。苏绣取材广泛,有花卉、动物、人物、山水、书法等。双面绣《金鱼》、《小猫》是苏绣的代表作。双面绣《金鱼》在 1984 年第 56 届"波兹南国际博览会"上获金奖。

2. 湘绣

"湘绣"是以湖南长沙为中心的刺绣品总称。清代长沙县有很多妇女从事刺绣。优秀绣工胡莲仙的儿子吴汉臣在长沙开设第一家"吴彩霞绣坊",作品精良,流传各地,湘绣从此闻名全国。早期湘绣以绣制日用装饰品为主,以后逐渐增加刺绣题材。湘绣的特点是用丝绒线绣花,劈丝细致,绣件绒面花型具有真实感。常以中国画为蓝本,色彩丰富鲜艳,形态生动逼真,风格豪放,曾享有"绣花能生香,绣鸟能听声,绣虎能奔跑,绣人能传神"的美誉。湘绣以特殊的鬅毛针绣出的狮、虎等动物,毛丝有力,威武雄健。1982 年,在全国工艺美术品百花奖评比中,湘绣荣获"金杯奖"。

3. 粤绣

粤绣亦称"广绣"。它历史悠久,相传始创于少数民族,与黎族所制织锦同出一源。至清代粤绣得到了更大发展。

粤绣构图繁而不乱,色彩富丽夺目,针步均匀,针法多变,纹理分明,善留水路。粤绣品类繁多,欣赏品主要有条幅、挂屏、台屏等;实用品有被面、枕套、床楣、披巾、头巾、台帏和绣服等。常以凤凰、牡丹、松鹤、猿、鹿以及鸡、鹅等为题材,混合组成画面。18世纪纳丝绣底层多用羊皮金(广东称"皮金绣")做衬,金光闪烁,格外精美。1982年,粤绣以《晨曦》、《百鸟朝凤》等作品荣获全国工艺美术品百花奖"金杯奖"。

4. 蜀绣

蜀绣又名"川绣"。它是以四川成都为中心的刺绣品的总称。蜀绣历史悠久,汉代扬雄在《蜀都赋》中记述当时蜀中的刺绣"自造奇锦"、"发文扬采"。蜀绣以软缎和彩丝为主要原料。题材有山水、人物、花鸟、虫鱼等。针法有套针、晕针、斜滚针、旋流针、参针、棚参针、编织针等100多种。品种有被面、枕套、绣衣、鞋面等日用品和台屏、挂屏等欣赏品。以绣制龙凤软缎被面和传统产品《芙蓉鲤鱼》最为著名。蜀绣的特点:形象生动,色彩鲜艳,富有立体感,短针细密,针脚平齐,片线光亮,变化丰富,具有浓厚的地方特色。1982年,蜀绣荣获全国工艺美术品百花奖"银杯奖"。

(五)民间泥塑

泥塑,亦称"彩塑"。在黏土里掺入少许棉花纤维,捣匀后捏制成各种人物的泥坯,经过阴干,先上粉底,再施彩绘。我国著名的彩塑如敦煌莫高窟的菩萨和太原晋祠的宫女。

泥塑的另一种形式是捏像,亦称"捏相"、"塑真"、"捏塑"。至明清时代从泥塑中分出来,后专指捏塑小型肖像的一种特殊艺术样式。还有油泥塑,以桐油和碾细的泥掺和做原料的一种堆塑艺术。其特点是画面多彩,层次清楚。内容有花鸟、山水和戏曲人物等。多用于装饰寺院、庙宇门壁和民间嫁妆品,如梳妆盒以及家具漆器等。

泥人张,即"泥人张捏塑"。"泥人张"是对天津张氏一家祖孙相传泥塑名手的泛称。第一代是张明山,清末雕塑家。他触手成像,神采悉具,被时人誉为"泥人张"。他尤擅长为人捏塑肖像,与人对面座谈,抟土于手,瞬息而成,面孔径寸,须眉欲动,形神毕现。

还有惠山泥人,亦称"惠山彩塑"。产于江苏无锡惠山,因取此山土捏制而得名。

面塑,亦称"面人",是用糯米粉和面加彩后捏成各种小型人物和动物等的工艺。

第十章 信仰民俗令人敬畏

　　民间信仰，是人们对某种事物的一种崇拜信念。古往今来，每一个人、每一个民族都有不同的信仰，都带有神秘的宗教色彩，即对超出人自身以外种种神灵的崇拜。

　　传统的民间信仰，多具有迷信的色彩、不科学的因素，当今的人们已认识到这一点，但在心理上却或多或少地有所依恋。现在的人们虽然不再相信天上有玉皇大帝的存在、水里有龙王的主宰，但在人类还不可能完全战胜自然的时候，总是有依赖自然的念头。农民总是希望大自然能给人们带来风调雨顺的好年头，各行各业的人们总是想有个好的运气，人们总是期望自己的一生平平安安。这些愿望实际上就是一种向往的信仰。这种民间信仰形成于过去的时代，却仍然影响着当今人们的物质生活和精神生活。所以我们了解传统的民俗信仰，不仅能更好地认识我们民族的过去，也能更深切地理解当今的民族。

　　我国传统的民俗信仰文化主要表现为对自然神的信仰、对动植物神的信仰、对人间神的信仰及禁忌观念。

一、原始的自然神信仰

　　人们所生活的空间，有天地、日月、风雷、雨雪、山石、河海、水火等。一方面，这些自然的物不时地给人们带来种种的灾难，在生产力落后的时代，人们又无能力去战胜它们；另一方面，人们的生存又必须依赖自然，而这种依赖往往是一种被动的依赖，缺乏利用自然的科学手段。于是人们就产生了对自然的敬畏，便幻想出各种自然神灵的存在，虔诚地崇拜它们、信仰它们，以求神灵的保佑。

（一）信仰天地神

我国古代有天公地母的传说神话，天公就是天上的玉皇大帝，地母就是土地神。

1. 对天神的信仰

人们对天神的信仰，主要表现在对玉皇大帝的崇拜信仰。人们尊称天神为"天公"，即玉皇大帝，俗称"老天爷"、"上帝"、"玉皇"。这是天地间至高无上的神。《尚书·盘庚》说："上帝将复我高祖之德。"《诗经·荡》云："荡荡上帝，下民之辟。"传说上帝管辖三界（上、中、下）、十方（四方、四维、上、下）、四生（胎生、卵生、湿生、化生）、六道（天、人、魔、地狱、畜生和饿鬼）的一切祸福。汉代人们开始把天神人

玉皇大帝

格化，全国各地修建了许多玉皇阁，供奉玉皇大帝。传说玉皇大帝在农历十二月二十五日来人间察看善恶，届时人们要举行祭祀活动。唐代有玉皇大帝的塑像，其形象与人间的帝王一样。据说唐明皇李隆基把正月九日定为"玉皇大帝圣诞"。

我国对天神玉皇大帝的崇拜和信仰，成为国家、道教、民间所共有。一部《西游记》把玉皇大帝炒得沸沸扬扬。在人间，皇帝把泰山作为祭祀玉皇大帝的首选之地；道教把上帝人格化的张玉皇请进宫观奉为最高神；在汉族民间流行对天

公天母的信仰,人们一般在桥头路旁,或筑石室,或盖木房,谓之"天堂",内供木雕或泥塑的天公天母神像,也有的只设一个天公、天母的牌位,供人们日常随时去烧香祈求保佑。

2. 对地神的信仰

有天神就有地神,民间把地神看成地上的最高神。早在周代,人们称地神为"社神"、"地母"、"后土",并把土地神与五谷稷神合称为"社稷神"。《礼记·郊特牲》云:"社,所以神地之道也。地载万物,天垂象,取材于地,取法于天,是以尊天而亲地也。"人们信仰土地神,是因为土地能生长万物,供给人们生存的必备条件。土地神,俗称"土地公公",配偶神是土地奶奶。民间以农历二月初二为土地公公诞辰,叫"社日"。民间社日非常热闹。南北朝时荆楚地区,左邻右舍聚集在一起,各自拿出酒肉,祭社后,或分祭品回家吃,或大家在一起会餐。唐宋时社日像盛大的节日,民间纷纷杀鸡宰猪,做社糕、社饼,祭祀后大家欢歌畅饮,有的还表演社戏助兴,广东一带"每日晚门前张灯焚香祀土地设供"。

土地神

由于土地神是乡土的保护神,所以各地乡村多有土地庙,至今少数乡村仍然有。据记载,明代全国的土地庙数量最多,仅北京城内有名的就有40多座。乡村的土地庙,有的设在村头,有的设在村中。土地庙里供奉的土地神,各地不一样,江南为女神,江北多为男神或男女两神,分别尊称为"土地爷"、"土地奶奶"。土地神的形象大多为白须白发、和蔼慈祥的老人;也有的是白面、黑须、幞头、圆领的壮年。由于土地神和蔼可亲,所以民间对土地神敬而不畏。过去民间凡有死人之事,必到土地庙前报庙。在祭宗、扫墓、破土等祭祀开始前,都要先祭土地公。

(二)信仰日月神

中国人对日月的崇拜,很早就有了。远古时代就有日月诞生的神话故事。我国最早的地理著作《山海经》描述了古人想象中太阳的诞生:"东海之外,甘水之间,有羲和之国。有女子名曰羲和,方浴日于甘渊。羲和者,帝俊之妻,是生十日。"有关月亮的诞生,我国高山族流传着一个故事:原来天上有两个太阳,轮流出来曝晒,人们不堪酷暑干旱,祖先中有位英雄用箭射中了其中的一个太阳,那个太阳被射中后流尽了血,变成了淡白的月亮,溅到四方的血滴化成了星星。

日神　　　　　　　　月神

我国对日月的祭祀早已有之。《尚书·尧典》就记有"宾日于东、饯月于西"的祭祀日月的迎送习俗。民间把二月初一作为太阳的诞生日。清代北京在这一天,家家都在院内设香案,对着日出的方向焚香膜拜。鄂伦春族把日月神视为恩主神,在供奉的神像上边都画有日月形象,有是非争议、苦难冤情,或祈求降福时,都要向太阳明誓祷告;打猎前有祭月的仪式,他们认为月神是监视百兽的神,晚上祈求时,在外边放净盆,次日晨盆中出现兽毛,主吉。每逢中秋节,我国各地都有拜月祭月的活动,祈求月亮神保佑人们实现各自的心愿:男孩子祈求长大能科举成名;未婚女子则愿自己长得像嫦娥一样漂亮,祈求找到一个称心如意的郎君;已婚女子祈求保佑全家幸福。

太阳,人是不能面对着看它的,因为那被认为是对太阳的大不敬。传说太阳里面有男女两神,天天赤身裸体,为玉皇大帝做工,怕人看见,所以一旦有人想用眼睛望他们,他们就会毫不客气地射下火箭和绣针来刺人的眼睛,使人无法睁开眼睛看到他们。月亮,人也不能用手指着它,因为月亮里面有位月神,你如果用手指月亮,是对它的一种侮辱,到夜晚它便偷偷地在梦中把你的耳朵割去。你若怕它割去耳朵,就必须至诚地向它唱道:"月光爷爷莫怪,你拿耳朵还我,我拿刀子还你。"

(三)信仰山石神

1. 山神

在民间信仰中,中国每一座山都有神灵的存在,称它们为"山君"、"山鬼"、"山精"、"山神"、"山魈"。古代传说中国最高的神山是昆仑山,那里是百神聚集的地方,由西王母做神主,《山海经》、《淮南子》都有这类神话的记载。山神的形象如何?屈原的《九歌·山鬼》篇写道:"若有人兮山之阿,被薜荔兮带女萝,既含睇兮又宜笑……乘赤豹兮从文狸,辛夷车兮结桂旗,被石兰兮带杜衡,折芳馨兮遗所思。"这是富有人情味的巫山神女。泰山的神主是碧霞元君,有的说是玉皇大帝的女儿,有的说是玉皇大帝的妹妹,山顶上有座碧霞祠,里面供奉的是泰山之主碧霞元君神

山神

山神的名称各地不一,祭祀山神的方式也不尽相同。傈僳族祭祀山神时,由氏族长老主祭,用酒一碗、树叶一片,泼向四方,口念祝祷辞:"管岩石的神,管树木的神……我将花花的碗盛着我没有吃过的酒,先给你吃……"以此祈求山神保护庄稼。祭祀山神的习俗,至今犹存。据统计,1988年就有120万人祭拜南岳山神,在南岳神诞辰的前后几天,香客更盛,一天焚烧的香、纸钱和鞭炮等价值多达40万元。佤族祭祀山神分男女性别,云南沧源县班洪地区的佤族,对卡佤山区最大的山公明山十分崇拜,佤语称之为"鹿埃姆",另一座山叫"鹿埃松有",前为兄山,后为妹山。在祭祀时有男女性别的差异,供奉鹿埃姆山神用公牛、公猪、公鸡;而供奉鹿埃松有山神时用母牛、母猪、母鸡。

尤其突出的是鄂伦春族,他们称山神为"白纳查"(即山神爷)。他们对山神特别敬奉,在逢年过节的家宴上,必须先用手指蘸酒,向上弹三次,意为向山神敬酒,然后才可以宴饮。在山中打猎时,遇到悬崖陡壁、怪石深洞或参天大树,都要虔诚走过,不得喧哗,认为那些地方是山神的住处。他们认为野兽是山神的财产,所以打猎时第一个猎获物作为山神的供品。他们在打猎的全过程中都要对山神进行祭祀。如果在10天中谁也没有打到野兽,就由大塔坦(打猎的领头人)祭山神。祭祀时找一棵粗树,画上一个老人脸,烧上香。接着由大塔坦给山神讲故事,大意是说白纳查是赐给人类幸福的神,敬拜山神、尊敬老人的人都能丰衣足食等。讲完故事就唱歌,求白纳查答应猎人们的要求。歌词大意是:我们到山上来什么也没有打到,连吃的肉都没有了,家中的老婆孩子还等着我们带打到的野兽回去,请您听了我们的歌,赏给我们福气吧。这时由另一老猎人代替山神回答说:"你们的故事和歌曲都很好,给你们福气!"猎人们听了这话,就高兴地感谢山神,给它叩头。如果这样做还打不到野兽,则在每次吃饭时,大塔坦要举饭祭白纳查,继续祈求赐福。

2. 石神

对石神的崇拜,已经深入民间的日常生活之中,石神成了民众生活的保护神,具体表现为对石敢当的镇物崇拜。新中国成立前许多农村的屋角巷口都竖立一块片石,上面刻有"石敢当"或"泰山石敢当"的字样。"敢当"是所当无敌的意思,古代把石敢当作压禳不祥的镇物。据《墨庄漫录》记载:北宋庆历年间,有个名叫张伟的人在莆田做官,他得到一块石板,上面刻有文字:"石敢当,镇百鬼,压灾殃,官吏福,百姓康,风声盛,礼乐昌。"

泰山石敢当

为什么在"石敢当"三字前要加上"泰山"两字呢?从山石的神威来看,泰山是五岳之尊,泰山之石就不同一般了,它更有镇邪压妖的威慑作用。于是就有了"泰山石敢当"来历的故事:传说泰山有个姓石名敢当的人,很勇敢,什么也不怕。有人受到欺负,就来找石敢当替他打抱不平。泰安南边五六里地有个汶口镇,有户人家的闺女住在一间房子里,每到太阳下山的时候,从东南方就会刮来一股妖风,吹开她的门进了屋。天长日久,那个闺女面黄肌瘦,找了许多医生都治不好。后来就找到石敢当,请求他治妖。石敢当听了情况后,说:"这好办。准备十二个童男,十二个童女,男的每人一个鼓,女的每人一面锣。再准备一盆香油、一口锅、一把椅子。只要这些东西备齐了,我准能把妖气拿住。"等到把准备的东西备齐了,石敢当就来到他家,把油灯点着了,用锅把盆子扣住,从远处看不见灯光。这时天黑了,从东南方刮来了一阵妖风。石敢当用脚一踢,踢翻了锅,灯光一亮,十二个童男童女一齐敲锣打鼓,妖怪一进屋,看见灯光一亮,就闪出屋,朝南方跑了。从此妖风不敢再来了,这家闺女的病也治好了。

可是这股妖风从泰安跑到了福建,有户农家又被妖风缠住了。这户人家得知泰山有个石敢当能治妖,就来请他去治妖风。石敢当去了,赶走了妖风。妖风又从福建跑到了东北,东北一个姑娘也得了妖风病,也来请求石敢当。石敢当想:全国这么大的地方,我也跑不过来。于是他找石匠刻上"泰山石敢当",叫人们把它放在墙上,妖风就不敢来了。所以人们盖房子垒墙的时候,总是把先刻好的"泰山石敢当"的石板砌在墙上,用以避邪。

(四)信仰水火神

1. 水神

人们对水神的信仰,是怀着一种敬畏的心理,因为水给人们带来的灾难实在是太多了。黄河的一场大水往往使人倾家荡产,甚至是全村覆没,所以人们信仰水神的目的,不是像祈求天地神那样降福于人,而是祈求水神不要降灾于人。

水神有河神、江神、海神和湖神。这些水神的形象,早在先秦时代的文献中就有描绘。屈原在《九歌》中写到湘江神湘君

河 伯

和湘夫人,《庄子·秋水》篇写到黄河神河伯、海神若。天下的江河湖海,都由各自的神灵主宰着,这些水神喜则天下无洪水之灾,五谷丰登;怒则洪水肆虐,令百姓家破人亡。所以我国祭祀水神的活动,早在商代就有了,周代的江神庙、河神庙遍及各地,后来越演越烈,把各种祭品抛到水里,以至发展到用人来祭祀河神。《水经注·浊漳水》记载"俗巫为河伯娶妻"的习俗,这是发生在战国时期魏国的事,当时虽然被县官西门豹制止了,但在古代用人间美女祭祀黄河神的习俗没有停止过。这种祭祀黄河神的仪式是非常残忍的:人们每年都要选出漂亮的姑娘送给河伯做妻子,以取悦于河神不要泛滥成灾。由女巫挨家挨户地巡视,一旦看中了某家的姑娘,便拿一点钱把她聘娶过来,穿上绫罗绸缎,安顿在河边临时搭成的斋宫里,以酒肉好饭养着。到了河伯娶妻的那天,人们就把这位姑娘打扮起来,让她的亲人在河边小路上祭她,母女抱着头伤心地哭一场。然后把她放在一张下面铺着篾席的花床上,由几个大汉用杠抬着丢到河里,可怜的姑娘就这样被河水吞没了。

东南沿海地区人们普遍信仰救民救难的女海神妈祖,生活在湖区的人有祭祀湖神的习俗。水神中地位最高的是龙王,各地人们都祭起了龙王,出现了各种龙王庙。白族还出现了女龙王。

2. 火神

祭祀火神也很普遍,各地都有火神庙,而祭祀的火神神主不完全相同。有的是祭祀神话传说中的祝融,因为他能保存火种和变革取火的方法;有的是祭祀传说中管理火种的阏伯;最多的是祭祀道教供奉的火府天将王灵官;还有的地方如北京,同时供奉几个火神。杭州传统的习俗是把农历六月二十三日作为火神诞生日,过去城内有火神庙、佐圣观、隆恩院,都举行火神会,敬演神戏一个月。

达斡尔族有供奉火盆神的习俗。达斡尔族人人崇拜火神,所以每家都有一个火盆。平时他们把火盆收拾得干干净净,使火势保持旺盛,不让火熄灭。禁止往火盆里吐痰或扔东西,否则会得罪火神爷。传说早年,穷人家对火盆非常爱护,而地主家对火盆很刻薄,向火盆里吐唾沫,倒小孩子拉的屎尿。一天晚上,穷人家来了一位懂物语的人,夜深人静时,他在听两家的火盆神谈心:地主家的火盆神倾诉主人对它的刻薄,说要把主人的房子烧掉;穷人家的火盆神听了,觉得主人待它太好了,于是请求不要把穷人家被借去的马鞍子烧掉。第二天,一场大火把地主家的房子烧个精光,只有借来的马鞍子没有被烧。地主责怪说:"这是谁干的?"懂物语的人把火盆神说的话告诉了他。地主吓得请求免灾的方法,懂物语的人对他说:"要杀猪供奉火盆爷,要把火盆打扫得干干净净的。"从此地主再也不敢得罪火盆爷了。

(五)信仰气象神

风雨雷电的自然气象,直接地影响着人们的生产和生活,所以它们也被作为民间的神而信仰崇拜。

1. 风神

风神亦称"风伯"、"飞廉"。它的形象是头似雀,身似鹿,尾似蛇,大如豹,是个有角的神兽。唐宋以后把风神人格化为风姨、方天君。庙里的神像有男有女,女性被称为"风母"、"风神婆",男性被称为"风伯"、"风师"。有的地方,男风神的像为一个白须老翁,右手拿着扇子样的东西,左手拿着个轮子。有的地方有风神专庙,大多数地方把风神、雨神、雷神、电神合祀。祭祀的方法各地不一,有的在大路中间杀狗乞求风停,有的焚烧黑狗的皮毛,让焚后的灰飞扬来止风。

风神

雨神

2. 雨神

雨神亦称"雨师"、"商羊"、"仙人"、"赤松子",其形象是蓬头赤足,指甲如利爪,全身黄毛。各地都有雨神庙,求雨的方法不一。江苏一带求雨,发起者选一个日子,到时乡民在指定的地方集中,每人头戴杨柳枝做的圆环,穿着草鞋,拿着香,整队到目的地请菩萨。在路上行走时目光不能斜视,必须看地面。到了目的地就祭祀菩萨。祭祀完毕,把菩萨抬到空旷的地方,搭一座草棚,把菩萨供在中央,让它尝尝暴晒酷热的滋味,希望它赶快设法下点雨,救救百姓。这尊菩萨要等到下雨之后,才送它回庙。

广东潮州求雨的方法为恳求、贿赂和强迫。先是恳求雨神在某时下雨,到期不雨就改为贿赂,有的以纸钱、银锭、演戏来酬神,有的则用修路、造桥、祭孤魂等赎罪的方法。如果还不下雨,就把雨神的真身抬到烈日下暴晒,强迫它降雨。青海东部地区的求雨仪式很虔诚。天旱时举行求雨仪式,祭雨神前,民众向寺庙献油、香表等礼物,庙主持设坛场、诵皇经、请祭官、具告文、表帛香酒,民众禁食五荤,沐浴斋戒。然后由主持招集民众(不包括女性),赤脚,戴杨柳枝做的凉帽,手执杨柳,来到山泉旁默祝,由神子弟入泉执瓶取水,然后再行三拜九叩头礼,拜读祭文,以求雨神降雨。

3. 雷电神

雷电神称为"雷公电母"。雷神的形象有多种,有的是龙身人头,肚子像鼓的动物;有的是猪头、猴身;有的是鸡嘴,足为鸡爪,两肩生翼,右手持槌,左手持尖。还有的是鬼形、力士等。雷公的诞生日,有的为农历六月十六日,有的为农历六月二十四日。雷公庙过去各地都有,最有名的是广东雷州半岛的雷神庙,庙内高大的雷神像,头戴冠冕,身穿红袍,两旁侍立天将、

雷公

小雷公几十个。福建一带有雷公的形象和传说:雷公能分辨人间的善恶,替人间收拾恶心毒行的人。本来是先打雷后放电,有一次错击死了一位孝心的寡妇,婆婆就哀求雷公超度她的媳妇。雷公也很后悔,就奏请玉皇大帝赐她为电母。后来雷公放雷之前,让电母先放电光,照亮人间的善恶,以免再错击好人。

电神,称为"电母"、"闪电娘娘",一般作为雷神的配偶,没有专庙,多以配角的身份出现在龙王庙、雨神庙或雷神庙内。

二、图腾的动植物神信仰

人们的生产和生活是离不开动植物的,由于这种依赖性,因而在民间产生了对动植物神的种种信仰。立庙祭祀的有牛神、马神、蚕神、蛇神、青蛙神、田苗神、谷神、树神、花神等。

(一)信仰动物神

1. 牛神

我国古代是农耕的时代,牛是不可缺少的。民间祭祀牛神,就是祈求牛神保佑五谷丰收。过去农村的牛王庙很多,各地牛神庙内的牛神形象有所不同,有的是人身牛头;有的完全神化;有的庙内墙上画有百牛图,牛王居中间。民间传说农历七月十五日是牛王的诞辰(有的地方为四月八日、十月一日),这是祭祀牛王的日子,各地都有祭祀的活动。北方凡是养牛人家,让牛休息一天,喂上等的饲料,还要举行热闹的庙会。四川的洪雅县把牛王同观音菩萨、祖先一起祭祀,同时还要举行赛牛活动,晚上还要跳牛灯舞。

2. 马神

马神庙内的马神像,有的似无角的龙,身上有鳞;有的有四臂三目。过去北京有十几座马神庙。清代规定农历六月二十三日为马神祭日,每逢此日,骑马、养马的人都纷纷前往祭祀。传说马王信伊斯兰教,所以祭品不用猪肉而用羊肉。太行山区把农历七月十五日作为马王爷的生日,这一天,人们五更起床,牵着牲畜到野外吃露水草,给牲畜消灾免病,然后让牲畜休息一天,还要做供品祭祀马王爷,保佑六畜平安。

3. 蚕神

祭祀蚕神,主要是养蚕地区。浙江嘉兴、湖州一带,在蚕过三眠时和卖茧后都要举行祭祀蚕神的活动。蚕神的形象多为女性,所以蚕神被称为"蚕姑"、"蚕花姑娘"、"蚕皇老太"、"马头娘"、"马明王"等。其神像有的是女子骑着马;有的是一女子端坐着,旁立一匹马;有的是三个女子共骑一匹马。少数地区蚕神是男性,称为"蚕花五圣"。

4. 蛇神

信仰蛇神,主要在南方多蛇地区。人们信仰蛇神,目的是祈求它远离自己避免自己受伤害。传说农历四月十二日是蛇王生日,信仰的人们要到蛇王庙里祭祀。过去苏州人在祭祀蛇神后,还要买回蛇王符贴在家里的门窗上,以驱除五毒。各地对蛇、尤其对家宅内的蛇,有许多尊称,北京称"小龙",浙江称"大仙天龙",江苏称"苍龙",安徽称"家龙",江西称"祖宗蛇"等。德昂族有祭蛇神树的习俗,他们在村寨周围选择一棵较大的树称为"蛇树",砌以围墙,不让人靠近,严禁砍伐,作为祭神之处。每年农历十二月二十日,举行祭祀蛇神的活动。到时全寨人不干农活,净身洁衣,带粉丝、豆腐、青菜之类,并带牛笼头一副、长刀一把,挂在蛇神树上,佛爷念经,众人跪拜,祈求蛇神保佑全寨吉祥平安、六畜兴旺。传说从前有个老婆婆砍了蛇神树上的一根树枝,拿回家烧火,到夜里蛇神找上门来,扭歪了她的脖子。从此谁也不敢走近蛇神树,更不敢砍伐了。

5. 青蛙神

信仰青蛙神,主要是江南水乡,祈求青蛙神保佑消除灾祸。青蛙神也有祭庙,庙内的青蛙神,有的就是活青蛙,数量有成百上千只,颜色有的嫩绿,有的背上有七个金星,据说青蛙神每天要改变几种颜色。有的地方青蛙神是人形,脸为紫黑色。据记载杭州有青蛙神专庙,人们常用鼓乐到神庙请青蛙神到自己的家里,然后再用鼓乐将青蛙神送回。

6. 虫王

我国东北地区的汉族,流行祭祀虫王的活动,每逢农历六月六日为虫王节,举行庙会活动,烧香、杀牲以祈祷虫王保佑不降虫灾,保护农作物丰收和家藏衣物免遭虫蛀。

民间对动物的崇拜,还有来自图腾信仰。所谓"图腾信仰",在原始人信仰中认为本氏族人都源于某一个特定的物种,把它当作氏族祖先来崇拜。现在我国少数民族中还保留了大量的图腾信仰习俗,出现了熊、虎、鼠、犬、鱼、蛇、龟、鹿、鹰、羊、蜂等动物图腾及竹、树、麻、荞麦等植物图腾。

(二)信仰植物神

植物是人们食用的主要来源,所以民间同样有对植物中某些种类的信仰崇拜。

1.五谷神

五谷神中地位最高的是稷神。在民间,哪种农作物种植得多就崇拜哪种植物为神。南方种植棉花和水稻,有棉花生日祭、水稻生日祭;北方有青苗神之祭。陕北种植谷子为主,信仰五谷神,每当第一锨谷子扬出去,在谷场上插上木锨,摆上供品,焚香烧纸,磕头跪拜,并燃放鞭炮。至于对五谷的信仰崇拜,有许多传说故事,如藏族的种子起源故事、布依族水族的谷种传说故事、瑶族的稻谷由来故事等。

2.树神

信仰树神比较普遍,南方村头水口的大树被视为全村的风水树,总是受到严格的保护而不许砍伐的。有些村子的大树还成了全村举行喜庆大事的场所,如安徽徽州宏村人信仰村口的红、白两棵大树,福建闽南人信仰榕树。榕树是闽南的树王,是常青树,寿命长达几百年,民间在进香时,常常要摘它的枝叶缚在旗子顶端,端午节又把它混在蒲艾里,认为它能避邪。

我国少数民族如佤族、景颇族、彝族、壮族、哈尼族、纳西族的村寨都有神树。彝族崇拜松树,传说松树是彝族的始祖。彝族村寨多有一片神圣而称为"民址"的松林,里面长着高大的青松。每年农历三月三日,村寨中的长者率12岁以上的男性举行大祭,向松树祈福。祭祀的人须抓一松枝,插在大松树脚下,叩拜祈祷。"民址"及附近的松树,严禁损坏和砍伐,犯禁者要受到严惩。

仡佬族有拜树节，在每年的农历正月十四日。节日当天，各家自备好米酒、肥猪肉、鲜鱼、糯米饭等拜树供品及红纸和鞭炮。然后全家老小到村子里集合编组，每两个青壮劳力为一组，搭配适当的老人和小孩。以组为单位带着礼品，开始拜树。拜树由远而近，先山下后山上。每到一棵树前，先燃放四只鞭炮，以通知神树："我们给你们拜年来了。"接着选择有代表性的古树或粗壮的树，请它受拜。拜树时两个人一问一答。如拜的是果树，就问道："果子大不大？"另一人回答说："大。"问者即横刀朝树身砍一下。再问："果子甜不甜？"回答："甜。"又砍一刀。又问："果子落不落？"回答："不落。"再砍一刀。三刀下去，树身被砍出三个小豁口，人们把三个小豁口当做树的嘴巴，将带来的米饭、鱼肉往里塞；塞满后再朝树喷一口酒，最后在树身上贴一张红纸，象征与树共庆新年，并给树锄草、培土。如果拜的不是果树，那就要根据树的形貌、特点和用途，现编贺词。仡佬族人一直保持着对树的崇拜，家人死了，坟前不立石碑，要在坟旁栽上一棵树，让它保护在阴间的死者。

3.花神

信仰花神的是各地的花乡，如北京的丰台、江苏的苏州、上海的嘉定等。传说农历二月十二日是花神的生日，信仰花神的人们要外出游玩赏花，有的到花神庙里献花；苏州姑娘多剪五色彩绘、贴花枝作护铃。

三、至上的人间神信仰

在传统的中国民间生活中，充满了信仰神灵的习俗，似乎生活在神的世界里，诸如祖先神、财神、灶神、门神、水井神、厕神、福禄寿神、婚姻神、送子神、功名神等。称它们为

"人间神",是因为与自然神相对而言,存在于人们的日常生活之中。

(一)信仰祖先神

信仰祖先神,主要是由信仰鬼灵的观念发展而来的。本氏族老一代死后,一代一代地祭祀,就成为本氏族的祖先,世代供奉。民间的这种祖先神的信仰,在中国最为普遍,直到现在,逢年过节时,人们一般都要举行祭祀祖先的活动,祈求祖先神保佑家族后代子孙兴旺发达,安康幸福。所不同的是,过去祭祀祖先是家族性的集体活动,而现在主要是单个家庭的活动形式。过去,我国各个家族都有家庙、宗祠,厅堂上方挂有祖先的神像。

这种信仰有一定的积极意义,因为由家族的祖先可以追溯到民族的祖先,这就会产生民族的凝聚力。如汉族的祖先神是炎帝和黄帝,传说他们是远古时代的部落首领,后来被尊奉为华夏的始祖。所以汉族人,上至皇帝,下到平民,远到海外,无不以自己是炎黄子孙而自豪。至今陕西的黄帝陵,被认为是华人认祖归宗的发源地,这种祖先神的信仰,把世界各地的华人紧紧地连在一起。

我国各民族都有自己的始祖,都有祖先神的传说故事,但祭祀祖先神的方式各不相同。汉族一般是到黄帝陵墓的祖先庙宇内祭祀。辽宁契丹族祭祀祖先神是在木叶山立庙举行。苗族、瑶族、黎族、畲族等民族都崇拜盘瓠。盘瓠是古代神话中的龙犬。畲族人认为盘瓠是他们的祖先,因助高辛帝王平息外患有功,娶帝第三公主为妻,生了3男1女。因不愿为官,带全家来到广东潮州凤凰山开荒种地,繁衍后代,发展成为畲族。傈僳族有一种鬼叫"屋豆尼",传说是虎氏族的祖先。侗族供奉的是撒堂,意为先祖母,它在侗族信仰中作为本民族、本部落的祖先神,民间传说撒堂是一位为侗族人民利益而战斗的神,所以侗寨中央部位有的建立言撒(即祖母屋),有的建立金撒(即先祖母殿),举行各种祭祀活动,祈求先祖母成为顺己、佑己、助己的奇异力量,显示了保卫本民族利益的积极愿望。

(二)信仰家庭保护神

民间的信仰是无处不在的,外有自然神,内有家庭神。家庭神主宰着家庭的各个方面,所以家神很多:住宅有家神,进屋有门神、门槛神,屋内有中柱神,煮饭有灶神,饮水有水井神,理财有财神,缸有缸神,粮仓有仓神,睡觉有床神,就连厕所也有厕神。

1. 家神

信仰家神,流行于云南的布朗族、傣族地区。布朗族每家都供奉一个家神,家神的象征物,有的是屋里的中柱,有的是卧铺上方的房顶草排。祭祀的方式,有的地方逢年过节用酒肉、食品祭献于中柱下,或用芭蕉叶将食品包起来放在家神住的房顶草排下;有的地方在每年的傣历4月和9月(公历2月和7月)祭竹鼠后举行,各户以祭竹鼠分得的竹鼠肉为祭品,由男性家长把祭品送到火塘三脚架上点三下,然后把祭品放入火塘烧烤,使之发出香味,供神享用。

2. 财神

财神,即掌管钱财的神,有财神爷(男性)、财神奶奶(女性)。民间的财神形象有几个:范蠡、比干、关羽、赵公元帅。前两个为文官打扮,头戴宰相

财神

纱帽,身穿蟒袍,手捧如意,足蹬元宝,面目严肃。后两个为武官打扮,赵公爷的形象是黑面胡须,头戴铁冠,一手执铁鞭,一手捧元宝,能驱雷役电,除瘟禳灾,主持公道,求财如意。财神的诞生日有三种说法:农历正月初二,商界祭祀多在此日;农历正月初五;农历七月二十二日。

各地祭祀财神的方式不一样。春节前,北方的纸店出售纸印的赵公元帅像,凡是送财神爷像来的人都不得拒绝,如果已经买了,要和气地说"已经请了"。除夕供财神像,烧香上供品(糕饼、蜜供、馒头等),正月初二晨祭化。有的要去财神庙里烧香祈求,祭祀时,要诵祈祷词:"香红灯明,尊神驾临,体察苦难,赐福万姓。穷魔远离,财运亨通,日积月累,金满门庭。"或诵:"招财童子至,利市仙官来,穷神永离去,富贵花常开。"信仰财神的商人,在商店里多设财神堂。

3. 门神

门神,是把守门户的神。最早的门神是神荼、郁垒。东汉王充《论衡·订鬼》引《山海经》:"沧海之中,有度朔之山。上有大桃木,其曲蟠三千里,其枝间东北曰鬼门,万鬼所出没也。上有两神人,一曰神荼,一曰郁垒,主阅领万鬼。恶害之鬼,执一苇索而以食虎。于是黄帝乃作礼以时驱之,立大桃人,门户画神荼、郁垒与虎,悬苇索以御凶魅。有形,故执以食虎。"起初的门神

门神(二)秦琼、尉迟敬德

是在桃木上雕刻一个人形的桃人,或在桃木板上画个神像,把桃木板挂在门两旁,叫"桃符"。后来把门神像贴在门上。

唐代门神的形象改为秦琼（叔宝）、尉迟恭（敬德），唐后期又借钟馗捉鬼之说，立钟馗为门神。民间张贴的门神像各地不同，北京、陕西贴秦琼、尉迟恭像，河南有贴赵云、马超像，有的地方贴钟馗像，也有的地方把门神像改为一文官一武官。有的地方因门设神，如北京过去前门贴秦琼、尉迟恭像，后门贴魏徵像，牛羊马猪等家畜的栏门贴其他神像。祭祀门神的时日是农历正月十五日，祭祀的方式是煮豆粥，加些油脂在上面，插上筷子。先将水杨枝插在门上，根据水杨枝被风吹飘动所指的方向，使用酒肉食品和豆粥来祭祀。

4. 水井神

原先水井神与门、户、灶、土神列为五种祭神。水井神的塑像，有的在井旁立神龛，有的立一块雕有井神像的石头，有的地方还分为男女井神，称为"水井公"、"水井母"。各地一般在除夕封井，正月初一不许挑水，传说当日挑水会破财；初二挑水时须先祭井神。有的地方谁挑水早，谁抢的财就多，称为"抢财"。有的地方每逢节日要祭井神，也有的地方家中有新媳妇进门或生孩子添人口时也要祭告井神。

5. 灶神

灶神，亦称"灶王"、"灶君"，俗称"灶君菩萨"、"灶王爷"、"灶公灶母"、"东厨司命"。民间传说灶神是玉皇大帝派到人间察看善恶的神。关于灶神的来历有六种说法：黄帝死后变的，古代火官祝融、老妇人、贬到人间的神仙、浪子张单钻进灶内变成的、蟗虫变成的。祭祀灶神在腊月二十三日的小年（有的在二十四日），祭品用黄羊、南糖、关东糖、糖饼等，用黄羊表示希望得到富裕的生活；用糖是为了让灶神吃得嘴甜，向玉皇大帝汇报时多说好话。

6. 厕神

厕神，称为"紫姑神"、"坑三姑娘"、"扛三姑娘"、"三霄娘娘"等。紫姑神,传说紫姑是山东人,叫何媚,因被丈夫的大老婆打死在厕所里,故封为厕神。祭厕神,也叫"茅厕过年"。祭日是正月十五日夜,有的地方用纸剪出神像,迎于厕间和猪栏边,祭祀后将其焚烧即可。有的地方备一席酒肉饭菜,由夫妇二人端至茅厕内献祭,夫妇一同跪拜奠酒,然后将酒肉饭菜均吃一口,就算祭毕。

此外,北方汉族有祭祀谷仓神,云南纳西族有祭房屋中柱神,青海河湟地区有祭祀中宫神(四合院或四方庄寨的中心点),山东、河南、北京等地有在农历九月九日祭祀缸神,汉族民间有祭祀床神(小孩的保护神,俗称"床公"、"床母")。

(三)信仰人生保佑神

人的一生有许多愿望,成家立业,结婚生子;人的一生也充满着希望,发家致富,健康长寿。但不是所有的人都能实现这些愿望,也不是一个人都能实现所有的愿望,于是在民间就产生了种种神灵,以求保佑自己实现人生的愿望。这种信仰,在理论上虽不被人们所承认,但在心理上却为人们所接受。

1. 福禄寿神

民间有福禄寿三星神,能给人以荣华富贵和长寿。江南有首小曲:"福星高坐把福施,禄星送子下祥云,寿星骑鹿送蟠桃,三星高照喜临门。"

木星为福星,民间有"福星高照"的俗语。神像为官员模样,穿红色朝服,龙绣玉带,手拿如意,脚穿朝靴,慈眉善目。后来福神指汉代的阳城,其来历是:古代道州(今湖南道县)出了许多矮人(侏儒),汉武帝很喜欢玩耍矮人,每年都要派人从道州选几百名男性矮人进宫,供他当奴隶玩耍。而矮人的父母很心疼,道州刺史阳城了解民意,上奏皇上:"臣按五典,本上只有矮民,无矮奴也。"汉武帝看后感悟了,再也不玩矮人了。民众为了感谢阳城,就把他的像挂起来祀为福神。因为阳城长得矮胖,所以福神多是胖老人。

福禄寿三星

禄,指禄位官职,这里为福意。汉代有"文昌官,六日祭祀司禄神"。关于禄神的来历,民间有两种说法。一说是五代四川眉山张远霄,他入青城山学道升仙,世称"张仙";一说是后蜀皇帝孟昶,他曾为自己画了《张弓挟弹图》,后蜀亡后,花蕊夫人带了此图到宋宫,将画中此人托名为张仙,说能使人生子,才奉祀他。传入民间就把他作为祈子神,称为"张仙送子"。传统戏剧中有"禄星抱子下凡尘"的唱词。禄神为官员打扮,身穿红官袍,手抱朝笏。

南极老人星为寿星,后来演变为仙人名称。民间传说南极老人先天地而生,经历三皇五帝至于周,长生不死,因称"老寿星"。画像中的寿星为白须老翁,一手持拐杖,一手拿着仙桃,头部隆起,常衬以鹿杖、仙桃象征长寿。民间老人过生日,要挂寿星像,拜寿星,祈求长寿。福禄寿三神,常被画家作为风俗画、年画的题材,也用作日用品如盘、碗等装饰图案。

2.婚姻神

民间信仰的婚姻神,形象不确定,大凡有三个:

月下老人。也称"月老"、"月下老",是联结婚姻的神。

民间有个传说,据唐代李复言《续幽怪录·定婚店》载:"唐韦固,少孤,旅次宋城,遇异,依囊而坐,向月检书。固问所检何书?答曰:'天下之婚牍耳。'固问囊中何物?答曰:'以系夫妻之足。虽仇家异域,此绳一系,终不可避。'"韦固问及自己的婚姻,老人预言他将与菜农之女婚配。后来韦固因嫌菜农女丑而出走他乡,十年后在异乡仍然与之结婚,果然应验。月下老人的形象是红颜白须,满面笑容,头戴红风帽,身披红风衣。杭州西湖曾有"月下老人祠",神龛中的月下老人就是这个形象。神龛有副对联云:"愿天下有情人都成了眷属,是前生注定事莫错过姻缘。"后来称媒人为"月下老人",《红楼梦》第 57 回说:"若是月下老人不用红线拴的,再不能到一处。"

月下老人

和合神。民间举行婚礼时,喜欢挂和合神像,以求吉利。明代田汝成《西湖游览志》载:"宋时杭城腊日祀万回哥哥,其像蓬头笑面,身着绿衣,左手擎鼓,右手执棒,云是和合之神,祀之可使人在万里之外,亦能回家,故曰万回。"和合原为一神,后衍为二神,称和合二仙。民间的画像是蓬头笑面,一手持荷花,一手捧圆盒,取和谐好合之意。

和合神

喜神。亦叫"吉神",是保佑人们幸福走运的神。民间结婚办喜事时,是要祭拜它的。拜喜神没有偶像,也没有固定的方位,要按照阴阳先生指定的方位行事。在推定喜神所在的方位后,新娘才能上花轿。上了花轿后,轿口必须定准喜神方位稍做停留,叫作"迎喜神",然后再出发。新娘入屋后,要按照阴阳先生所指教的喜神方位,向神而坐。这样,一生才能多有喜事。

3. 佑子神

佑子神,称为"送子观音",俗称"子孙娘娘"、"催生娘娘"、"授儿娘娘"、"奶母娘娘"。尊号有"天仙圣母碧霞元君"、"子孙圣母广嗣元君"、"痘疹圣母葆和慈幼元君"、"送生圣母锡庆保产元君"等。民间认为送子观音可以保佑人们生子有嗣,并能庇人产儿、育儿顺利无灾。过去在娘娘庙里祭祀。娘娘庙里一般供有三种娘娘,中为财福娘娘,左为子孙娘娘,右为眼光娘娘。子孙娘娘多为怀抱婴儿的女神形象。有的庙里有12种之多,分别负责注生、注胎、监生、抱送、守胎、转生、护产、注男女、送子、安胎、养生、抱子等。

4. 功名神

民间读书人信仰的神是文昌和魁星,它们本为天上的文昌星和魁(奎)星。文昌星,亦称"文曲星",读书人尊称为"文昌帝君"。全国各地都有文昌庙,读书人祭祀文昌君,祈求文运通达。古代星相家认为文昌星是吉星,主大贵。道教尊为主宰功名、禄位的神。后来把西晋四川梓潼县的张亚子奉为梓潼神,传说是玉皇大帝派他掌管人间的禄籍。元代仁宗皇帝封梓潼神为文昌帝君。从此文昌帝君就成了我国读书人普遍信仰的大神。

魁星,传说为主宰文章兴衰的神,有魁星阁进行祭祀。其神像是头部像鬼,一脚向后翘,一手执笔,一手持斗,意为用笔点定中试人的姓名。多为读书人祀奉。相传读书人如果梦见此神,科举必中。每逢七夕,为魁星会。地方戏班在演出前,有跳魁星舞蹈。过去各地的大小科场内普遍建立文昌宫(祠、阁)、魁星楼(阁),参加科举考试的人,要祭拜文昌神和魁星。有的科场外出售泥塑魁星,考生纷纷捧着魁星入场;也有出售魁星图的,考生把魁星图贴在座位右边,保佑自己中举。

四、虔诚的禁忌信仰

人们由信仰崇拜的观念而产生对某种行为的约束限制,这些约束的事象,就是禁忌。顾名思义,它是指禁止同"神圣"的东西或"不洁"的人们、事物等接近,否则就会招致超自然力的惩罚。传统的禁忌事象千奇百怪,渗透到人们生活、生产的各个方面。禁忌事象虽然不符合科学思想,但它一直影响着当今人们的生活,这其中也有一定的合理因素,那就是能满足人们所祈求的美好愿望,以警示人们事先防范可能出现的不吉利的行为和事。

(一)住宅禁忌

1.选址禁忌

民间建造住宅,讲究的是风水。首先是住宅基地选择的禁忌。《阳宅十书》说:"南来大路直冲门,速避直行过路人,急取大石宜改镇,免叫后人哭声顿";"东西有道直冲怀,定主风病疾伤灾,从来多用医不可,儿孙难免哭声来";"宅前有水后有丘,十人遇此九人忧,家财初有终耗尽,牛羊倒死祸无休"。明代的《营造门》说,建房屋不宜居当冲口处,不宜居塔冢、寺庙、祠社等地,不宜居草木不生处,不宜居正当流水处,不宜居山有冲射处,不宜居大城门口及狱门、百川口去处。

2.门向禁忌

大门口不能有水坑,否则必家破人亡;大门口不能正对大树,否则家中必遭大瘟;大门不能被水冲,否则家散人亡;

粪坑不能对门,否则家中子孙必有忤逆。同时要注意与邻居的门窗错开,否则"窗户对着门,不打官司就死人";"门对门,尽死人"。同时大门忌树。河南民谣说"前不栽桑,后不栽柳,门前不栽鬼拍手",因为"桑"与"丧"谐音;"柳",父母死后,送殡多用柳条作为哀杖;"鬼拍手",是指杨树,多植于墓地,风吹叶响,似鬼拍手。

3. 建房禁忌

建房时要在堂屋的四根柱子上斜贴或倒贴吉祥的条幅,如"道好"、"道有"、"道富"、"道贵",用以避灾。传说古代,有个木匠给人家盖新屋,主人为款待他,杀了一头猪,并把猪心、猪肝、猪腰花用油炸好收起来,准备等房子建好后,再给木匠师徒在路上吃。木匠不知实情,误认为主人小气,特意将四根檐柱倒过来安着,想让主人家倒霉。木匠临走时,接过主人送来的两包食品,在路上打开一看,方知错怪了主人,立即写下了那四幅小条幅,叫徒弟返回去贴在檐柱上,以解主人家的不祥。因为徒弟不识字,把条幅有的贴倒了,有的贴斜了,后来主人家果然无灾无难。于是就形成了建房贴条幅的风俗。

(二)饮食禁忌

饮食关系到人们的健康与生存,所以饮食的禁忌很多。

1. 食物禁忌

由于宗教信仰和生理因素,各民族所禁食的食物不同。壮族曾以狗为图腾,拉祜族、满族崇拜狗,忌吃狗肉。鄂伦春族的妇女忌吃熊前半身的肉,认为吃了会被熊抓住。台湾高山族美雅人以吃飞鱼为主,忌吃掉在地上的飞鱼,以免上山有摔死的危险。土家族忌小孩和未上学的人吃鸡爪子,怕上学读书写不好字,字像鸡爪似的;也不许吃猪尾巴,怕一生落后,事事掉队。布依族、苗族未婚男女忌吃猪蹄叉,认为吃了会找不到对象,即使找着对象,也会被那个叉叉开而闹离婚。山东人不让孩子吃未成熟的枣子,怕吃了生疖子,要吃就得先掐枣尖。

2. 饮食习惯禁忌

为了不浪费粮食,汉族人忌吃饭抛撒米粒或吃完饭后碗底有残饭,于是吓唬人说,吃不干净要遭雷击;小孩子吃不完饭,将来要娶麻脸妻子或嫁给麻脸丈夫。此外吃饭时忌捧饭和一支筷子扒饭,因为只有在祭亡灵时才用这种方式;吃饭忌看镜子,否则就会得口吃毛病。河南郸城和安徽桐城吃饭时有用筷八忌。藏族和佤族等民众喝酒时要用手指从杯里蘸一点儿酒洒向空中或地上,表示敬献神灵,然后才自饮。有的地方人们吃婚宴上的鱼时,只吃中间的鱼肉,不许动鱼头、鱼尾和鱼骨,原样放好,以示祝愿新婚夫妇的生活有头有尾,白头到老。

3. 饮食礼仪禁忌

在饮食方面有许多待人接客的禁忌,表现出中国人礼貌待客的文明。如杀鸡待客,在民间是最盛情的表现,而各地的方式不同。广东人把鸡烧好后完整地放在盘子里,鸡头对准谁,谁的运气就好,一般是对准长辈;吃时不许吃鸡头、鸡翅、鸡尾,要留到下一顿给长辈吃。山东人把鸡头对着客人,信仰万物以头为贵,当客人夹起鸡头时,在座的其他人才能开始吃菜。湖南相反,是把鸡尾敬献给长者。北京人把鸡大腿敬献给客人,认为让客人吃鸡头是不礼貌的。安徽的新女婿到丈母娘家,一定要吃鸡大腿。

(三)婚育禁忌

婚姻和生育方面的禁忌内容很多,包括属相、婚期、迎亲、婚宴、生育等。有关婚姻属相的相合相犯的禁忌,已在第六章的"婚姻民俗"一节中提及。

1.选择婚期的禁忌

年份上,汉族许多地区忌在无立春日的那一年结婚,认为这一年是寡年,而寡年结婚不养崽。2005年是无立春年,所以许多男女青年抢在2004年结婚。而对于有两个立春日的那一年,有的地方认为双春是双喜的结婚吉利年,也有的地方认为是双春喜冲喜而不利于结婚。有的地方忌避凶冲喜,在长辈去世的那一年内不能举办婚事。白族人忌避在自己的属相那一年结婚,以免伤了自己的本命。月份上,傣族人在傣历9月15日以后的三个月忌避结婚,否则新婚夫妇会像牛马和狗一样不知季节,不知礼仪,死后会变成狗,而且还会触犯寨鬼,将来寨子里会发生疾病和其他灾害。台湾民间忌避在四月至九月嫁娶,当地的俗语说:"四月死日,五月差误,六月娶半年某(妻),七月娶鬼某(妻),八月娶土地婆,九月狗头重,死某(妻)也死夫。"日子上,都忌避单日结婚。

2.送亲禁忌

女方亲友送新娘出嫁,忌避寡妇、孕妇送亲,有避邪之意。渤海地区俗语说:"姑不接,姨不送;舅妈送,一场病。"陕西安康一带俗语说:"姑不接,舅不送,姨姨送的一场病。"

3.迎亲禁忌

汉族的传统习俗是,新娘下轿时要放鞭炮,既是增加婚礼的喜庆,又是为了崩掉新娘带来的煞气。藏族的新娘乘马到新郎家时,新郎家迎接的宾客要面对新娘大吼一声,随之向新娘撒五谷,让新娘担惊受怕,这种方式叫"吓魔",以除去新娘身上带来的煞气。满族和裕固族的新娘坐花轿到了新郎家门口时,新娘下轿前必须从两堆旺火中通过,这时新郎要用三支无镞的箭射轿门,这是取"兴旺发达"、"驱邪避煞"的意思。

4.婚宴禁忌

台湾人的婚宴忌吃葱,"葱"与"冲"同音,是不吉利的字眼。白族人结婚喜宴时，按规矩由男女双方宗族头人宣布：今天是喜事，不准任何人要债、逼债或闹事；如有违犯此禁，就会受到众人的谴责或任由众人惩罚。

5. 生育禁忌

孕妇有忌口的习俗，有的地方不许吃兔子肉，否则婴儿会长兔唇；不能吃鲜姜，否则孩子会长六指；不能吃狗肉，否则食后会难产。山东一带的孕妇忌吃豆角和带弯的蔬菜，否则日后婴儿不能直立生长。扬州一带的孕妇不能吃螃蟹、鸭头、龟鳖、胡椒，否则吃了螃蟹生下孩子会吐白沫，吃了鸭头生下孩子摇头摆尾，吃了龟鳖生下孩子会缩头缩脑，吃了胡椒生下孩子会秃头。有的地方不许孕妇看月食、月晕。

(四) 行旅禁忌

一个人行旅在外，总会遇到许多不测之事，在人们的信仰中必然会产生种种的禁忌习俗。

1. 出行日子的选择

最为普遍的一句俗语，就是"七不出，八不归"。"七"与"妻"同音。七出与休妻相关联，逢七的日子不可启程，宁可延期。八与王八相关联，归与龟同音，民间认为有蒙受侮辱的含意。十三日，也忌出远门，因为"十三"与"失散"谐音，是日出门不吉利。古代有个出门的杨公忌日：农历正月十三日、二月十一日、三月九日、四月七日、五月五日、六月三日、七月一日和二十九日、八月二十七日、九月二十五日、十月二十三日、十一月二十一日、十二月十九。

2. 起居禁忌

在外吃饭不要先喝汤，不要端着碗喝汤，不要泼了汤，不要打破了碗；起床时不要站在床上；不要站在或坐在人家的门槛上，这样主人会不高兴，因为门槛被认为是主人的脖子；在路上行走时，若有人叫你的名字，不要答应，也不要回头看,因为这可能是鬼魅在试探。

3. 行旅的禁忌警语

禁忌的警语是作为出门在外的一种告诫。诸如:"在家不敬月,出门招风雪。"这句警语是说出门前不礼敬神灵,出门后得不到神灵的保佑,会招致灾祸的。"爱走夜路,总要撞鬼"、"一人不上路"、"出门不露白,露白会失财"等。

4. 异族异乡的风俗禁忌

旅行到少数民族地区时,要入乡随俗,不要触犯禁忌。到傣族,进寺庙大殿或上竹楼时须脱鞋;在竹楼留宿,头的方向不能对着主人家的房门,而要把脚向着主人房门;不能从女人的脚上跨过;别人给你盛饭应当双手去接,你给别人盛饭时不要盛满,也不能只添一勺。到藏族地区参加喜庆活动必须首先献上哈达;对方敬酒不能拒绝,多少都得喝一口或抿一下;如果你吃饱了,对方还给你盛饭,不能说"不要了",应当说"吃好了";不能坐在门槛中间;往火塘上加柴不能柴尖往里,不能向火塘上吐痰。白族女主人向你敬"三道茶"时,必须站起来双手去接。在佤族家里不要送辣椒和鸡蛋;清晨不能谈梦见的事,傍晚不能扫地;不得一进门就抱婴儿。

(五)交往禁忌

交往是表现人与人之间的关系,非常注重礼节,一旦不慎则会影响之间的情感,所以这方面有许多禁忌。

1. 见面禁忌

在路上遇见相识的人,一定要打个招呼,否则对方会认为你摆架子、看不起人;第三者会以为这两个人有矛盾,互相都不说话了;人们会认为他是一个极不懂礼貌的人;他也会成为一个不受欢迎的人,别人也不愿意与他交往。晚辈见到长辈,要主动地打招呼,这是对长辈尊敬的表现,否则就是不懂礼貌。见面打招呼时,不能一开口就喊"喂"、"唉",那是很不礼貌的。要是问路的话,别人听到这种口气会不理睬的,或明明知道却说不知道。进了主人家,客人要主动地打招呼,否则就会被认为无礼貌,轻视主人。

2. 送礼禁忌

互相赠送礼物是增进感情的需要,有些礼物是有象征意义的,所以有禁忌。诸如:忌以手巾送人,因为在丧事中有以送手巾来吊唁的,以示与死者断绝往来,俗话说"送巾,断根"、"送巾,离根"。忌以扇子赠人,因为扇子用过即失去,俗语说"送扇,无相见"。忌以钟送人,因为"钟"与"终"谐音,送钟,以为是送终,是不吉利的。给人包红包,忌包250元钱,因为"二百五"是骂人的话。给病人送礼物,宜单数而不宜双数,特别忌送四个,因为"四"与"死"谐音。香港人看病人时,忌带剑兰,因为"剑兰"与"见难"谐音,正犯了病人的大忌;切忌送梨子,因为"梨"与"离"相谐;看病人带青枣和梨两样最好,因为枣、梨的谐音有祝愿病人"早离"病房的意思;忌下午去看望病人,因为下午属阴,看望反而会加重病人的病情。江浙一带看病人,忌带苹果,因为江浙的方言"苹"与"病"谐音。

3. 待客禁忌

中国人好客,也有不少禁忌。对年纪大的人,忌留住宿,留宿恐有不测,俗语说"七十不留宿,八十不留坐";"七十不留饭,八十不留宿"。给客人倒茶时,壶嘴不要对着客人,因为"壶嘴"与"虎嘴"谐音,那是不礼貌的。给客人递烟、酒、茶时,要用双手,忌单手;要主动地给客人点烟,点烟时忌以一根火柴连点三个人。向客人敬酒,以多次为荣,忌自饮不敬客。宴请客人时,主人要始终陪坐,忌讳提前离席;家宴时吃完了饭,忌讳抹桌扫地,习俗以为是驱客。

4. 握手禁忌

见面握手,表示友好,这是中国人的礼节风俗,形成了许多禁忌事项。诸如：遇到主人、妇女、长者、首长时，不应主动伸出手来，可先行问候，待对方伸手时再握手；如对方不伸手，点头微笑示意即可。与男士握手可适当重些，以示友情深厚，但不宜握得太重；与女士握手可适当轻些。男士握手时，应当把帽子、手套脱掉；女士可不必脱。遇到多数人握手时，要等别人握完手之后再握，切忌抢着握手、交叉握手。见面握手时，要相距一步，上身稍前倾，两足立正，伸出右手，四指并拢，拇指张开，向对方握手，并轻轻上下微动二三下，礼毕即松开。如有疾病或不便握手时，可向对方说明，请对方谅解。

5.语言禁忌

过去中国人见面时，不分年龄和性别，什么话都可以问、都可以说。现在不同了，人们逐渐地关注个人的隐私权，所以见面的问话变得含蓄了，给人一种似问非问、似答非答的感觉，产生不用言传、只可意会的效果。诸如：

对于不宜明说的某些事，双方就不要明言，而是说："那事儿。""哪事儿呀？""不就是那事儿嘛！"

现在的人们很关心经济收入的问题，但见面忌问"你一个月有多少钱？"而是问"你那儿待遇还行吧？""对薪酬方面满意吗？"回答时以"还行"、"过得去"，就行了。

现在对于女人的年龄是忌问的，于是便问"你是属什么的？"知道了属相就可以算出年龄，因为一般的在相貌上推断不会差出12岁。或者问"你哪年大学毕业的？"

对于不便回答、不能回答或是无须回答别人的提问，往往用"无可奉告"四个字就了结了，别人即使想问也不会再勉强地问下去了，因为他知道再要问反而自讨没趣了。"无可奉告"，本来是正式场合里的外交辞令，现在已为平民百姓用来保护自己的隐私权了。

年龄相仿的一男一女在酒吧约会,被熟人撞见了,无须做"此地无银三百两"的解释,只需简单地介绍"这是我的同学",就了事了。

以往,中国人见面的问候是"你吃过了吗?"回答"吃过了"。现在改问"你忙什么?"回答是"没忙什么"。问得无心,答得也随意。不做具体的回答,既表示了相互的问候,又保护了自己的隐私权。

关于男女之间不正常的两性关系,常用的避讳词有:风流债、风流罪、有外心、有外遇、走野路、踩花、怀春、发生关系等。

关于排泄,为了避讳不雅,忌言拉屎、撒尿,常用代名词:一号、方便一下、去卫生间、去洗手间。有的干脆说"我出去一下"。

(六)节日禁忌

我国民间的节日禁忌,主要是春节的禁忌。春节的语言忌讳,忌说不吉利的话,如死、病、杀、丧、终、穷、触霉头等;父母也不能用不吉利的话谩骂孩子;如果把器物打碎了,要立即说"岁(碎)岁平安"。

春节行为的禁忌更多。正月初一,不能扫地倒垃圾,认为那是把家里的财气扫出去倒掉了;初一出门不能遇见和尚、尼姑、寡妇,因为"初一遇和尚,穷得精当光";"初一遇尼姑,逢赌必定输";"新年遇寡妇,必定做鳏夫"。到人家拜年,切忌在人家的床头贺拜,那是大不吉利的,因为只有病人卧床不起时,才受拜于床前。小孩子到人家里,必须赠送糖果类的食物,不能让其空归,这叫"赐福"。初一不能用生米煮饭,要吃除夕剩下的饭,表示年年有余。初一不许到水井里打水,民间流传初一是井妈妈梳妆打扮的日子,人是以一天为一日,而井妈妈是以一年为一日,井里的水是井妈妈的镜子,如果打水搅动了水面,井妈妈就照不成镜子了,必然会生气,在这一年里她就不会施恩赐福给这家人。

仡佬族正月初一有十忌:一忌扫地,否则会把钱财扫出去,今年钱财不进门;二忌吃青菜,否则鸟兽会把地里玉米种刨起吃掉,今年没有收成;三忌吃荤,否则家里牲畜会生病、发瘟;四忌洗衣服,否则把福气洗掉,永远一贫如洗;五忌打人、骂人,否则力气给了别人,自己身体虚弱;六忌劈柴,"劈柴"(与"逼财"谐音)会把财神爷吓跑;七忌早开门,大门要等太阳出来后才能开,否则邪气进屋,人丁不旺,;八忌钉墙壁,否则会使人头疼,东西会被老鼠咬烂;九忌卖干柴,干柴即干财;十忌炒豆子,否则家里的小孩会生疮、生疖子。

尤其是妇女,在春节期间忌讳最多,妇女有许多日子不能用针做针线活。民间认为正月初五用针会得眼睛病,十一用针孩子会死,十二用针老鼠会咬破衣服,十五用针会生奶疮,十六用针人会染百病,二十用针会扎烂孩子牛痘,二十五用针人会生瘟病;二月初二用针会扎伤龙眼,招来灾祸。这些禁忌是毫无科学根据的,但正是这些禁忌迫使妇女们在一年一度的春节里,好好地休息一番,因为旧时代妇女们一年到头劳动得太辛苦了。

(七)动物禁忌

对动物的禁忌,主要表现在与人们的生活经常接触的几种动物。这些动物异常的活动、奇怪的叫声,同不利于人们生活的某些现象产生了偶然的联系,因而形成了人们对动物的种种禁忌。

1. 鼠忌

老鼠对人们生活的破坏性很大,而且还传染疾病,造成鼠瘟。据说老鼠夹尾而舞、以尾画地,预兆有不祥的事情。上海崇明区对老鼠有三种忌讳:一是见到老鼠寻食时失足跌落为不吉利,不是会生病就是有其他灾祸。二是老鼠在深夜里吱吱作响地咬东西,这是老鼠数钱,家中将要出事。三是老鼠咬东西,认为是说了老鼠的坏话而招致的。对老鼠的禁忌,也有出于崇拜的心理,如布朗族崇拜竹鼠,他们认为竹鼠代表祖先的魂灵,所以见到竹鼠出洞,非但不能打,还要远远地避开它,否则将会有亲人死亡。

2. 蛇忌

在野外见到两头蛇是不吉利的,人会死亡。传说春秋时代的孙叔敖,有一次见了两头蛇,他怕别人再见了有灾祸,自己就把蛇打死了。他对母亲说:"吾闻见两头蛇者死,吾恐他人又见,吾已埋之矣。"浙江有些地方在家里的屋檐、屋梁上发现家蛇是不吉利的,尤其忌讳见到蛇跌落在地;见到家蛇不能打,俗语说"打蛇勿死蛇讨命"。

3. 狗忌

狗能为人狩猎、牧畜、守户等,所以蒙古族、哈尼族、拉祜族、满族、苗族都忌吃狗肉,否则认为不吉利。有些地方对狗的禁忌很多,如狗上屋是某种不祥的兆头;狗在货物上小便,物价将贵,须有所积贮,以备不测;狗在墙上打洞,不是有地震而屋塌人亡,就是主人将有被杀的祸事;狗吃青草,将要发洪水;如果狗在夜间凄厉长嚎地"哭",民间认为将是死人、水灾、火灾、盗窃的预兆。陕西有些地方以为狗仰头朝上哭,是向天要粮,兆五谷丰登;狗朝下哭,是向地哀悼,预兆将要死人。狗的褪毛也被视为有不同含义,俗语说:"狗褪毛,先净腿,发大水;先褪腰,油饼火烧吃一遭;先褪腔,主人兴;先褪头,主人愁。""狗落腰,家家愀;狗落肚,家家富;狗落头,家家愁。"

4. 鸟忌

鸟忌,主要是忌乌鸦和猫头鹰,表现在对叫声的忌讳上。

有不少地方忌讳乌鸦在门前叫，俗语说："乌鸦当头叫，不被打也被吊。"民间禳解的方法是，当听到乌鸦在门前叫时，要对乌鸦吐口水、擤鼻涕，同时念咒语："上有天，下有地，不怕乌鸦放个屁。""老鸦白头顶，叫叫勿要紧；老鸦白头毛，叫叫粘勿牢。"如果是大年初一早晨听到乌鸦叫，预兆新年万事不顺。猫头鹰的禁忌，古代长沙人认为"猫头鹰进屋，主人将出"。西汉时代，贾谊贬谪长沙时，有一天，一只鵩鸟（俗称猫头鹰）飞入他的住宅，他以为寿命不长，悲伤地写了一篇《鵩鸟赋》。有些少数民族如鄂温克族、黎族、彝族等以为猫头鹰是不祥之鸟，叫声为不祥之音，所谓"猫头鹰夜叫，必有祸事到"，只有祭祀鬼神才能免灾。西双版纳流传着一个传说故事：很久以前，景洪部落首领的妻子是个很漂亮的公主。天神羡其美貌，想要占为己有，就派使臣下凡，变成一只猫头鹰，每夜叫唤来勾引公主的魂。

此外还有，"鸡飞上屋，会有火灾"；"母鸡变公鸡叫，预兆凶丧"；"蜘蛛下挂，晚上贼至"等。

有关生产方面的禁忌很多，它又是生产民俗事象中的重要组成部分，所以这类的禁忌习俗列入第八章中。

第十一章 商贸和交通民俗神通奇异

商贸民俗和交通民俗是两种不同类型的民俗,但存在着必然的联系,因为没有交通的设施和交通工具,就无法进行商贸活动。商人的往来、商品的交流、货物的集散,都是依赖于交通的。也就是说民间的商品生产和生活消费,一刻也不能离开交通,所以将这两种民俗列为一章。

一、互通有无的商贸民俗

商业贸易在民间是一种不可缺少的经济活动,是民间生活的一个重要组成部分,它是民间生产与消费的重要流通方式。商贸活动形成了不同特征的民俗文化,主要表现为商贸的方式、商贸的方法、商贸的信仰和禁忌等民俗事象。

(一)商贸的方式

我国传统的商业贸易方式很多。从行业来看,有各行各业的商贸交易;从商贸人员来看,有居间商、行商、坐商;从形式上来看,有店铺、集市和摊贩。

1. 店铺

店铺商贸,是指固定场所的贸易活动。店铺,即商店,古代大的叫"店"、"商行",小的叫"铺子"。民间店铺的特点是:

(1)经营方式灵活。民间的店铺有专营的,也有杂货的。过去有些小店铺,连一支烟、一杯酒、几块糖也愿意卖,非常方便民众的生活。如果顾客没有现钱,还可以赊账,一般店铺内都挂有木牌或账本,上面记着赊欠人的姓名和欠钱的数量,等顾客有钱时再来结账。也无须第三者作证,表现了纯朴的民风。不过赊账的对象都是附近固定的住户,一般都是熟人。有时没有现钱也可以用实物交换,农民用自家生产的鸡蛋、米等实物来抵价。有些农村小的店铺,商品比较少,不能满足顾客的需求,与店铺的老板打个招呼,店铺可以特意为他代购。

(2)店铺名称雅致。店名就是店铺的一个门面招牌,它能产生一定的经营效益,所以各个店铺的老板,对自己店铺的命名都非常讲究,命名的文化主题因店铺经营的产品类型而有所不同。绸布店追求的是吉祥、兴隆、信义,店名多有兴、茂、顺、昌、盛、祥、义等字,如"致和祥"、"裕茂源"、"公祥顺"、"信大祥"、"宝大祥"等。饮食店如饭店、酒店、茶馆,是顾客相聚的娱乐场所,店名多有喜、庆、愉、乐等字,如"同福楼"、"悦宾楼"、"同庆楼"、"茶乐园"等。书画店的店名就比较高雅了,如"荣宝斋"、"文奎堂"、"韵古斋"、"宝古斋"等。这些店铺名称,所蕴含的吉祥如意的文化意蕴,正适应了人们求福避祸的心理需求。有人把中国店铺名称所用的吉祥文字,总括为八句话的诗:"国泰民安福永昌,兴隆正利同齐祥;协益长裕全满瑞,合和元亨金顺良。惠丰成聚润发久,谦德达生洪源强;恒义万宝复大通,新春茂盛庆安康。"

(3)店铺命名的方法。中国店铺命名的方法很多,大凡有六种。①以经营性质、商品特点来命名的,如"海鲜馆"、"鱼味馆"、"鞋帽店"、"渔具店"等。②体现商品地方特色而命名的,如"四川火锅店"、"齐云山茶庄"、"无为鹅汤店"、"晋阳饭店"等。③以业主的姓名来命名的,如"王秀卿窗帘店"、"胡玉美豆酱店"、"吴良材眼镜店"等。④摘取古诗句来命名的,如"又一村",出自宋代陆游的"柳暗花明又一村"诗句;

"楼外楼",出自宋代林升的"山外青山楼外楼"诗句;"归去来",出自东晋诗人陶渊明《归去来兮辞》之句。⑤以迎合顾客心态而命名的,如"小天使童装店"、"家家乐饮食店"、"老乡饭店"、"老知青饭厅"等。⑥以新颖别致的词语命名的,如"菜根香"(菜馆)、"载人船"(鞋店)、"狗不理"(包子铺)等。

(4)店名书写的艺术。我国民间店铺的名称,不仅讲究命名的方法,而且还追求名人效应,即店名起好后,总是要请有地位、有名望的人来书写,有的则请他们直接题名。这种风俗一直流传到现在。其原因主要是借助名人的威望来提高店铺的声誉,赢得顾客的信誉和青睐,以利销售商品,获得好的经济效益。在实际的商业经营活动中,名人的题词或书写店名,的确使某些店铺起死回生,生意兴隆。相传宋代绍圣年间(1094年—1098年),海南岛儋县有个经营油馓子(环饼)小吃的老妇,手艺很好,她制作精美的馓子色味俱佳,但因店处偏僻,生意冷落,为改变萧条的状况,聪明的老妇请了当时被贬到海南的大文豪苏东坡,为她的小店题写了一首诗:"纤手搓来玉色匀,碧油煎出嫩黄深。夜来春睡知轻重,压扁佳人缠臂金。"老妇将其诗高悬店堂,招徕顾客。苏东坡既是诗人又是书法家,果然人们慕名而来,老妇的买卖日益兴隆。

(5)店面装饰的对联。我国民间的大小商店,自古以来都有贴对联的风俗。一是起到装饰店面的作用,二是起着广告宣传的作用。特别是后者,能给店铺的经营带来好的效益。传说从前江西某地,有一家铁器铺与相邻的一个戏台同时落成,铁器铺主人请了一位文人为店铺写了一副对联:"铁锤是铁,铁砧也是铁,铁锤打铁砧,还是铁打铁;做戏是人,看戏也是人,台下看台上,又是人看人。"对联妙用重语,饶有风味,得到了很多人赞赏,于是互相传播,提高了这家铁器铺的知名度,生意很快就兴隆了起来。明代末年,浙江嘉兴商业不景气,而官府撒手不管,有一家名为"东兴酒馆"的小酒店,因为顾客很少,生意清淡,濒临倒闭。一天,酒店老板垂头丧气,准备取下招牌,关门停业。这时来了一位文人,问明情况后,对老板说只要挂副对联,生意就会好转。老板就请这位文人写了副对联:"东不管,西不管,酒管;兴也罢,衰也罢,喝罢。"这位文人既巧妙地将"东兴"两字嵌入对联,又揭露了当时社会弊端,引起了不少人的兴趣,纷纷前来观看。于是进店饮酒的人逐渐增多。一副对联果然使一个酒店的生意火红了起来。

民间店铺对联的内容是具有很强的针对性的,主要的是突出本店经营的特点和经营的项目,给人留下深刻的印象。酒店对联:"刘伶借问谁家好,李白还言此处佳。"刘伶和李白都是酒中豪杰,以此来夸耀本店酒好。"友不可滥,以免良莠难辨,引以为戒;酒勿过多,谨防乐极生悲,懊悔莫及。"这副对联能为顾客着想,劝客人饮酒不要过量,给人以人文关怀的亲切感。鸡鸭店对联:"五更早朝声入梦,一江春水暖先知。"上联写鸡的特点,下联写鸭的特点。素菜馆对联:"到门都是清流客,入座原非大嚼人。"突出了此菜馆面对大众的特点。药店的对联:"但愿世间人无病,何愁架上药生尘。"表达了此店关怀民众健康的崇高品格。刻字店对联:"六书传四海,一刻值千金。"表现出此店刻字技艺的高超。粮店的对联:"谷乃国之宝,民以食为天。"突出了粮食的重要性。竹器店的对联:"虚心成大器,劲节见奇才。"由竹子的特征,启发美德的修养。弹棉花店对联:"聚来千亩雪,化作万家春。"表现出弹棉花店为民送温暖的作用。

2. 集市

集市是民间商业活动的一种重要的方式,全国各地的名称不一样,如市集、市井、市场、市朝、墟市等。北方称集、市、会,南方称墟、场。这是其他的商贸方式所不可替代的,表现出许多不同的经营特点。

(1)定期举办。民间的集市是按照约定俗成的时间举办的,一般的是每月固定几天,具体的日子比较灵活,有逢五日的,也有逢六日的;有在单日的,也有在双日的。为了增加集市商贸的机会和有利于互相交流,临近的几个集镇通常把集市的日期错开。赶集那天,热闹非凡,民众把自己生产的产品运送到集市上进行交换,因此,有的挑担,有的提筐,有的驾马车,有的牵牛羊,南来北往,熙熙攘攘。

(2)规模宏大。集市贸易不像店铺受空间的限制,所以聚集着各种农副产品,可谓应有尽有。由于交换的产品众多,集市上通常按买卖的货物分成若干个市场,如猪市、羊市、牛马市、粮食市、菜市、鱼市等。

(3)自由还价。集市上的产品一般都是自产自销的,没有一个固定的价格。在集市上,交换的双方可以自由地讨价还价。其方法是卖主先要个价,一般要的价比较高,俗话说:"宁可要跑了,不可要少了。"买主心里也明白对方是故意要高价,所以还价时要压低一些,为了能达到压价的目的,往往要找出货物不足的地方。俗话说:"褒贬是买主儿,喝彩是闲人。"这种买卖交易的公平,是以双方的承受能力为条件的。不过,买卖的产品较大的如牛马,须有经纪人从中说合价钱,说成之后,由卖方给他一定的佣金。

(4)集市的类型多。我国民间的商贸集市类型比较多。以上所说的集市,是一种纯商贸的形式,另外还有几种方式的集市。

节日集市　时间比集市要长一些,常设在郊外风景秀丽、地域开阔的地方,常常与民间的各种娱乐活动结合起来。

赶集的人并不全为做买卖的,也有看热闹的。云南大理白族的三月街、四川的三月会、内蒙古的那达慕大会等,集商贸、娱乐于一体。三月街是白族人传统的节日,在每年的农历三月十五至二十日举行。在空旷的平坡上,搭起数以千计的货棚,各族人把平时采集的药材拿来出售,还有青藏高原来的马、牛、各种民间的手工艺品,同时伴随着表演歌舞、滇戏、耍花灯、赛马等活动。

庙会 亦称"庙市",是在寺庙内或寺庙附近定期举行的集市。起源很早,相传神农时代就曾以日中为市,太阳升至中天进行集市交易。后来随着农业、手工业的发展,商业也随之繁荣,出现了固定的交易场所,地点多在交通要道处。南北朝时佛教盛行,各地大兴庙宇,佛教盛会应运而生,游人纷至沓来,商人便来做生意,于是形成了庙市。所以庙市是以宗教活动为主体的,诸如求雨祈福、拴婴许愿、问医求药、驱魔修德等。现在各地的庙会依然盛行,除了进行宗教活动外,商品交易成了主体,还开展民间的各种文艺活动。各地的庙会具有各自的特色,如山西五台山的骡马大会、河北安国的药王庙会、四川的黄龙寺庙会、杭州的吴山庙会等。

庙会的规模很大,内容也丰富多彩。如四川黄龙寺的庙会,自古以来都很兴盛。每年农历六月十日起,黄龙寺四周各地以及青海、甘肃、云南等地的藏族、羌族、回族、汉族等各族农牧民,骑着马,赶着车,带上帐篷、炊具以及各种农副土特产品,从四面八方前来参加。届时山上山下,人流不息。人们除了观赏风光外,还观看藏戏、川戏、民间歌舞和其他精彩的文娱节目;青壮年还开展摔跤、拔河、打球等体育活动。节日期间,两边山脚林间,摆满了货摊,有卖吃的、卖穿的、卖农副土特产品的,多达数百处。六月十五日活动达到高潮,各族群众通宵达旦,唱歌跳舞,尽情欢乐。

香市　这是汉族民间的信仰风俗,流行于浙江、江苏、山东等地。一般是在土地庙举行的庙会式临时市场,但规模场面不减庙会盛况,时间也比较长。如杭州西湖香市从农历二月十二日开始,一直延续到端午节。香市期间,"数百万男男女女、老老少少,日簇拥于寺之前后左右者,凡四阅月方罢"(明代张岱《西湖梦录》)。茅盾在《香市》中真实地描绘了家乡浙江桐乡当年香市的盛况:从清明到谷雨的20天内,"到香市来的农民一半是祈神赐福,一半也是预酬蚕节的辛苦劳作。所谓'借佛游春'是也。于是香市中主要的节目无非是吃和玩。临时的茶棚,戏法场,弄缸弄甏、走绳索、三上吊的武技班,老虎,矮子,提线戏,髦儿戏,西洋镜,将社庙前五六十亩的大广场挤得满满的。庙里的主人公是百草梨膏糖,花纸,各式各样泥的纸的金属的玩具,灿如繁星的'烛山',熏得眼睛流泪的檀香烟,木拜垫上成排的磕头者。庙里庙外,人声和锣鼓声,还有孩们手里的小喇叭、哨子的声音,混合成一片骚音,三里路外也听得见"。

3. 摊贩

摊贩是贩卖日常生活、生产用品并收购各种小件杂物的商贩。这种贸易方式,正好与上两种方式相反,不是顾客上门来买,而是送货上门去卖。这种经营交易方式具有独特的特点。

(1)边走边卖。他们靠肩挑、手提、推车带着货物走街串巷、走村串户地买卖商品,所以也称"行贩",俗称"货郎担子"。随时随地遇到买主,就把货担子停下来进行交易,十分灵活,也非常方便民众的生活。特别是对交通不便的农村、山区,老百姓不出门就可以买到自己日常生活的一些必需品。

(2)小本经营。这类摊贩所经营的货物种类、数量都不多。特别是货郎担子,有的只是专卖一种货物,如卖小鞋、卖长锭、卖切糕、卖白薯、卖估衣、卖金鱼、卖凉粉、卖唱本、卖槟榔、卖糖粥、卖仙鹤灯、卖皮鞭子、卖老玉米、卖玻璃镜、卖茶叶蛋、卖耗子药、卖鞋垫毡垫、卖五香豆腐干等等,不一而足。

(3)方法多样。这些小商贩招引顾客的方法很多。如用叫卖声的,有补缸、磨剪刀、桐油担、面条担、粉干担、染布担、水果担等。用拨浪鼓的,有敲糖担、销货担等。用敲竹筒的,有馄饨担、卖糖粥等。用铁片铃的,有补锅、补铜壶、铸锅铲、修雨伞、钉碗等。最有特色的是叫卖的吆喝,表现出浓郁的民间买卖的民俗风情。这种卖东西的吆喝,各地的用词、曲调全然不同。

山东农村商贩的吆喝,简单的有:"打香油唉!""卖桃哟!""乱头发呐,换——洋火。"直截了当,卖什么说什么。稍复杂些的,卖药的喊"我送你,你不要;你要买,还买不到";卖吃的喊"来,来,来——花钱不多,有吃有喝"。有的吆喝是首歌谣,如卖糖的喊:"我这个糖真正强,又甜又辣又发凉!哎——甜嗖嗖的,香喷喷的,辣苏苏的,凉丝丝的!饥困没了,馋虫跑了,口疮消了,咳嗽好了。"

北京商贩的吆喝最有特点,富有变化。极为简单的仅几个字,吆喝声音低沉厚实,如"馄饨喂——开锅"、"烤白薯呀,真热乎"、"大米粥呀,油炸果(鬼)"。有的吆喝声先细高而后低沉,如"一包糖来——荷叶糕"、"硬面——饽饽"。有的吆喝用一物衬托一物的美,如"栗子味的白薯"、"萝卜赛过梨"、"小玩意儿——赛活的"、"喝了蜜的大柿子"。卖小吃的吆喝声比较复杂,曲调悠扬,像唱歌一样,如卖烧卖的吆喝:"蒸而又炸呀,油儿又白搭,面的包来,西葫芦的馅儿呀,蒸而又炸。"

(二)招揽生意的方法

我国民间商贸招揽生意的方法很多,各行有各行的招术,各地有各地的特点,显示出浓厚的民俗特色。招揽方式也随店铺性质、经营商品的不同而不同,主要有以下几种。

1. 实物招揽

实物招揽,就是以陈列商品的形式招徕顾客。这是最原始的广告形式。物主为了把用来交换的产品卖出去,就把产品陈列在店铺门口,让买者观看挑选。卖什么,挂什么。衣铺挂衣服,鞋店挂鞋子,棉花店挂一网袋棉花,草帽店挂一顶草帽,修车铺挂一只车圈。据记载,北魏时商业一度繁荣,"河东人刘伯堕者,善酿酒,季夏盛之以罂贮酒,暴日中一旬,酒味不动,饮之为美"。实物招揽是最受信任的形式,所以刘伯堕用这种方式,收到了很好的经营效益,使远近的顾客纷纷前来购买。

2. 悬物招揽

悬物招揽,就是在店门口悬挂与其经营商品特征有关的物品或习惯性标志。这是由实物陈列发展而来的。有的称象征性的幌子。如颜料店挂上各种色彩的小木棍;酒店挂个酒壶,卖油店挂个装油的瓶子;浴池门前挂上一串小红灯笼,挂灯表示营业,下灯表示休息。

3. 叫卖招揽

叫卖招揽,也就是吆喝。这是最原始、也是最常见的招揽方法,古代的诗文里多有描写,宋代范成大《范石湖集》中提及"墙外卖药者,九年无一日不过,吟唱之声甚适";明代汤显祖《牡丹亭·闺塾》里有"你听一声声卖花,把读书声差"的描绘。这种叫卖方式,既沟通了买卖双方,又装点了人们的生活。据《梦粱录》记载,宋代杭州的街头,卖各种点心的、卖日用品和玩具的、卖水果的,每逢节日,"自隔夜至五更,沿门唱卖者,满街不绝",形成了"五行八作无不叫卖,长街短巷处处闻声"的热闹场景。过去的相声"卖估衣"和"卖布头"都是取材于叫卖生活的。

4. 声响招揽

声响招揽，就是用敲击吹打各种器具发出响声来招揽顾客。过去的北京处处都听到这种响声，表现出浓厚的北京风俗。杨存田《中国风俗概观》描述道：旧时北京城乡有许多种用响器发出的声音。如理发师手里拿着一把钳形铁铉，用铁板从中间向外一抽，便发出"呲啦呲啦"的声音。卖布的和卖针头线脑的手里多举着一把小拨浪鼓，挑着担子边走边摇，"咚咚咚，咚咚咚"，留下一串串鼓声。磨刀子和磨剪子的，或手捏一把长号，边走边吹；或手拿一长串用绳子穿连在一起的铁片，边走边甩，"哗啦啦，哗啦啦"地响个不停。收购古玩玉石的打着小鼓，卖油的敲着木梆子，边走边敲。卖糖果的多敲铜锣，"铛铛铛"之声不绝。有时不同行业的小贩使用同一种响器，但响器发出的声音不同，当地人一听就能分辨出是卖什么的。这些不绝于耳的喧嚣之声犹如一曲交响乐，不仅北京人听着亲切，就连居住在北京的西方人也喜欢听。20世纪20年代住在北京的一位英国诗人写过一篇文章《北京的声与色》，他把街头小贩的种种响器说成是街头管弦乐队，并列举了哪些是管乐、哪些是弦乐、哪些是打击乐。他最喜欢听的竟是理发师手里的铁铉声，称赞说好像是西洋乐师用的定音叉。

5. 旗帜招揽

旗帜招揽，就是在店铺门口挂面旗帜以引人注目，招徕顾客。也称"幌子"，一般以酒店为多。唐代诗人杜牧在《江南春》诗中描绘道："千里莺啼绿映红，水村山郭酒旗风。"把酒店门口的迎风飘扬的酒旗，作为江南春天的一道风景线，可见那店铺的旗帜，不仅为酒店的一种标志，也美化了环境。

6. 招牌招揽

招牌招揽，就是在店铺门口悬挂上写有文字的招牌，招徕顾客；有的称为"文字幌子"。民间店铺的招牌有几种形式。

(1)在招牌上写明店铺的名称。这种名称都是直接地点明店铺经营的性质，宋代《清明上河图》中就有标明了当时许多店铺的招牌名称：官窑瓷器、仿古锡器、抄号典衣、雨具、纨扇、南货行、棉花行、粮食行等。

(2)对联招牌。即在招牌上写上简明的对联，如九江浔阳楼招牌是"世间无此酒，天下有名楼"。

(3)图文并用的招牌。即在招牌上写上店铺的名称后，还绘出艺术性的图案，如铁匠铺，除写上名称外，还画有刀、钳等物件的图案。

(4)名人手迹招牌。即请有名望的人题写店名，以求提高店铺的声誉，增加顾客对店铺的信任。

7. 彩楼招揽

民间传统的商店，也有用彩楼的形式吸引顾客。在店门前扎个彩楼，既装饰了门面，又增强了民众的注意力。《东京梦华录》写道："凡京师酒店，门首皆彩楼、欢门……今杭城茶肆亦如之，插四时之花，挂名人画，装点门面。"

8. 印刷文字招揽

印刷文字的广告，现在是漫天飞扬，而古代已有这种推销商品的形式。北宋济南的"刘家针铺"铜板印刷的文字幌子，是我国现存民间最早的文字印刷的广告，现收藏在上海博物馆。刘氏印刷的铜板，见方四寸，上面刻有"济南刘家功夫针铺"字样，中间是白兔抱铁杵捣药的图案，图案有"认门前白兔儿为记"字样。在铜板的下半部，刻有说明商品质地和销售办法的文字："收买上等钢条，造功夫细针，不误宅院使用；客转为贩，别有加饶。请记白。"这副文字印刷幌子说明了商标名称、店主、商品质量、功效特征等，类似当今的广告之作。

(三)商业的信仰禁忌

从事商业贸易的人,讲究的就是赚钱发财,而商业贸易的成败,往往有许多偶然的因素,所以他们特别崇拜信仰财神,也特别忌讳不利经商的一些事象。

1.崇拜财神爷

全国民间有各种不同形式的祭祀财神的活动,这些祭祀财神的活动,从参加的人员而言,可分为两种类型。

(1)商界集会祭祀。它有两类。一为打财神。这是流行于浙江等地的祭祀财神的活动。每年的正月,医界、商家要举行祈求发财的仪式。节前商店以抽签的方式,确定一二人为主事,择日塑制财神偶像。财神为赵公元帅。一般用竹篾、色布扎制而成,黑脸浓须,头戴铁冠,手执铁鞭,身骑黑虎,又称"黑虎财神"。财神偶像制成后,先安放在台阁上,由四个精壮的男子抬着,鸣锣开道,后随笙和丝弦的吹奏者、举彩旗者、提彩灯者,游街走巷。凡到一家商店门口,店家需备足鞭炮,尽兴燃放,意思是让财神的头脑清醒清醒,多降些财气给民间,然后焚纸设祭,送财神启程去别家。

二为财神会。这是流行于陕西各地的祭神活动。祭祀的时日不一,有的地方是农历正月初六早晨,有的地方是农历七月二十二日。届时各店铺的掌柜、伙计集合在一起,抬着祭品,拿着香烛、表纸,在郊野预先选好的地方跪拜祭祀。返回时,每家店主要带回几块土,供在财神像前,表示招财进宝。商人把这种祭祀活动称为"出行"。

(2)各店自家祭祀。主要为接五路财神。这是流行于江南的祭祀财神的活动。五路财神是:东路招财神,西路进宝神,南路利市神,北路纳真神,中路玄坛神。每年农历正月初四晚举行。祭祀前,先在店堂里由里而外地陈列供品,都有象征的寓意。第一桌为果类,广橘以示生意广阔,福橘以示福星高照,蜜橘以示生活甜蜜;第二桌为糕点,年糕以示年年高,糕上插冬青柏枝以示松柏常青;第三桌为正席,有猪头、全鸡、全鸭、酥肉、酱蹄、小爪、肚肠等,含有振兴、进宝、跳龙门之意。之后在饭上插大葱一根,葱管内竖插一枝千年红,含有兴冲冲、年年红之意。届时由老板带香烛,分别到五方的财神堂接财神。每接来一位财神,便放一次鞭炮,以示欢迎。五位财神接齐后,挂起木刻印的五个神像,点烛燃香,众人依次顶礼膜拜。拜毕,将神像捧到门口火化,表示送走五路财神。仪毕,照例摆五路酒宴请全店伙计。

2. 信仰开张日

农历正月初五,是店铺过完节日后开门营业的日子,民间信仰这一天是财神的生日,是招财进宝的好日子。清晨开门营业,认为可保新年生意兴隆,财源茂盛。届时店主要设酒席款待全体店员。在福建、台湾等地区,每逢此日,街头张灯结彩,锣鼓喧天,家家烧门头纸,迎接门神复工,在鞭炮声中,商店开市,工厂开工,表示节假结束,恢复正常的经营和生产。

3. 忌讳事象

商家的忌讳很多。对于顾客来说,上午特别是刚开门营业的时候,到商店去退货,商家是最忌讳的,因为上午是商家出货进钱的时候,所以一般顾客多在下午退货。

各行会组织规定了特殊的语言禁忌。如忌说"关门",即破产倒闭,因此吴地语称之为"打烊";"猪舌",要说成"猪招财"、"门腔",因为"舌"与"折本"的"折"字、"蚀本"的"蚀"字音近,因而被认为不吉利。卖猪头要说卖"利市";卖乌贼的要吆喝卖墨鱼;卖棺材的忌问谁死了,并称棺材为"长寿席";卖药的忌嗅,以为嗅过的药失效,递给买主时应说"送补药"。药店、棺材店的经营者,送客时忌讳说"再来坐"、"欢迎再来"之类的话,否则顾客以为是在诅咒人家"再得病"、"再死人",那就事与愿违了。

商业的不同种类,其禁忌的对象各不同。担货出门的行商,出门忌见乌鸦,更忌遇见尼姑、和尚。挑货的扁担禁忌别人从上面跨过,尤忌女人用脚踢。商人赶街忌讳说不吉利的话,不能踩别人的脚后跟,否则就总是落在人后,赚不到钱。白族赶马外出做生意的人,忌说涉及"豺狼虎豹"的字句,否则被认为外出不利。四川西部农村的集市贸易中,在商议买卖猪或牛的价格时,通常忌讳说整数,认为整数有尽头的意思,所以说了就不吉利,买回去的牲畜难以喂养。

坐商的店主,忌讳早上第一个顾客不成交而去,担心会带来一天的霉运。在店堂里,忌伸懒腰、打呵欠、坐门槛、敲击账桌、玩弄算盘和反搁算盘等行为,以为这些举动是对财神菩萨不恭的表现,对经商不利。扫店堂,忌往外扫,须往里扫,意为扫进金银财宝。

二、沟通往来的交通民俗

交通民俗文化事象,主要体现在民间建筑交通设施和制造交通工具过程中的习俗惯制,如人们开辟交通道路的方式、制造交通工具的形式、利用动物驱车的方法以及形成的礼俗。

(一)交通设施

我国古代的交通设施,除了供统治者巡游和官府交流所建筑的大道、运河及驿站是官府建筑的以外,其他的都是民间建筑。人们建造了水、陆、空立体的交通设施,便利交往,促进了物质文化的交流。传承至今的交通设施,主要有路、桥、亭、关等类型。

1. 路

道路,是交通的基本设施,因地理条件的因素,交通道路又表现为山路、栈道、水路、天梯的不同形式。

(1)山路。山间道路最古老、最具风情的是石板路。在我国民间把修桥铺路视为积功德的事,民众自愿出工、捐料,用青石板把山村的路衔接起来。有的人一生修路几里,甚至几十里。这正是淳朴民风的表现,他们所追求的正如俗语所言"求神拜佛一世,不如修路一尺"。

(2)水路。除了自然形成的水道以外,最能表现民间水路风俗的就是钉步,亦称"蹬步"。这是在山区溪流中用大石块铺成的简便信道,流行于江南地区。在溪流中每步(块)间距约1.5尺处,设置一个石蹬,供人跨越过河,短的十余步(块)或数十步(块),长的可达数百步(块)。这种交通设施费工少,建造简便,但洪水高涨时即被淹没。当今在不少山区溪流中都可见到。

石板古道

古栈道

(3)栈道。在悬崖绝壁上凿孔支架木柱子,上铺木板而成的窄路,亦称"阁道"、"栈阁"。曾流行于四川、陕西的崇山峻岭之中。栈道起源很早,《战国策·秦策》载"栈道千里于蜀汉"。四川至今尚存多处古蜀道遗迹。远望栈道宛如凌空廊阁,故又称"云阁"。历代文人对这一民间创造的奇迹多有描写,李白《蜀道难》云"然后天梯石栈相钩连"。云南独龙族人称栈道为"阿帕热阿",他们行走其上如履平地。至今在独龙河源头一带尚可见到栈道。

(4)天梯。独龙族语为"郎多衣"。流行于云南贡山独龙族、怒族地区。独龙河两岸陡峻狭逼,在临江两侧的山道上,用竹、木、藤条绑搭梯架,攀援上下,以通天堑。

2.桥

在民间交通设施中,桥是最有民俗特色的,类型非常多。

(1)从用材上来分,有木桥、石桥、砖桥、竹桥、索桥、藤桥、铁桥。富有特色的是索桥,亦称"绳桥"。所用索具因材料的不同,有绳索、藤索、篾索、铁索之别。索桥一般建在山高谷深、水势险急而河面较窄处,以便于两岸行人往来。其形制大多以多条巨索跨河平行,两端固定在石桩或木桩上,索上拴木板,两侧稍高处再用巨索为栏,作扶手之用。人行其上,有惊无险,别有情趣。当代作家余秋雨在《都江堰》中描写道:"横江索桥,桥很高,桥索由麻绳、竹篾编成。跨上去,桥身就猛烈摆动,越犹豫进退,摆动就越大。在这样高的地方偷看桥下会神志慌乱,但这是索桥,到处漏空,由不得你不看。"

(2)从作用上来分,有通行桥、风雨桥(兼有通行、休息和避风雨的桥)。风雨桥,是侗族人创造的具有民族特色的一种桥,亦称"花桥"、"凉桥"。此桥由桥、塔、亭三部分构成,浑然一体。全为木结构,桥面铺木板,两旁设置栏杆和长凳,上

侗族风雨桥

面有竖柱、横梁,铺顶盖瓦,形成长廊式的走道。石桥礅上建塔、亭,有多层,每层一檐,檐角翘起,绘凤雕龙,顶部有宝葫芦或千年鹤等吉祥物为装饰,与鼓楼相似。风雨桥多建于交通要道处,具有多种作用,既方便行人过往、歇脚,又可以避风雨、遮烈日,还能作为迎接宾客的场所。有的桥还有老人守护,设茶水供行人解渴。

(3)从形态上来分,有横架桥、浮桥、吊桥。横架桥,是桥身横架在两岸或水中的石蹬上,这是最常见的桥。浮桥,现在已不多见了。浮桥是用船、筏或浮箱等物联结的桥。如广西柳州近郊柳江上的浮桥用 65 艘船搭成的。历史上著名的浮桥有孟津渡、富平渡、蒲津渡等浮桥。具有民族特色的是吊桥,也称"索桥"。各个民族的吊桥,不仅名称不同,构造也各具特色。

笮桥　这是流行于四川藏族、羌族等地的吊桥,因先由汉代羌人笮部落建造而得名。是用竹篾绳索构成的,索上铺木板,故亦称"绳桥"、"索桥"。著名的有横跨岷江与杂谷脑河交叉点上的威州大索桥,全长 100 多米,南北两岸共立 24 根大木柱,雄伟壮观。

笮桥

藤网桥　这是流行于西藏珞渝地区珞巴族人建造的吊桥。全桥不用一块木板,全用白藤编制而成,桥身为椭圆形的长管,悬吊在两岸的大树或木架上。有的桥长达几百米,悬空数十米高,人行其上,随风摇曳,有惊心动魄之感。

藤网桥

当滇　这是云南贡山独龙族、怒族建造的吊桥,解放初期架设。此种吊桥架设轻便,结构简单。两岸居民先用拴有藤索的铁钩或木钩绑上石块,相约同时朝江心对抛,待两钩在水中互相钩住时拉出水面,再拉通第二根。两根藤索平行拉直,相距约1米,两索每隔约50厘米横绑一根藤索,兜揽住下面的一块吊板。为求平稳,吊桥中段底部分别横绑3根稍长的竹竿。

(4)从结构上来分,有拱桥、直桥、曲桥。最有文化内涵的是拱桥。我国最早的拱桥是建于公元282年河南洛阳的旅人桥。流行于江南地区村口河溪上的拱桥是特意设计的,桥形象征着一张弓,而溪流犹如一支利箭,射向村外,具有驱邪镇妖的作用。

3. 亭

作为交通设施的亭子,主要有三种。

凉亭　亦称"路亭"。流行于我国各地,供行人避风雨、休憩的处所。现在由于村村通公路,凉亭已不复存在了。过去农村通常每隔五里或十里建一亭,供来往行人休息。有的在亭内还摆着清茶供人解渴,俗谓"施茶"。有的亭子还挂有草鞋和灯笼,鞋破者可换上新草鞋,若遇天黑可点燃灯笼回家,一律免费。可见民风的纯朴。

井亭　侗族民间盖于路旁供过路行人饮水休憩的亭子。流行于湖南、贵州、广西比邻地区。在路旁有泉水处挖一口井,井上斜盖一块青石板,搭成棚顶,遮挡雨水和枯枝败叶等,以保持井水清洁。亭柱上挂一排竹筒,供来往行人饮水解渴之用。亭内设凳,供行人坐憩。建亭的费用全是村寨自行集资的,侗家谚语:"靠天靠地,不如靠做好事。"

馆亭　秦汉时,乡以下的行政单位是十里为亭,设有亭长,并在通衢大道上设立供行人停留宿食的处所,亦叫"亭"。

东汉应劭《风俗通义》解释说:"大率十里一亭。亭,留也。今语有停留、停待,盖行旅宿食之所馆也。"这类亭子是属于官办的,因涉及亭子的类型,所以这里需要提及。

4. 关塞

关塞,既是军事设施,也是交通设施。关塞多设置在地势险要的交通要道,战争期间作为攻守的据点,和平时期作为管理交通、征稽商税的要口。我国古代建有许多著名的关塞,诸如函谷关、山海关、居庸关、潼关、嘉峪关、虎牢关、玉门关、阳关、韶关等。这些关塞流传着大量的人文佳话和无数的诗文篇章,所以今人登临古代的关塞,不仅能观览自然天险的奇观,更能凭吊那一幕幕悲壮的历史。东汉李尤在《函谷关赋》中写道:"尔乃周览以泛观兮,历众关以游目。惟夸阔以宏丽兮,羌莫盛于函谷。施雕砮以作好,建峻敞之坚重。殊中外以隔别,翼巍巍之高崇……嘉尹喜之望气,知真人之西游。爱物色以遮道,为著书而肯留。自周撤之东迁,秦虎视乎中州。文驰齐而惧追,谲鸡鸣于狗偷。雎背魏而西逝,托衾衣以免搜。"

(二)交通工具

传统的民间交通工具有两大类,一是利用动物所作的交通工具,二是人工制造的交通工具。

1. 动物交通工具

利用动物所作的交通工具,主要有马、牛、羊、骆驼、鹿、狗、驴、骡等。这些动物交通工具,表现了各地区各民族不同的交通民俗风情。

马　以马为交通运输工具,不仅速度快、作用大(既驮物又载人),而且能识道路,有"老马识途"的成语。所以全国各地都把马作为交通工具。草原主要的交通工具是马,中原地区也少不了马,就连贵州的山区,也把马作为交通和运输的工具,布依族人利用"马驮",解除了肩挑背驮的劳苦,马加上鞍架可以驮物,去掉鞍架,人可骑马行路。

牛 云南南部地区用牛来驮运货物,其特点是运送的距离长。人们用耐旱的黄牛驮运货物,距离一般的在 200～300 里,成帮结队地往来丘陵地区,路途没有店栈投宿,均在野外休息露宿。藏族民间还有特殊的"高原之舟",牧民们用体壮耐劳的牦牛驮运货物。牧民迁移时,

牦牛驮运

拆卸后的帐篷及家用物资用牦牛运走,每头牦牛一般可驮 200 斤左右。

羊 西藏北部地区用羊驮运货物,一般多选择体大的绵羊,多驮藏北盐湖所产的食盐,组成数百只羊的驮群,长途运输。一般运到西藏南部农区,也有的运到边界,与印度、尼泊尔、克什米尔的商人交换物品。驮羊在路途中边走边吃草,到达目的地后,就把羊宰杀卖掉。

骆驼 是西北、北方地区,尤其是沙漠地区的交通运输工具,称为"沙漠之舟"。我国多产双峰驼,驼峰内蓄脂肪、水和食物。骆驼能耐饥寒,负重致远。这是其他的动物所不可替代的。

驼运

驯鹿

鹿　我国东北地区鄂温克族用鹿作交通运输工具,有"森林之舟"、"林海之舟"的美称。鄂温克族人善于养鹿,也善于驯鹿,他们称驯鹿为"索格召"。驯鹿力大耐寒,善于在沼泽地、坚冰深雪和密林中长途奔走,一般可负重80斤,日行40里。鄂温克人狩猎、搬运、购物、探亲访友、婚丧嫁娶等,都使用驯鹿。

狗　东北地区气候寒冷,每年农历八月至次年四五月的八九个月的时间里,河湖皆冻,用狗拉车来运输。以数狗挽车,在冰雪中轻捷如飞,所以狗车作为东北冬季的交通工具,流传至今。

骡、驴　以骡、驴作为交通运输工具,在北方十分普遍。

2. 人工交通工具

人工制造的交通工具,从功能上来分,主要有陆路交通工具、水路交通工具、雪路交通工具和泥涂交通工具。

(1)陆路交通工具。我国传统的陆路交通工具主要是车子和轿子。车以畜力为主,而轿子完全是人力的肩扛手抬。近几十年来,民间的陆路交通工具最普通的是自行车。

①车子。车有畜力车和人力车两大类。畜力车又有专门畜力车,如马车、牛车、骡车、狗拉车等,一般的车体比较大,运载的货物较重较多,适合在北方平原和平坦的道路上行驶;而人力车车形较小、载重较轻,适合于丘陵地区和道路崎岖的山区。就车子的结构而言,具有民俗特色的主要有如下几种:

太平车　流行于中原的四轮大车,可载物几十石,前以骡子或驴子20余头作两行牵引,或用5~7头牛拉之。车轮与车厢相齐,车中悬挂铁铃,行时发出响声,使人让路。车后系驴骡两头,遇到下坡、险路时,使之倒拽,以使缓行。

独轮车　亦称"一轮车"、"小车"、"鹿车"。战国时代已出现了。江南称"羊角车",四川称"鸡公车"。这种车是用硬木做的手推单轮小车,一人推动,可载重200~300公斤。由于一轮着地,无论是在平原还是在狭窄的山路上均可使用,既经济又实惠,所以至今仍在使用,只不过现今轮子由原来木质的改换成轮胎了。

独轮车

排车　是人力两轮车。车上有车厢,车前有两个车把,可以推,也可以拉。走较远路程时,在车辕外侧套一头小毛驴,帮助拉车。20世纪五六十年代,城镇人用它来买粮食、运煤、搬家。至今尚存。

排车

毡车　是一种既可乘坐又可居住的车。流行于北方地区。长辕高轮,车上围以黑色或彩色毡篷,前后各设一门,车盖为轿顶状。富人用朱漆彩绘,有垂幔流苏。辕下以木架支撑,驾以马或骆驼。

毡车

勒勒车　也称"辘辘车"、"辘轳车"、"罗罗车"、"牛牛车"、"大毂轮车"、"哈尔沁车"、"哈马特力格"等。是草原上的交通工具,有"草上飞"的美称。这是蒙古族、达斡尔族农牧民使用的传统交通工具,多用桦木制作,双轮,高4尺,轻便易驾,适宜在草原上行走,也可在沙漠、积雪、泥泞地带运行。一般以一牛拉挽,首尾串联,一人可驭3~5辆,甚至10辆。

勒勒车

②轿子。亦称"肩舆",用人力肩担手抬的传统交通工

具,现在流行于山川旅游区。因时代、地区、形制、用处的不同,有不同的名称。

檐子 "檐"通"担",亦称"竹筿"、"编舆"。供人乘坐的交通工具,用竹藤编制而成的似藤椅形,用两根竹竿绑在两边,由人肩抬,没有屏障。

兜轿 即便轿,亦称"兜子"、"兜笼"、"山轿"。流行于全国大部分地区。民间的兜轿简易轻便,用两根竹竿做轿杆,再用一块木板做坐板,一块小木板做踏板,用麻绳悬着,系在两根轿杆上,作为乘者安坐搁脚之用。适宜于崎岖的小道和山道上代步。

香轿 供香客上山进香拜佛而乘坐的轻便小轿。多类似高靠背椅,上无顶盖,轿前可放香盘,轿后插黄龙小旗,头顶撑一把遮阳伞,由轿夫扛抬,拾阶而上。

眠轿 流行全国各地。用一把躺椅,上面支起一块篷布,乘坐者可以半躺其中,由两人抬着。适宜于年岁较大的人乘坐。

舳轿 流行于北方山区的交通工具。用长木杆两根,做成担架状的乘架,搭在前后两匹驮畜背上,乘架上再设坐席、席棚,人乘其中。过山路、沙漠、溪水,其是车辆所不可代替的。

还有一种四周垂帷的轿子,称"暖轿"、"帷轿"。

(2)水路交通工具。我国传统的水上交通工具,主要有船、筏,还有溜索。

①船。是水上的主要交通运输工具。传统的船类型很多,从用途上来分有:

客货船 最普遍的是航船,亦称"快船"。沿航线往来于城乡之间,搭客载货。大者可坐数十人。还有满族使用的五板船和内河使用的埠船。埠船是某一个村庄专用的,船篷上书写斗大的地名,停靠在一定的埠头,开船有约定的时间,一般可坐 30 多人。

游船　亦称"画舫"。专供游览水面的传统交通工具,多用于杭州西湖,大者可坐 500 人,小者如瓜皮船,只可坐 2~3 人。游船的名称各异,如百花、十样锦、七宝、金狮子等。

渡船　亦称"渡舟",摆渡的船,即供运送河湖两岸民众的往来。过去渡船的艄公对过渡的人不收费,只是在逢年过节时到邻近村子讨些粽子、馒头、大米等食物。现在被机动船所代替。甘肃、青海地区有一种特别的渡船叫"扯船"。把一根缆绳固定在河的两岸,再用绳子一头系在木船上,一头用钩子挂在缆绳上,使渡船不因急流而漂向下游。摆渡时船工握绳使力,令船向对岸滑行,故称"扯船"。

戏班船　亦称"戏船",是戏班子专用的船。流行于江南地区。地方戏班子下乡唱戏多有戏班船。船尾的标牌上写有戏班子的名称,如"同春舞台"、"新民舞台"、"月芳剧团"等。

雇佣船　船上盖有乌篷,篷上有几道用蚌片嵌出的明瓦作为装饰,有三明瓦、四明瓦、五明瓦、六明瓦之分,又有"明瓦船"之称。流行于浙江绍兴地区,专门为上坟、探亲、游览所雇佣的交通船,船舱内备有八仙桌、藤床、厨房。

香船　亦称"烧香船",过去江浙一带的苏州、无锡、嘉兴、湖州等乡下香客,前往杭州烧香时乘坐此船。每年的香汛从农历正月底到清明节止。烧香船习惯停泊在杭州松木场,多时可达千余只,少时也有五六百只。

从船的材料结构来分有:

独木船　是少数民族水上的交通工具,是用一根巨木挖凿为舟,长二丈多,大者载五六人,小者载二三人。各地名称不一,东北满族、赫哲族称之"威呼"、"威弧",青海、甘肃地区的撒拉族称之"萨力"。

　　牛皮船　藏族民间称"果哇"。皮船以木料为骨架,四边立木框架,高三尺左右,外用牛皮包裹,呈长方形。一般可乘三五人,大者可乘十几人。

　　五板船　流行于东北满族的水上运载工具,用五块板做成,钉以木,可载十余人。

　　树皮船　流行于东北的水上交通工具,以松木为架,外包桦树皮,长达五尺。鄂伦春族称"木罗贝",鄂温克族称"佳乌",赫哲族称"乌木日沉"。

　　从船的形状来分有:

　　瓜皮船　俗称"划子",盛行于江南水乡。船体两头小,中间大,形似切开的西瓜皮,故称。西湖有这种游船,对坐长椅,中设茶桌,船上盖有布幔,挡风遮阳。至今仍流行。

桦皮船

乌篷船

　　乌篷船　亦称"脚划船"。流行于浙江水乡。用竹篾、竹竿制成的6~8道拱,中间夹着竹箬的乌篷,故名。船工用双脚一屈一伸地踩着一支长桨,划水行进。可载6~8人。

　　梭船　两头尖,形如梭子的一种小船,流行于浙江南部地区,载客或贩运日用品游弋在各乡之间。

　　②**筏**。也是水上的主要交通工具之一。因用材的不同,分为木筏、竹筏、皮筏等。

　　木筏　亦称"木排"。流行于江南水乡。由数根木头并列编排而成。

竹筏　亦称"竹排"。流行于江南水乡,至今仍用。小竹筏用竹 5～8 根,大的用竹 11～16 根。用藤条或竹篾绑扎成长约 3 丈、宽约 1 丈的竹排。绑扎前,先把竹子削去青皮,用火烤软,一端弄成弯形,再涂上桐油或沥青之类材料以防腐。西藏珞巴族称为"希白加"。

皮筏子　流行于青海、甘肃、宁夏境内黄河沿岸的独特水上交通工具。皮筏有两种。一是牛皮筏,编圆木为排,下拴数十个牛皮囊,载重可达数十吨,用以货运。二是羊皮筏,形体小,以客运为主,亦作短途货运。乘坐羊皮筏,最能体现交通民俗的浓郁风情。凡乘筏者或蹲或坐,均排列匀称,不得站立或乱动,以免皮筏翻倾。摆渡时皮筏基本上顺流而下,筏客子用桨急划不停,为的是争取尽早地靠向对岸。返回时由筏客子扛在肩上。故谚语说:"下水,人乘筏;上水,筏乘人。"

皮袋　是青海、甘肃地区的撒拉族特制的一种渡河工具,亦称"皮囊"、"水皮袋"。它用整只剥下的羊皮制成。渡河前,先将衣物装进袋内,吹气扎口,然后捆在身上或抱着下水,破浪而过。

③溜索。流行于我国西南和西北地区,为彝、傈僳、怒、独龙、羌、藏、土等民族的交通工具。是由胶合成的藤篾、竹篾或钢缆架设在山涧激流之上,用以飞越天堑的工具。溜索有平溜和陡溜两种。平溜架设与水面平行,陡溜一端高、一端低。过溜索者,用皮带或粗麻绳兜绑在臀部和颈臂部,将身体拴牢在竹或木制穿有槽孔的溜绑(溜壳)上,再将其凹槽向下拴套于溜索上,双手扶抱溜绑,蹬腿悬空下滑。平溜,人至江心,需借助四肢力量,半攀半爬向对岸滑行,较费力;陡溜一滑到底,省力却危险。现在的溜索成了风景旅游区的一种娱乐项目。

(3)雪路交通工具。我国东北地区,冬季在雪地上的交通工具主要是雪橇,因民族的不同,其名称和构造也有所不同。

肯古楞 这是达斡尔族人在冬季雪地上所用的交通工具。类似滑雪板,绑套在靴底,形如橇板,双手拄杖,在积雪上滑行。

拖日气 赫哲族语音译,意为小雪橇。赫哲族人冬季使用的交通工具,运人载物,流行于黑龙江省。将两根直径约1.5寸、长8~10尺的柞、榆、桦树干两端砍薄,弯成弓形,使之上翘。前后各有两根立柱子,高1.5~2尺,宽1.7尺左右;两边各有两根立柱,前后4个横撑连接在一起,中间铺树条,可坐人或运载货物,载重量约500公斤,用5~10只狗牵引。

克牙气克 这是流行于黑龙江一带的赫哲族的交通工具,是用木材做的滑雪板,一般比人体长,板中间有两对孔,用以穿过皮条绑在脚上,前端有一孔,以便系上绳拖带。滑雪时用一根木棍做滑杆,上山时用做拐杖,下滑时用以掌握方向。

法喇 满语音译,汉语称"扒犁"、"耙犁"。流行于吉林、黑龙江地区的满、赫哲等族的冬季交通工具。用两根辕木作底,上面立插4柱,前辕上翘,穿绳,一般套马两匹,行于冰雪之上,速度很快。用牛、骡、狗牵引的扒犁也很常见。

(4)泥涂交通工具。我国海边的泥涂是一种软而不黏的特殊地面,产生了别具风格的交通工具。

海马 亦称"泥艋"、"泥板船"、"滑溜板"。这是海边泥涂上使用的一种交通工具,流行于东南沿海地区。相传是明代戚继光在江浙两省追击倭寇时创造的作战工具,至今仍在使用。其形似木马,在一块约1米长、0.3米宽的木板上,钉两支把手。使用时双手握木把,一条腿跪在板上,一只脚用力蹬踩泥面,一蹬就像滑冰一样,连板带人向前滑行,灵活方便。可用于渔业生产,如在拾泥螺、捡蜻子时使用。

板拖 流行于东南沿海地区。其形类似大型木桶,底部为椭圆形,用牛拉着在泥涂上滑行,可装人,也可装货物。

(三)交通礼仪习俗

我国的交通礼仪习俗,有它自身的特点,既表现为人与人的关系,又体现在交通运输的方式上,还表现在民间进行公益活动的惯制中。

1. 民间交通礼仪

人们在走路、驾车、划船的同时,也在进行着人与人之间的交往,也就形成了各种礼仪习俗。行车行船时,在途中相遇,一般认为礼当"贱避贵,少避长,轻避重,去避来"。这种相遇而让的风俗延续至今。驾车时,传统的礼俗是,有帷幔、供坐卧的车,驾车者应在帷幔之外、车舆之前,且居中,成跪坐姿势,姿容端正。

古时对于行走的礼仪,男女同行,男在右,女在左;父子同行,父在前,子在后;兄弟同行,兄在前,弟在后;朋友同行,应并排走,不得超越他人。有人把当今人们行走的礼俗归纳为:两人并行,以右为主,左为次;两人前后行,以前为主,后为次;三人并行,中间为主,两侧为次。

2. 民间交通习俗

由于各地、各民族交通工具的多样性,我国民间交通习俗具有很大的差异性,从交通民俗文化的历史价值来看,值得注意的有四点。

(1)结帮成队而行。在我国边远地区,传统的交通运输出现了民间自发的运输组织,以保证交通运输的安全。流行于云南等地的马帮运输组织,东晋时已有,到了清代已形成滇南、滇东、滇西三条马帮运输干线。小的马帮有10多匹马,大的有百匹以上;近的可行百里,远的可至千里。每帮有一马锅头(马帮的首领)领导,带头的马项挂铜铃,红绫装饰辔头,插有马帮旗号。马帮有自己的行话和诸多禁忌戒律。云南的驮牛运输队也有与马帮相类似的组织。

(2)唱报路歌而行。陕西巴山地区民间交通运输形成了结队而行、唱报路歌的风俗。巴山地区山高林深,路弯坡陡,运送货物主要靠人背肩抬,人们称运货人为"背二哥"。他们上路结队而行,推一人为背头(领队),随时向后边的人报告路上遇到的情况,以保安全,并以歌谣对答。如遇一堆粪便,喊"路上一朵花",众人答"咱们不踩它"。遇到独木桥,喊"前面有一桥",答"步步要踩牢"。遇到一边是山崖,一边是万丈深渊,喊"前面山路险",答"靠山不靠边"。遇到上坡,喊"步步高哟",答"使劲攀嘛"。遇到下坡,喊"脚踩稳哟",答"脚不软嘛"。这样一报一答的喊唱,既能消除一路的困乏和寂寞,也能起提醒、预警的作用。

(3)立指路碑而行。湖南、广西民间有自发树立路碑的良好习俗。当地民众常在村寨岔路口处立一小石碑,为过往的行人指明方向,以免迷路。民间认为这样做是在"阴功积德",祈求来世幸福。

(4)公益费用的公田制。我国民间的交通运输设施,主要是民众自愿集资筹款而建造的。有的地方为了保证公益设施的日常费用,还规定了公田制。广西侗族民间有"茶亭田",即指用于支付茶亭开支和管理人员费用的公田。侗族民间在路口设立茶亭,供行人休息和饮茶解渴,由老人专门看管,负责烧茶水,款待过往行人。老人的生活费用全由茶亭田支付。茶亭田有三种:一是由建茶亭的寨子按户捐款集资买田;二是由族姓祠堂田中拨出一部分;三是由村寨公有的田中分出一定份额。此田由群众推出一名热心公益事业、有威望的人管理,凡出资或捐献者,均将姓名刻于石碑上。

  侗族还有"摆渡田"。侗族聚居地依山傍水,人们出门过河,要靠船摆渡,过渡人不付钱。侗寨专门设有摆渡田,将其收获所得用以造渡船和建渡口亭及支付摆渡人的生活费用。摆渡田的规定方式同茶亭田相同。

主要参考书目

董森、丁汀（编）：《中国民间笑话选》，长沙：湖南人民出版社，1980年

贺学君（编）：《中国植物传说故事集》，长沙：湖南人民出版社，1981年

中国民间艺术出版社（编）：《中国地方风物传说选》，北京：中国民间艺术出版社，1983年

袁珂：《中国神话传说》，北京：中国民间艺术出版社，1984年

黎帮农、刘应芬（编著）：《安徽土特产传说》，合肥：安徽人民出版社，1984年

袁珂、周明（编）：《中国神话资料萃编》，成都：四川省社会科学院出版社，1985年

乌丙安：《中国民俗学》，沈阳：辽宁大学出版社，1985年

李竹青（编著）：《中国少数民族节日与传说》，北京：北京旅游出版社，1985年

余德泉：《对联纵横谈》，上海：上海古籍出版社，1985年

唐祈（编）：《中华民族风俗辞典》，南昌：江西教育出版社，1986年

张紫晨：《中国民俗与民俗学》，杭州：浙江人民出版社，1987年

葛兆光：《道教与中国文化》，上海：上海人民出版社，1987年

冯天瑜等（编）：《中国文化史》，上海：上海人民出版社，

1990年

叶大兵、乌丙安(主编):《中国风俗辞典》,上海:上海辞书出版社,1990年

丁剑(主编):《安徽掌故》,合肥:黄山书社,1990年

蒙宪、郭辉(编):《中国少数民族风俗与传说》,海口:南海出版社,1991年

陶凤珍(编):《少数民族奇俗荟萃》,北京:农村读物出版社,1991年

仲富兰:《民俗与文化杂谈》,上海:上海教育出版,1992年

王学泰:《华夏饮食文化》,北京:中华书局,1993年

余治淮:《桃花源里人家》,合肥:黄山书社,1993年

季家宏(主编):《黄山旅游文化大辞典》,合肥:中国科学技术大学出版社,1994年

杨存田:《中国风俗概观》,北京:北京大学出版社,1994年

郭兴文(编著):《中国传统婚姻风俗》,西安:陕西人民出版社,1994年

张跃南:《水文化》,北京:中国经济出版社,1995年

木容:《山文化》,北京:中国经济出版社,1995年

郑国铨:《山文化》,北京:中国人民大学出版社,1996年

姜彬:《稻作文化与江南民俗》,上海:上海艺术出版社,1996年

蒯大申、祁红:《中国民俗精粹》,合肥:安徽少年儿童出版社,1996年

惠西成、石子(编著):《中国风俗大观》,广州:广东旅游出版社,1997年

巴兆祥(编著):《中国民俗旅游》,福州:福建人民出版社,1999年

陈胜庆:《中国佛教文化之旅》,上海:学林出版社,

1999 年

胡艺珊:《茶事琐记》,济南:山东教育出版社,1999 年

张映勤:《佛道文化通览》,天津:天津社会科学院出版社,2000 年

杨琳(编著):《中国传统节日文化》,北京:宗教文化出版社,2000 年

臧维熙(主编):《中国旅游文化大辞典》,上海:上海古籍出版社,2000 年

李志伟等(编著):《中国风物特产与饮食》,北京:旅游教育出版社,2000 年

张和敬、程春雷:《寻梦到徽州》,合肥:黄山书社,2000 年

姚伟钧、余和祥(主编):《中华民俗风情丛书》,武汉:湖北教育出版社,2001 年

余治淮、余济海:《皖南古村落——黟县西递·宏村》,广州:广东旅游出版社,2001 年

汪双武:《中国皖南古村落·宏村》,北京:中国文联出版社,2001 年

蓝兰(编):《谚语荟萃》,合肥:黄山书社,2001 年

石益仁(编):《对联集萃》,合肥:黄山书社,2001 年

王明星、罗刚:《徽州古村落》,沈阳:辽宁人民出版社,2002 年

万建中:《禁忌》,北京:中国旅游出版社,2004 年

孙治平、王士均(编):《歇后语四千条》,上海:上海艺术出版社,2004 年

莳人、宪奇(编选):《中华谜语精选 9999》,济南:山东人民出版社,2005 年

后　记

　　我在从事多年的中国民俗文化的教学中,深深地感到中国民俗文化的博大精深、价值巨大。一个人生活在世界上,要为人处世,不能不了解中国民俗文化的内容,因为中国民俗文化那丰富的内涵,会给人以不尽的精神营养,它犹如一部包罗万象的百科全书,可以丰富你的文化知识,提高你的道德修养,增强你的处世能力,充实你的精神生活。

　　对青少年来说,《中国民俗文化》是一本必备的书。这是一本让你认识我们祖国几千年优秀传统文化的教科书,是一本让你了解社会林林总总的文化事象的教科书,又是一本让你学会如何做人、怎样处世的教科书。

　　对每个人来说,这本书是一座桥梁,让你穿过历史的隧道而沟通古今,让你走向人生社会而融合你我,让你跨越复杂的现实而立身不败。

　　总之,我们学习中国民俗文化,目的是为了认识我们的民族,认识我们所生活的社会文化背景,认识我们自己,从而更好地生活,更理性地与人交往,更深入地认识和理解发生在我们身边的某些社会文化现象。诸如尊老爱幼的伦理人情,叶落归根的故里乡情,亲朋好友的义气友情,白头到老的夫妻爱情等,这些都是中国传统民俗文化所造就的。这样,我们就可以深切地认识中华民族传统文化的固有特征,积极地保护、弘扬和继承优良的民族文化,正确地对待外来的文化,合理地吸收有利于我们民族文化健康发展的有益的东西。

出于这个原因，我乐意把我多年讲授的中国民俗文化讲稿，按照书的体系，进行了系统的整理，有幸出版了《中国民俗文化》这本书，以飨读者。

出于这个初衷，我在编写这部书时，突破了学术界对民俗文化的传统的四大分类法，按照中国民俗文化存在的形态，分为饮食民俗文化、服饰民俗文化、民居民俗文化、人生礼俗文化、节日民俗文化、生产民俗文化、游艺民俗文化、信仰民俗文化、商贸民俗文化和交通民俗文化等十个类别。

有几点需要说明：

一、本书所写的民俗有的已不太流行，甚至成为记忆。

二、由于篇幅及本人学识限制，书中的民俗，多数为汉族风俗，有关少数民族的风俗，言之甚少，真所谓挂一漏万。

三、中国历史悠久，地域辽阔，民族众多。各地自然条件不一，物产各异，长期的自然经济造成区域差异和历史上各种文化融合和动乱之后的人口流动等等，使各地有各地的风俗。因此，本书所介绍的民俗仅是中华民俗的一小部分。

在编写的过程中，参考和吸收了不少当今学者的研究成果，文中不便一一注明，一并置于参考书目中。特致谢意！

章沧授

2014 年 2 月 8 日